神奈川大学経済貿易研究叢書第32号

経済成長の誕生
超長期GDP推計の改善方向

谷沢弘毅 著
YAZAWA Hirotake

東京 白桃書房 神田

緒　言

　ここで、筆者の社会人駆け出しの頃の経験談をご紹介することから始めたい。筆者はいまから40年近く前、大学卒業後に就職した政府系金融機関で、仙台の支店調査課に配属された。そこではおもに産業調査や地域経済調査をおこなっていたが、2年目を迎えた筆者に対して東北地方への工場誘致にとって必要条件となる、高卒女子300人が集められるポテンシャルが主要都市にあるかどうかを調査するといった、難しいテーマが与えられた。

　高卒女子300人を一度に集めることなど、産業空洞化の進んだいまとなっては笑い話であろうが、当時は世界を牽引する日本の精密機械産業や電子機器産業にとって、当該規模の大工場を建設することが、産業内の地歩を固めるための前提条件となっていた。また自治体側でも、豊富な若年労働力を売りに大企業に日参して他地域に先駆けて誘致を決定させることが、標準的な地域振興策であった。半導体産業における九州対東北の誘致合戦が熾烈を極めていた時代の実話である。それゆえ設備資金を提供する業務を担っていた政府系金融機関では、地元の地銀と連携してその可能性を実現することが大きな課題となっていた。同調査は、このような時代の要請に応えた当機関特有のテーマであった。

　しかし、いざ調査に取り掛かると予想以上の難題であることを痛感した。高卒女子300人を調達できるか否かなど、神のみぞ知る話であったからだ。とりあえず域内数ヵ所の職業安定所に出向き、収集した現地情報にもとづき次のような計算をしてみた。主要都市の中心部から半径10キロの円を描きその円に入る自治体を確定して、当該自治体が10キロ圏内に入る面積割合を推計したうえで、その割合と同自治体内の高校卒業生をもとに、電卓を使って高卒女子の潜在数を求めた。この人数に域外就職率を掛け、さらに需要側の動向も加味して高卒女子の調達余力を推測した。このデータをもとに、今後は大規模工場の立地可能性が低下していくといった結論のレポートを完成させ、それを地元新聞の記者にレクチャーして、その内容は後日同紙に掲載された。

　筆者としては十分な成果がでた得心の作と考えていたが、事実はさにあらず。その直後、工場誘致の旗振り役であった当時の仙台通産局からクレームがついた。おそらく地域振興の足を引っ張るマイナス情報をあえて流す必要はない、という

ことであったのだろう。幸い上司から直接この件でお叱りを受けなかったが、勇み足だったのかと反省したものである。さらに20年後に筆者が大学教員に転職した直後、当時の別の上司と札幌で再会して会食をした。その際に、筆者が独自手法でポテンシャル計算をおこなったことを覚えており、「どうしてあんな計算ができるのか、不思議でしようがなかった」と言われた。納得してくれていたと思っていた上司から、20年ぶりの告白であった。「ずいぶんおかしなことを考えるものだ」と笑いながら話されたときは、少し腹立ちを覚えたものである。

はたしてこの手法は間違っていたのだろうか。大学教員として20年近く経った現在でも、ときどきこの経験を思い出すことがある。現在のようなパソコン内蔵の統計・表計算ソフトがない時代に、自分なりに精一杯考えた素朴な手法であったが、いまでもその手法が的外れであったとは考えていない。このような推計方法は、本書の第5章でも採用される常識的なものであるからだ。ただしその手法に鉛筆を舐める部分があったため実務の世界で受け入れがたかった事実は、昔もいまも変わらないかもしれない。それなら本書の超長期ＧＤＰ推計といった雲をつかむような推計でも、やはり鉛筆を舐めることは許されないのだろうか。答えは否であろう。本書で取り上げるアンガス・マディソンの国際比較統計や一橋大学経済研究所の実施した長期経済統計では、ときとして主要な数字を推計するために、堂々とこの種の手法が採られているからである。どうしても推計値が必要なのに別の選択肢がないときは、泥臭い当手法が現在でも通じるものである。

本書は、このような原体験を反芻しながら素人なりに思考した1年間の成果である。そういえば、いまから半世紀以上前、井上光貞が『日本の歴史　神話から歴史へ』第1巻を出版した際に、当時の人々がその大胆な副題を内容とともに話題にしたことを思い出す。この副題がよほど衝撃的だったとみえて、その後に出版された古代史関連の歴史書でも繰り返し使用されていた。この副題の延長線上で考えると、近年の超長期ＧＤＰ推計はさしずめ"神話から科学へ"歴史研究を一挙に進める学問的挑戦といえるかもしれない。これら近代以前のＧＤＰ推計が、神の領域に立ち入る冒険か、それとも歴史の改竄か、いずれに通じるのか判断はつかないが、新たな歴史研究の領域に入ったことは間違いなかろう。

2018年11月15日

谷沢　弘毅

目　次

　　緒　言 ……………………………………………………………………… i

序　章　新分野"超長期ＧＤＰ推計"の登場
　　　　　　―本書の目的・方法
　　第１節　グローバル経済史の新潮流 ………………………………………… 1
　　第２節　本書作成の経緯と目的 ……………………………………………… 3
　　第３節　採用した分析・執筆方法 …………………………………………… 7

第１章　多様な推計方法の結集
　　　　　　―書評：高島正憲著『経済成長の日本史』
　　第１節　新時代の本格的な超長期推計 ……………………………………… 13
　　第２節　推計方法と分析結果の短評 ………………………………………… 17
　　第３節　石高概念の違和感 …………………………………………………… 23
　　補　論　その他の留意点 ……………………………………………………… 31

第２章　超長期ＧＤＰに関する二人の推計方法
　　　　　　―高島正憲とアンガス・マディソン
　　第１節　問題の所在 …………………………………………………………… 35
　　第２節　高島推計の手順・体系 ……………………………………………… 36
　　　　2.1.　推計方法の概要 ……………………………………………………… 36
　　　　2.2.　方法上の疑問点・改善点 …………………………………………… 44
　　第３節　マディソンの国際比較 ……………………………………………… 58
　　　　3.1.　三段ロケット方式の考案 …………………………………………… 58
　　　　3.2.　14世紀分岐説の提起 ………………………………………………… 69
　　第４節　終わりに ……………………………………………………………… 79

第3章　わが国経済成長の特徴と購買力平価問題
　　　　　―推計値の改善に向けた多様な試み

- 第1節　問題の所在 ……………………………………………… 93
- 第2節　経済成長の特徴と疑問点 ……………………………… 95
- 第3節　推計方法改善の試み …………………………………… 109
  - 3.1.　推計方法の多様性 …………………………………… 109
  - 3.2.　購買力平価問題の一解法 …………………………… 121
- 第4節　終わりに ………………………………………………… 129

第4章　超長期系列作成のためのデータ接続問題
　　　　　―超長期推計における実質化と単位変換

- 第1節　問題の所在 ……………………………………………… 135
- 第2節　データ接続法の再現 …………………………………… 137
  - 2.1.　横のデータ接続 ……………………………………… 137
  - 2.2.　縦のデータ接続 ……………………………………… 144
- 第3節　関連データの追加公表 ………………………………… 159
- 第4節　終わりに ………………………………………………… 167

第5章　『長期経済統計』における第3次産業所得の再推計問題
　　　　　―攝津推計に関する論点整理

- 第1節　問題の所在 ……………………………………………… 173
- 第2節　攝津推計までの経緯 …………………………………… 175
- 第3節　商業サービス業Ｂの就業問題 ………………………… 185
  - 3.1.　本業・副業者の実態 ………………………………… 185
  - 3.2.　副業者数の推計方法 ………………………………… 198
- 第4節　終わりに ………………………………………………… 215
- 補　論　1920年の商業サービス業Ｂにおける本業副業者
  　　　　比率の考え方 …………………………………………… 217

終　章　超長期ＧＤＰ改善への新たな船出
　　　　　―羅針盤と海図による航路の再確認

第1節	一段落した推計作業	225
第2節	専門的なデータ推計	226
第3節	研究作業の工程管理	231
第4節	多角的な分析体制	236

後　記 …………………………………………………………… 243
初出一覧 ………………………………………………………… 245
索　引 …………………………………………………………… 247

序　章
新分野"超長期GDP推計"の登場
　—本書の目的・方法

第1節　グローバル経済史の新潮流

　今世紀に入って、歴史研究に"グローバル・ヒストリー"という新たな動きが急速に広がっている。この動きは多彩な流れが合流して形成された大河であるため、それを的確に説明することは非常に難しいが、羽田正がまとめたグローバル・ヒストリーの特徴によると、①海域・地域、ネットワーク、ミクロ・ヒストリーなどの従来とは異なる空間概念を用いる、②歴史上の同時性を強調し、長いスパンで分析する、③個人や社会の関係性に注目する、④ヨーロッパ中心史観に批判的である、⑤研究者は自らの立ち位置を意識する、などをあげている[1]。

　このような流れの一つである経済史分野をみると、羽田による②、④などと密接に関係しながら、統計制度の確立していなかった近代以前をカバーした各種データ（代表例は1人当たりGDP）を推計して、その長期動向（いわゆるトレンド）や国際比較によって、対象地域における経済成長の特徴を把握しようとする研究スタイルが形成されている[2]。近年は、このような研究分野をグローバル経済史と呼び始めており、代表的な研究成果として海外では、アンガス・マディソンによる一連の国際比較研究、ケネス・ポメランツの『大分岐』などが登場している[3]。これらの動きに触発されて、わが国でも近年になり高島正憲の『経済成長の日本史』といった、超長期GDP推計に関する専門書が出版されるようになった。ちなみに高島『経済成長の日本史』では、グローバル・ヒストリー（＝経済史）を「世界経済史の文脈のなかでの比較経済発展論の視点」から、「超長期の経済成長を歴史的国民計算という固定された指標によってはかることによって、世界各国との経済発展の比較」[4]をおこなうことであるとしている。

　このような潮流は、マクロデータが入手できないがゆえに文字情報から自由な

想像を膨らませて論じていた従来の経済史研究に対する一つの挑戦であるとともに、個別研究を中心として当該経済の全体像を構築した研究手法と異なり、初めから国・地域の平均値を探るといった面では新たな展開が期待できるなど、大いに注目されるものである。またヨーロッパを中心として世界経済史の流れを把握する歴史認識（ヨーロッパ中心史観）に対抗する考え方を提起したほか、方法論上から数量経済史、計量経済史といったデータ指向の強い既存の分析手法とも馴染むため、同分野の研究者のあいだでも好意的に受け取られている。たしかにデータで示されると、その大きさや比率が比較可能となるため、尤もらしさが格段に強化されることは理解できよう。筆者も過去に、わが国戦前期の特定時点と経済発展水準の一致する国を見つけ出すために、マディソンの推計した１人当たりＧＤＰを数回利用したことがある[5]。それをおこなった理由は、研究者としての立場上、具体的な数字を使うことによって厳密な議論をおこなうことができる、という必要性を強く感じたからにほかならない。

　以上のような動きは、一見すると歴史研究における厳密性・科学性を増す強力な手法であるように思われるが、各データの推計方法に一歩足を踏み入れると話は違ってくる。その基本的な考え方は十人十色であり、必ずしも共通の手法が確立しているわけではない。これは国別の資料環境が異なるから、仕方がないことではあるが、それを考慮してもなお推計に関する基本的な考え方が研究者によって異なる点は無視できないだろう。またしばしば利用されるマディソンの国際比較統計は、古代まで遡って100を超える国々の１人当たりＧＤＰが示されているが、同人の著作物では推計方法の基本的な考え方さえ解説されていない場合が大半である。おそらく"数字を舐めて作った"と推測される事例が多数見受けられるなど、不明な点が多すぎる。それにもかかわらず尤もらしいデータが公表されているがゆえに、いわば「他の研究者が利用しているから大丈夫」、「無いよりマシ」などの理由で、研究者の多くが自己の論文中で利用し続けている。もちろん研究者のなかには、「どのように作られているかわからないから、使用するのを控えている」といった慎重な意見も聞くことがあるが、この種の考え方は少数派のように思われる。

　１人当たりＧＤＰ、特にＧＤＰは、現代の経済統計のなかでももっとも推計の困難な統計である。"推計の困難"という意味は、膨大な統計類を加工してようやく推計ができる典型的な加工統計であるため、現行の数字でさえ多数の人員と

時間を投入している。それを歴史統計の範疇である近世以前に求めようとする欲望は、ある意味では無理難題を欲していることに等しい。それを求める段階まで歴史研究が進んできたということは喜ばしいことではあるが、どうしても無理が生じることは推測できよう。このような、いよいよ人智の及ばない先までも踏み込んできたなかで、我々研究者がいかなる研究手法を採用していくべきか、個人差の大きな事案である。もともと数字がなくて良い時代にもかかわらず、あえて数字を作った努力を評価するといった大らかな姿勢を良しとするのか、どこまでも数字の整合性や推計の正当性にこだわるべきなのか、意見の分かれるところである。言い換えると推計姿勢に対する寛容度が問われる内容ともいえよう。

　グローバル経済史の動きが、この先経済史研究のなかでどの程度の地位を占めていくのか定かではないが、筆者は少なくとも研究分野として定着する必要条件として、推計方法の明確化や推計データの信頼性向上が重要と考えている。またこのようなデータの信頼性を議論しないまま研究を進めることは、かえって架空の歴史を作り上げることにも繋がる危険性があろう[6]。いわば歴史の改竄である。経済史の研究動向とは別に統計全般に言えることではあるが、統計は社会の基盤となる一種の公共財であるから、それが適切に作成されていることは社会運営にとっても重要なことであることを指摘しておきたい。

第2節　本書作成の経緯と目的

　とにかく現状のままでは研究段階として危険であるから、この不安を少しでも和らげる必要があろう。そこで本書では、日本を対象とした1人当たり実質ＧＤＰの推計作業に的を絞って、立論の仕方、推計式（または計測式・加工式）の作り方、使用データの選定・加工方法、推計データの解釈まで、推計・分析作業全般に関わる一連の過程を再度検討することを目指している。あわせて現状の推計結果を改善する方向性を示すとともに、それに向けた議論の道筋を提供することも目標としている。

　管見のかぎり、いままで日本を対象とした超長期ＧＤＰ推計に関する具体的な論考は見当たらなかった。しかし2017年11月出版された高島『経済成長の日本史』で、わが国に関する超長期ＧＤＰの詳細な推計方法が初めて開示されたほか、その推計値にもとづくわが国の経済成長に関する超長期分析が実施された。わが国における本格的な超長期ＧＤＰ推計研究の登場である。筆者は、かつて個人的

にこの分野に興味を持っていたが、とても手に負えるものではないと諦めていたこともあり、すかさず購入して読み始めた。その広範・多彩な資料解析と多様な推計方法に魅了されたが、一方ではデータの加工方法や推計方法などで多数の疑問を持つこととなった。これらは、個別にメモをしていたが、そのメモも1ヵ月が経たないうちに大分溜まってきた。その間、新聞・雑誌などでは同書に関する多数の新刊紹介記事が出ていたが、その記事の性格上から「データで古代の日本が再現できた」、「近来にない大胆な内容である」などと、きわめて好意的に紹介されているものの、推計方法等に関する指摘はほとんどなされていなかった[7]。いわば筆者の疑問に答えるものはまったくなかったといってよい。

そのためメモが溜まってきたことを好機と捉え、思い切ってマディソンの先行研究を含めてその検討のために、下記のうち（1）論文をいっきに書き上げた。

(1) 「歴史統計の推計方法に関する一考察―1人当たり実質ＧＤＰの事例―」『商経論叢』第53巻第3号、2018年5月
(2) 「超長期ＧＤＰ推計におけるデータ接続問題―高島正憲著『経済成長の日本史』の推計方法に関して―」『商経論叢』第53巻第4号、2018年8月
(3) 「『長期経済統計』における第3次産業所得の再推計問題―攝津推計に関する論点整理―」『商経論叢』第54巻第1・2合併号、2018年12月
(4) 「書評：高島正憲著『経済成長の日本史―古代から近世の超長期ＧＤＰ推計　730‐1874―』」『経営史学』第53巻第4号、2019年3月（刊行予定）（刊行予定）

素人ながらどうにか書き上げた（1）論文は、自分で言うのも憚られるほど稚拙なものであり、なにより相応の時間と分量を注ぎ込んだにもかかわらず、未だ超長期ＧＤＰ推計に関する確固たる自信が持てず、達成感を得ることはできなった。依然として解明されていない主要な疑問点があることを痛感したため、さらに（2）の論文を追加して執筆することで自分なりに論点を整理することに努めた。同論文は、一橋大学経済研究所で実施された「長期経済統計」（以下、ＬＴＥＳと略記）プロジェクトの成果公表後に同研究所（特に溝口敏行名誉教授）が精力的に実施してきた第2次大戦時・戦後期のＧＤＰ推計に関する知識をベースとしたものであるため、いったん高島本から離れて一橋大学経済研究所を活躍の拠点とした数量経済史の研究者集団（以下、一橋学派という）の先行研究も検討するこ

ととなった。これは実質2ヵ月弱で完成したものの、筆者にとっては不確定要素を増やして戦線を拡大することを意味しており、いつ戦況が収束するかわからなくなった。

ところで（1）同論文の原稿が完成して印刷を開始した直後の2018年4月に、意外にも経営史学会の『経営史学』編集委員会から一通の書簡を受け取った。その内容は、「(高島の本が) 非常に専門性の強い図書で、編集委員会でも評者を検討する際に大変苦慮したのですが、編集委員会としては、是非、」[8]筆者に書評をお願いしたい、というものであった。実は数年前に、筆者は江戸期の商家に関する教養書の書評を歴史系の学会誌に掲載したことがあるほか、近世の石高に関する議論を含んだ大学の教科書を執筆した程度であるから、けっして同委員会で期待するほどの専門家ではない。しかし戦線を拡大したため全体像を見失いがちとなっていた状況では、ちょうど良い気分転換になると感じたほか、自らの不完全燃焼を解消する良い機会と考えて、所属していない学会からの依頼ではあるがお引き受けすることとした。この論文の執筆は、自分の頭を冷やすには最適であり、予想外に早く終了した。期限の10月末を大幅に繰り上げた2018年8月下旬にEメールで事務局に送付しているが、本書を執筆している2019年2月中旬現在、刊行時期が確定した直後であるため、（4）論文として最後に掲げている。

以上の各論文でとりあえず一通りの形は整ったが、ここで最後の問題に突き当たった。それは、高島本の近世以前の非1次産業のＧＤＰ推計にあたって、一橋学派が先行して推計していた明治期の府県別ＧＤＰデータを使用していたことが気になった。そこでこの関連情報を収集していくと、攝津斉彦が独自に推計していたＬＴＥＳの第3次産業所得の改訂論文があることに辿り着いた。この論文では、いわば街場の商店世帯における副業行動を中心的な分析対象としており、そのメカニズムを独自の仮説に従って解明していた。この問題は、筆者がここ十年来検討している小売商問題とも密接に結びつくほか、なによりも本書のメインテーマである超長期ＧＤＰ推計の一角にも直接関係する話であるため、これを検討する必要性が急遽高まった。このような事情から2018年の第4四半期の執筆テーマと掲げて、引き続き（3）論文を作成していった。

ここで各論文に共通する注意点を一点だけ書き留めておきたい。それは、本書のような経済成長を対象とする場合には1人当たり実質ＧＤＰで計算するため、実質ＧＤＰとともに人口を推計しなければならない。しかし本書では、人口推計

については必要最小限にとどめて、積極的には検討しなかった。これは検証する必要がないという意味ではなく、検証するには別途多様な情報を収集する必要があるほか、ＧＤＰとはまったく異質の個別情報に精通する必要があること、限られた時間のなかではそこまで検討することができない、という筆者の個人的な理由があったにすぎない。さらにＧＤＰ推計は他国にも共通する視点を見つけ出せるが、人口推計は国によってかなり手法が異なっており、わが国の事例が他国にも適用できるとはかぎらない。このため本書では、ＧＤＰと密接に関連する場合のみ言及するにとどめ、本格的な人口推計の検討は改めて別の機会に実施することとした。経済成長は、あくまで１人当たり実質ＧＤＰでおこなう以上、読者には大変に申し訳ないが、このような事情があったことを陳謝したい。

とにかく本書がこれら４編の論文をベースとして構成されている以上、本書に掲載する際には執筆時期の順番にすべきであるとの意見も出てこようが、（4）が章別の推計方法のほか分析成果、疑問点などを簡潔に記述したもっとも包括的な内容となっているため、問題の全体像を理解しやすいと考えて第１章に持っていき、次に（1）を第２・３章、（2）を第４章、（3）を第５章、という順番で配置した。これら各論文を再録するにあたっては、当然ながら誤植や明らかな事実誤認などを修正しているが、読み直した限り基本的な論旨に大きな問題点がなかったため、大幅な原稿の修正はおこなっていない。そして専門書としての体裁を整えるために、これらの論文に新たに序章と終章を書き足して本書を完成させた。いまとなっては、これほど短期間で超長期ＧＤＰ推計に関する多様な問題を検討することができたことは、望外の幸せであった。

４編の論文の執筆時期はわずか１年間にすぎないが、それにもかかわらず検討した内容は多岐にわたっており、ほとんど重複することはなかった。なぜならこれらの論文では、推計方法のみならず推計作業の工程管理（本人のみならず関連する複数研究者間も含む）、推計値の元データの公表など、推計作業の周辺まで及ぶ広範な内容を検討したためである。一般的に経済史の研究活動は、よほどのことがないかぎり個人単位でおこなわれているが、多様なデータを検討・加工する必要のある超長期ＧＤＰ推計では、複数の研究者による波状的な作業を強いられるため、その緻密な工程管理が無視できない。それゆえたんに推計方法の良否のみの検討では不十分なものとならざるをえず、その作業工程まで検討せざるをえないからだ。この問題は、終章で再び具体的に論じていく予定である。このように

本書は、超長期ＧＤＰ推計に関する実務的側面も重視して検討したことを強調しておきたい。

第3節　採用した分析・執筆方法

　4編の論文では、いずれも超長期ＧＤＰの検討・分析にあたって、①ＳＮＡ統計の専門概念・作業方法、それらの関連資料、②一橋大学経済研究所で実施されたＬＴＥＳプロジェクトやアジアＬＴＥＳプロジェクトで使用された概念・作業方法、それらの関連資料、を必要に応じて参考にした[9]。もちろんこの分野の研究はほとんど蓄積がないため、基準とすべき分析手法が明確化されているわけではないが、強いて言うとこの2点が重要な判断指針となろう。

　①については、現行のＳＮＡ統計が多様な概念を取り込んで急速に複雑化しているため、歴史統計にそのまま適用できるわけではないが、基本的な考え方という点では歴史統計の精度向上を助けることになるはずである。本書でも、マディソンがこれを意識していることを紹介した（使用箇所は第2章の第3節）ほか、筆者が高島の推計方法をＳＮＡ統計における自家消費（第2章の第2節）、連鎖基準方式（第3章の第2節）などの概念を使って論評するなど、基本原則として順守することが強調されるが、読者もこれを使用することに同意できるだろう。ただしＳＮＳ統計が、推計マニュアルの改訂を1953年、1968年、1993年、2008年の4回実施しているため、厳密に言うとこのうちのどの版を使用すべきかが問題となるが、現状ではとりあえずＬＴＥＳの準拠した1968年版をベースとして、さらに場合によってはその後の議論を適宜追加すればよかろう[10]。

　一方、②の使用については異論が出るかもしれない。なぜならＬＴＥＳは近代のある程度は統計制度の整備された時期から開始されているため、前近代のような時代には参考にならないのではないか、という疑問が出るからである。たしかにこの指摘はもっともなことだが、以下の二つの理由から依然としてＬＴＥＳは重要な情報を我々に提供してくれる。第一はＬＴＥＳなどの情報を直接、超長期ＧＤＰ推計に利用することができること、第二はＬＴＥＳの考え方が未だ超長期ＧＤＰ推計にとって有効であること、の二つである。このうち第一の点は、本書の第4章で扱う超長期ＧＤＰのデータ接続にとって、第5章における近代の第3次産業所得の再推計によって近世以前の非1次産業の超長期ＧＤＰを推計するために、いずれもＬＴＥＳのデータを直接使用することが示される。いわば経済成

長という"風景全体"を認識する際に、その近景を活用して遠景を推測させるようなものであるが、詳しい話は該当する章を読んでほしい。

　第二の点は、同プロジェクトの成果である『長期経済統計』全14巻のなかには、しばしばＳＮＡ統計の重要な考え方（概念・定義）が記述されているなど、超長期ＧＤＰ推計にとってもけっして無視できない「思考過程」が含まれていることを意味する。しかもその考え方は、ＳＮＡ統計に準拠したデータの積み上げ方式を重視しているため説得的な議論が可能となるほか、たとえ微小な数値であったとしても長期のデータ系列であるがゆえに無視できないような、重要な考え方が丁寧に解説されていることも多い。あわせてＬＴＥＳでは、実際の作業手順上の各種問題点の再チェック、スケジュール管理のためにも、有用な情報を提供してくれることが多いことを付言しておきたい。

　例えば、大川一司ほか『長期経済統計１　国民所得』、篠原三代平『長期経済統計６　個人消費支出』や、同書の著者が別途記述したデータ推計に関連する論稿などが、超長期推計といった研究上で大いに役に立つものである[11]。特に後者の関連では、第３章においてＬＴＥＳプロジェクトで大川とともに主導的な立場にあった篠原三代平の著作を引用しながら、長期経済統計の推計方法の特徴を具体的に説明している。この関連では、彼らと同じ一橋学派がときどき公表している、戦前期のデータ改訂などに関する論文なども重要な情報源となるため、そのなかで使用されている各種情報を適宜参照した。当分野では、全国的にみて一橋大学経済研究所が圧倒的に関連情報を蓄積しているからだ。このほかスケジュール管理などの面は、現状では研究者にそれほど重視されているようには思われないが、様々な問題点を含んでいるため、再び終章で言及する予定である。ただしここでは、改善に向けたタイムテーブルや手順を現状で一義的に決めることが、さほど重要ではないことだけ指摘しておきたい。

　もっともＬＴＥＳにも、個別の問題点がある点はしばしば指摘されるところである[12]。例えば松田芳郎は、①篠原三代平らがしばしば使用した正規分布の仮定や算術平均の重視をしていること、②国土範囲を狭義の日本内地（北海道、本州、四国、九州の四島のみ）に限定していること、③ＬＴＥＳが主に長期変動の推計に基準が置かれているため、随所に「５ヵ年移動平均法」が採用されていること、の３点を問題としている[13]。このうち①と②については、たしかに長期推計として無視できないが、それを超長期推計まで適用することはかなり厳しい前

提というべきである。③についても、現状での超長期推計の採用時点数の少なさを考慮すると問題視する必要性は低いだろう。それゆえこれら3点は、ＬＴＥＳでは問題となるが超長期ＧＤＰ推計では問題視する必要はないとみなした。

　これらの資料・情報等にもとづき、本書は超長期推計関連の先行研究を批判的に検討するほか、その改善点や方向性を示していくこととした。実際の批判にあたっては、わが国に関する先行研究となる高島『経済成長の日本史』・マディソンの各著作で使用された概念・方法等を中心に据えて、超長期ＧＤＰの問題点を探ることになる。ただしこの批判は、あくまで筆者が経済史研究者であるがゆえに超長期推計値の（ヘビー）ユーザーとしての立場からのものである。当分野の専門家としての立場ではないため、一般の研究者と同様に過去に関与した若干の推計作業の経験にもとづく議論にすぎない。検討の際には、（a）現状で入手できる情報はなにか、（b）現状で解決できる方法はなにか、（c）問題点を解決するにはいかなる種類の情報が必要か、（d）いかなる手法がブレイクスルーをもたらすか、（e）データを使用する際にいかなる不便・不満があるか、といった視点を採用している。

　一般的な歴史統計の分析では、しばしば次のような主張をする研究者が多い。「この種（つまり超長期推計）の研究の意義は利用可能な資料に見合った推計方法を考え、記述情報も考慮しつつデータの整合性を確認し、時空間を超えた比較の場を設定するところにある。」[14]。このような資料入手の限界を認識しながら推計する穏当な態度も悪くはないが、それでは（a）（b）に重点を置いたたんなる改善技術の提示でしかない。むしろ改善に向けた努力を停止させたり改善の方向性を見失ったりすることにもなりかねないから、（c）（d）といった中長期的な改訂戦略も追加すべきである。さらに（e）の点は、使用者側の視点にもとづく話であり、推計値の再現性や検証可能性の容易さも含まれている。推計値が使用することを前提として作成されている以上当然のことであろう。

　以上のような検討姿勢を貫くためには、当然ながら高島らがいかなる推計方法を採用していたか、換言すると彼らによる方法を再現（あるいは検証実験）しなくてはならない。これは社会科学では、それほどポピュラーなことではないが、自然科学系の研究分野では日常的に実施されている手法である。これを重視したことも、本書の特徴であることを指摘しておく。このため本書は、通常の論文作成のように内容面で"わからない"（＝理解できない、不明である）ときは書かないの

ではなく、"わかった"ところのほか、"わかろう"と努力した筆者の思考手順までも書き留めておくことが重要であるという立場で記述されている。それゆえに本書では、「疑問」「不明」といった用語で読者に注意を喚起したうえで、「推測」「検討」「再現」といった思考過程を表象する用語が続くように展開している。例えば、マディソンのＧＤＰ推計法（第２章の3.1.）や超長期ＧＤＰの接続法（第４章）があげられる。場合によってはそれだけでは物足りないから、大胆に改善案やその方向性を提示したこともある。例えば、購買力平価の推計方法（第３章の3.2.）や商業における副業者数の推計方法（第５章の3.2.）がそれに該当する。

　要するに筆者が同一分野の研究者ではない（つまり素人の）ため、彼らからみて無理難題を要求している場合もあるかもしれないが、とにかく疑問点や理解不能の点ははっきりと指摘・検討するように心掛けた。また彼らであると、改善策が浮かばないことを理由として検討を停止するような事案も、あえて無駄を承知で検討のうえ改善点を提案している。データ推計は、大なり小なり限られた資料・情報のみで実施するため、無意識のうちに妥協策を講じるものであるが、その妥協策を問題点と認めて改善策を加えることは、研究にとって必要不可欠であると考えたからにほかならない。もし"無理な要求である"と割り切ってしまうと、改良に向けた継続的な努力が止まり、それこそ研究自体が滞ることとなろう。それを回避したいという思いが強くあった。なお本書は、研究書の形態を採っているため、主張の根拠として使用したデータ・情報の入手先などを、できるだけ本文の関連箇所やその注書き等で開示するよう心掛けた。検討にあたってはこれらの情報を参照してほしい。

　最後に、本書の構成を示しておきたい。まず第１章では、本書の中心的対象とした高島正憲著『経済成長の日本史』の概要を把握することによって、わが国の超長期ＧＤＰ推計における主な問題点の整理がおこなわれる。第２章では、引き続き高島本の検討がおこなわれるほか、あわせて同書に先行して世界主要国の超長期ＧＤＰ推計が実施されたアンガス・マディソンの著作の特徴も分析している。第３章では、推計結果に関する問題点を超長期動向の視点から抽出したうえで、その改善に向けた多様な推計方法を解説していく。さらに第４章では、超長期データであるがゆえに発生するデータ接続問題に焦点を当てるほか、第５章では高島本で非１次産業ＧＤＰの推計で使用された明治期の県別ＧＤＰデータとの関連で、その基本的考え方を述べた第３次産業所得に関する攝津斉彦の論文の問題点

とその改善点を提示している。これもわが国の超長期ＧＤＰ推計にとって回避できない事項である。そして終章では、今後とも超長期ＧＤＰ推計をおこなう際に発生すると想定される問題点の解決策を若干提示することによって、本書の責を果たすこととした。

　もちろん本書だけで、超長期ＧＤＰ推計に関する問題すべてを提起したわけではないほか、解決したわけでもない。例えば第2・3章で指摘した貨幣制度の混乱にともなう価格変動、第4章の度量衡変更問題などはほんの触りを示したにすぎない。しかし主要な問題はひととおり提起できたと考えている。

註
(1) 詳しくは、羽田正編『グローバル・ヒストリーの可能性』山川出版社、2017年の第1～4章（特に同書の94～95頁）を参照のこと。これらの項目に従うと、本書で取り上げる各著作でのグローバル・ヒストリーは、通常より狭い範囲に限定されているといえよう。
(2) 詳しくは、谷沢弘毅「推薦します　商業分野の歴史研究にとっての必読文献―グローバル・ヒストリーの視点から―」『日本経済調査資料シリーズ6』昭和前期　商工資産信用録　第Ⅱ期　第1回配本　昭和6年全4巻』クロスカルチャー出版によるパンフレット、2018年を参照のこと。
(3) アンガス・マディソンやケネス・ポメランツの著作の概要については、第2章の第3節で踏み込んだ解説をしているので参照してほしい。またグローバル経済史については、現在のところ水島司・島田竜登『グローバル経済史』放送大学教育振興会、2018年；杉山伸也『グローバル経済史入門』岩波新書、2014年が比較的読みやすい文献である。
(4) いずれも高島正憲『経済成長の日本史―古代から近世の超長期ＧＤＰ推計　730-1874』の10頁。
(5) 詳しくは、谷沢弘毅『近代日常生活の再発見―家族経済とジェンダー・家業・地域社会の関係―』学術出版会、2009年の第4章「社会関係資本の形成による町内会の設置と方面委員制度の導入」の389～390頁の註（36）と谷沢弘毅『近現代日本の経済発展』上巻、八千代出版、2014年の3頁の表1-1を参照。特に後者の表1-1では、近世の経済発展を世界主要国と比較しているなど、マディソンの推計結果を積極的に活用している。
(6) ケネス・ポメランツ『大分岐』に関して、わが国における従来の支那学・東洋史学の流れを受け継ぐ研究者（特に京都大学を中心とした関西圏の研究者）によると、統計数字や文献の扱い方に多くの問題があると指摘されている。例えば、村上衛「「大分岐」を超えて―K.ポメランツの議論をめぐって―」『歴史学研究』2016年10月号を参照してほしい。
(7) 出版直後の主要な書評として、以下が確認できる。前田廉孝「古代以降における日本の経済成長とその要因　高島正憲著『経済成長の日本史』」『経済セミナー』（第700号、2018年2・3月号、日本評論社の120頁；江口匡太「大きな負の経済変動を経験しなかった日本　高島正憲著『経済成長の日本史』」『週刊東洋経済』第6770号、2018年1月20日号の89頁；出口治明「「一人一冊」数量化によって日本史の新たな扉を開く力作　高島正憲著『経済成長の日本史』」『週刊金融財政事情』第68巻第47号、2017年12月18日号；山室恭子「大丈夫ですよ、ぼちぼちで　高島正憲著『経済成長の日本史』」2017年12月10日付『朝日新聞』（朝刊）の14頁。いずれの書評も、内容の検討よりも購入読者の獲得に力を入れているためか、推計方法まで言及することはほとんどなく、ましてその疑問点・問題点はまったく指摘されていない。このうち前田の書評では「根拠となった推計には留意の必要な点もあ

る。」といった記述が確認できるが、この書評も含めて、内容の検討よりも購入読者の獲得に力を入れているためか、推計方法まで言及することはほとんどなく、まして推計方法の疑問点・問題点はまったく指摘されていない。
(8) この引用部分は、『経営史学』の編集委員の一人からの私信であったため、あえて同氏のお名前は伏せて記述している。
(9) わが国のＧＤＰ推計（正確には「国民所得推計」）の歴史を繙くと、ＬＴＥＳ以前にも戦前の内閣統計局や戦後の山田雄三（一橋大学教授）の推計値があるが、いずれも推計精度の点ではＬＴＥＳには及ばない。これらの推計の概要については、とりあえず松田芳郎・木村健二「近代日本経済資料論１　統計」石井寛治・原朗・武田晴人編『日本経済史』第６巻（日本経済史研究入門）、東京大学出版会、2010年の「２　国民経済計算」部分を参照して欲しい。またＬＴＥＳの第一次成果版として、大川一司ほか『日本経済の成長率』岩波書店、1956年と大幅なデータ改訂をおこなったその英訳版（The Growth Rate of the Japanese Economy Since 1878：略称はＧＲＪＥ[グルジェ]）があるが、これも現在では使用する必要性は低くなっている。この点については、石渡茂「ＬＴＥＳのための国民経済計算」一橋大学経済研究所アジア長期経済統計『Discussion Papers』（1996年度　Ｄ96－5）（http://www.ier.hit-u.ac.jp/COE/Japanese/discussionpapers/DP96.5/5-3.htm）を参照してほしい。
(10) このような1968年版を使用する考え方は、アジア長期経済統計プロジェクトでも採用されている。詳しくは、尾高煌之助「汎アジア圏長期経済統計データベース作成の方法」1997年４月（一橋大学機関リポジトリ　http://hermes-ir.lib.hit-u.ac.jp/rs/bitstream/10086/14959/1/DP97-1.pdf）の３頁を参照。
(11) 大川一司ほか編『長期経済統計１　国民所得　推計と分析』東洋経済新報社、1974年のほか、篠原三代平『長期経済統計６　個人消費支出　推計と分析』東洋経済新報社、1967年であるが、篠原三代平の別の著作とは篠原三代平編『「長期経済統計」と私　日本経済のダイナミズム』東洋経済新報社、1991年である。いずれにしてもＬＴＥＳ関連のその他の推計成果も大いに参照する必要があろう。
(12) 以下では松田芳郎の指摘を引用するが、このほかにアジアＬＴＥＳを主導した尾高煌之助は、①ＬＴＥＳ各巻の間に、概念の不統一や同一の概念でも異なった結果が導かれている（投資系列が生産統計から求めた数字と資本ストックから求めた数字が一致していないなど）、②系列相互間の整合性チェックや、あり得べき矛盾の検討がおこなわれていない（産業相互間の投入と産出の関係を資料的に吟味できないなど）、③推計の網羅性が不十分である（商業・サービス産業の生産量に不明な点が多いなど）、の３点を指摘している。ただしこれらの問題点は、いずれも推計作業上で発生した問題点であるため、本文中では概念・定義上の問題を指摘した松田の議論を採用した。尾高の指摘については、尾高煌之助「ＬＴＥＳとは？」アジア長期経済統計データベースプロジェクト編『ニュースレター』No.1、1996年を参照のこと。
(13) この３点について、詳しくは松田・木村「近代日本経済資料論１　統計」の132～133頁を参照。
(14) 杉原薫「『経済成長の日本史』8世紀の推計力作」2018年11月３日付『日本経済新聞』朝刊の31面。なおタイトルの「8世紀」という数字がいかなる理由で計算されたのか不明であるが、高島『経済成長の日本史』の帯でも「先進経済への1200年の軌跡」というタイトルが付けられているため、明らかな間違いである点は指摘しておきたい。

第1章
多様な推計方法の結集
──書評：高島正憲著『経済成長の日本史』

第1節　新時代の本格的な超長期推計

　近年、出版された高島正憲著『経済成長の日本史──古代から近世の超長期ＧＤＰ推計　730-1874』（以下、高島（2017）と略記）は、その副題に示されているように前近代12世紀分のわが国のＧＤＰを推計した、いままでになかった野心的な専門書である。従来は、わが国研究者によって近代（1880年代後半）までしか遡れなかったほか、国際比較統計の大家であるアンガス・マディソンでは、きわめて大雑把な推計値しか公表されていなかった。このため高島がＧＤＰ推計を一挙に古代まで詳しく延長したことで、わが国の経済成長を超長期の視点から初めて捉え直すことを可能とした。多くの研究者の待ち望んでいたデータであるがゆえに、今後は重要な学術上のインフラとして定着していくだろう。

　同書の「あとがき」（329頁）によると、「本書は2016年10月に一橋大学大学院経済学研究科に提出された博士論文「前近代の日本経済──超長期ＧＤＰの推計、730-1874年」を大幅に加筆・修正したもの」としているが、その一方で科学研究費補助金・基盤研究（Ｂ）「前近代日本の一人あたりＧＤＰ：推計・分析・国際比較」（研究代表者：斎藤修）が、2014〜2016年度の3ヵ年間に支給されていた事実にも大いに注目しておきたい[1]。当プロジェクトでは、同書とまったく同一のテーマに関して複数の研究者が研究しており、形式的には高島は研究協力者として2015・16年の2年間参画していたものの、高島はわが国における超長期ＧＤＰ推計の最前線で研究してきたとみなすことができる。

　以上の経緯からみて、同書は様々な機会に発表してきたＧＤＰ関連の論文をもとに編集されているほか、それらは各研究者との議論のうえに成立していたことが推測される。これを裏付けるように、表1-1をみると章別の「初出論文」や

表1-1 髙島正憲著『経済成長の日本史』における章別概要

	第1章	第2章	第3章	第4章
タイトル	古代の農業生産量の推計	中世の農業生産量の推計	徳川時代・明治期初頭の農業生産量の推計	全国人口の推移
初出論文	①髙島（2016）	②西谷・髙島（2016） ③Bassino, Broadberry, Fukao, Gupta, Takashima（2015）	④Takashima（2015）	書き下し
主要な利用データ	❶『律書残篇』 ❷『和名抄』 ❸『拾芥抄』など	❹Bassino, Fukao, and Takashima（2010） ❺Bassino and Ma（2005）	❻大野（1987） ❼和泉（2008） ❽一橋大学社会科学情報センター所蔵資料 ❾土木学会編（1973） ❿攝津, Bassino, 深尾（2016）	⓫鬼頭（2000） ⓬Farris（2006） ⓭Farris（2009） ⓮斎藤・髙島（2017）

	第5章	第6章	第7章
タイトル	都市人口の推計	徳川時代における非農業生産の推計	前近代日本の超長期GDPの推計と国際比較
初出論文	書き下し	⑤Saito and Takashima（2016）	③Bassino, Broadberry, Fukao, Gupta, Takashima（2015） ⑥Takashima and Saito（2015）
主要な利用データ	⓮斎藤・髙島（2017） ⓯村上訳注（1929） ⓰鬼頭（1996） ⓱高尾・林屋・松浦（1968） ⓲小野（1934）など	❿攝津, Bassino, 深尾（2016）	⓳Bolt and Zanden（2014） ⓴Maddison Project Database

（注）1. 上記の本のうち補論1と補論2は，推計作業と直接関係ないため除外している。
　　　2. 初出論文のうち，同じ番号は同一の論文だが，対象箇所は異なる。
（資料）谷沢が髙島『経済成長の日本史』にもとづき作成。なお初出論文と主要な利用データの資料出所は以下のとおり。
①髙島正憲（2016）「古代日本における農業生産と経済成長—耕地面積，土地生産性，農業生産量の推計」『社会経済史学』第81巻第4号
②西谷正浩・髙島正憲（2016）「中世後期における山城国上久世荘の家族と人口」『福岡大学人文論叢』第48巻第1号
③Bassino, J.-P., S. Broadberry, K. Fukao, B. Gupta, M. Takashima (2015). 'Japan and the Great Divergence, 725-1874', CEPR Discussion Paper Series, No.10569
④Takashima M. (2015) 'Agricultural Production, Proto-Industrialization, and Urbanization, 1600-1874', in Fukao, K. J.-P. Bassino, T. Makino, R. Papryzycki, T. Settsu, M. Takashima, and J. Tokui, *Regional and Industrial Structure :1874-2008*, Tokyo: Maruzen.
⑤Saito, O. and M. Takashima (2016) 'Estimating the Shares of Secondary-and Tertiary-sector Output in the Age of Early Modern Growth: The Case of Japan, 1600-1874', *European Review of Economic History*, 20(3)
⑥Takashima M. and O. Saito (2015) 'Estimation of GDP Per Capita in Early Modern Japan, 1600-1874', Paper presented at The XVIIth World Economic History Congress, Kyoto International Conference Centre, Kyoto, 3-Aug
❹Bassino, J.-P., K. Fukao, and M. Takashima (2010) 'Grain Wages of Carpenters and Skill Premium in Kyoto, c.1240-1600: A Comparison with Florence, London, Constantinople-Istanbul and Cairo', Paper presented at Economic History Society Conference, University of Durham, UK, 28 March.
❺Bassino, J.-P. and D. Ma (2005) 'Japanese Unskilled Wages in Intenational Perspective, 1741-1913.', *Research in Economic History*, 23, pp.229-2483
❻大野瑞男（1987）「国絵図・郷帳の国郡石高」『白山史学』23.
❼和泉清司（2008）『近世前期郷村高と領主の基礎的研究—正保の郷帳・国絵図の分析を中心に』岩田書院
❾土木学会編（1973）『明治以前日本土木史』土木学会
❿攝津斉彦, Jean-Pascal Bassino, 深尾京司（2016）「明治期経済成長の再検討—産業構造，労働生産性と地域間格差」『経済研究』67(3)，193-214頁
⓫鬼頭宏（2000）『人口から読む日本の歴史』講談社
⓬Farris, W. W. (2006), *Japan's Medieval Population: Famine, Fertility, And Warfare in a Transformative Age*, Honolulu,: University of Hawii Press.
⓭Farris, W. W. (2009). *Daily Life and Demographics in Ancient Japan*, Ann Arbor: The Unversity of Micigan.
⓮斎藤修・髙島正憲（2017）「人口と都市化と就業構造」深尾京司・中村尚史・中林真幸編『岩波講座 日本経済の歴史1 中世』岩波書店, 57-89頁
⓯村上直次郎訳注（1929）『ドン・ロドリゴ日本見聞記』奥川書房
⓰鬼頭宏（1996）「明治以前日本の地域人口」『上智経済論集』41(1-2)，65-79頁
⓱高尾一彦・林屋辰三郎・松浦玲（1968）「世界のなかの京都」林屋辰三郎編『近世の胎動（京都の歴史：京都市編3）』学芸書院, 14-41頁
⓲小野晃嗣（1934）「中世における奈良門前町市場」『史学雑誌』45(4)，484-522頁
⓳Bolt, J. and J. L. Van Zanden (2014).'The Maddison Project: Collaborative Research on Historical National Accounts', *The Economic History Review*, 67(3), pp.627-651.

推計上利用した主要データ（「主要な利用データ」）で、斎藤修・深尾京司・ジャン・パスカル・バッシーノ・攝津斉彦など一橋学派に属する研究者の執筆した著作物が多数掲げられている。この事実は、高島個人の研究・執筆活動か否かを問わず、（しかも同書の刊行以降に関連する論文があるとしても）同書が現在までのところもっとも詳細なＧＤＰ推計の専門書であることを意味している。また最終的に高島一人でその推計結果を記述したとしても、それは同派の考え方が強く反映された主張であるとみなしたほうが適切であることを意味する。実際、歴史統計の推計作業では、きわめて広範な基礎データの収集と分析に多くの時間が費やされるのが一般的であり、従来型の個人作業として実施することはきわめて困難である（この点は、終章でも突っ込んで検討される内容である）。

いま、同書における一橋学派の位置づけを確認するために、表1－1の主要な利用データを具体的にみてみよう。ここではＧＤＰ推計にとって直接的に使用した重要なデータ類に限定されているが、古代の田地面積を収録した資料を利用した第1章と、国際比較用の海外諸国のデータを利用した第7章以外は、いずれも高島自身かまたは一橋学派が作成してきた関連数値を使用していることがわかる。特に第6章の徳川時代における非農業生産量（つまり非1次産業のＧＤＰ）を推計するにあたって、攝津・Bassino・深尾によって2016年に発表された明治期の産業別ＧＤＰデータを使用した事例は、まさにこの学派としての連携作業が実に効率的に実施された事例といえよう。あわせてＧＤＰ推計が可能となった背景には、同推計でもっとも困難な非1次産業所得について、Ｐ.マラニマが2011年に非1次産業所得に関する新たな推計方法を考案したことがあげられる。なお攝津らの推計作業では、攝津個人の改良した第3次産業所得の推計方法が採用されているため、第5章ではこの方法に関しても検討されている。

ここで一橋学派に言及する際には、斎藤修の存在を無視するわけにはいかない。同人は長年、歴史人口学にもとづく近世史研究や・近代日本の経済史研究を実施しており、一橋大学に勤務して攝津・高島らの研究指導にあたってきたほか、国際的にはイギリス・ケンブリッジ人口史グループとの親密な研究協力をおこなってきた。また第2章で取り上げる、超長期ＧＤＰにもとづく経済発展研究者であるアンガス・マディソンとも親交があるなど、わが国における比較経済発展論の第一人者である。このため斎藤は、今回の高島の推計値を指導してきた中心人物であり、基本的な考え方が高島による推計値に反映されているとみなすべきだろ

う(2)。かつてLTESのプロジェクトは大川一司が牽引してきたが、今回の推計ではその立場に斎藤がいた。もちろんLTESと今回の超長期推計を取り巻く研究環境は同一とはいえないが、少なくとも推計作業の中心人物としての位置づけは間違いない。とにかく表1-1でも、初出論文や主要な利用データにおいて斎藤の名前がしばしば確認でき、特に同書の中核部分である第6・7章が高島と斎藤による共著論文をベースとして作成されていることが、同書における斎藤の影響力の大きさを裏付けている。

このほか表1-1の初出論文で明らかなように、英語論文が多くあることも特徴となっている。斎藤との共同論文があることを差し引いても、博士号の取得のための論文でこれほど多くの英語論文があることは少なくとも経済史学分野では異例のことであろう。このような事例は、海外の研究者との議論が多数なされていたことを示唆させるほか、おそらく同書の第7章で実施された国際比較分析を促進させる理由ともなっていただろう。いままでの歴史研究では、ほとんどいなかった新たな世代の登場を象徴する事例である。海外の研究者との切磋琢磨は、上記のP．マラニマのほか第2章のR．C．アレンによる農産物需要関数の考え方を導入した理由ともなっているのかもしれない。研究における国際化の進展事例であろう。ただし若干この点で気になるのは、仮説の安易な採用がかえって資料収集、データ解析の時間を簡略化させることにはなっていないかという点である。本書では、繰り返し同書の推計方法の改善に向けた検討をおこなっているが、このような危惧については読者も指摘箇所で検討してほしい。

以上のように同書は、研究における集団性（または共同作業性・連携性）、国際性を取り入れた新しい時代の研究であるが、その一方では研究課題の壮大さにもかかわらず執筆者は高島一人に限られている。この種の研究では、推計値の計算で完了するわけではなく、その推計方法や使用上の注意・限界などを的確に記述することで完了すると考えるべきだ。この視点に立つと、論文の発表スタイルや執筆でもかつてのLTESと比べて集団性が求められたはずだが、高島や一橋学派の研究者にそのような考えが希薄であったように思われる。またLTESと比べて、研究スピードが格段に速くなっているのは、研究手法の蓄積や開発の進化、計算機器の高性能化などが奏功していると思われる。ただしそのほかに、同書が積極的に取り入れた国際化のなかで、地道に推計精度を高める作業を繰り返すよりも、ある程度の精度が確保できればその後はその分析結果を論文にまとめて発

表する傾向が強くなったためと思われる。つまり海外の研究者との関係を意識するようになったなか、逆に推計作業時間が不足気味になったように感じられる。これらの新たに発生した短所については、今後の章でその都度言及していくこととしたい。

　以下では、第２節で筆者がかつて『経営史学』に執筆した同書の書評をもとに、同書の推計方法や分析結果の特徴を簡潔に示しておき、第３節ではその書評で論じることができなかった石高概念について、補論ではその他の疑問点について、それぞれ触れておく。前章でも指摘したように、筆者は恥ずかしいことではあるが本書執筆時においてさえ、高島（2017）の内容を完全に理解できているわけではない。この背景には、筆者の能力不足のみならず、高島側でも完全には解明していない部分や記述が不完全な部分があるなど、様々な理由があったと推測される。このため第２節では、基本的には理解できた範囲内で記述しているが、第３節や補論では疑問点について補足的に検討した内容を記述している。この点で本書は、通常の専門書とやや異なる執筆スタイルを採用したことをお断りしておく。

第２節　推計方法と分析結果の短評

　初めに本節では、正確性を期するため書評内容の一部を修正しているほか、原文での「著者」を高島、「評者」を筆者に変更している点をお詫びしておきたい。また、ここでの内容はあくまで読者の理解を助けることを目的として、とりあえず同書の全体像を提示しておくことを優先した短評にすぎない。このため踏み込んだ内容は、この後の該当する章で論じていく予定であるため、その場合には適宜関連する章を明記している。

＊

　同書は、わが国の古代から近代初頭までの12世紀に及ぶ超長期ＧＤＰを推計し、あわせてその経済成長の特徴を国際的に位置づけた、きわめて壮大かつ野心的な研究書である。高島は、序章「超長期ＧＤＰとは何か」で同書の目的を「時代区分論への挑戦」、「中世以前の経済社会の評価」、「グローバル・ヒストリー」の３点に集約したが、このほか読者からみると無から有を生むような大胆な推計方法を知る醍醐味が加えられよう。最後の件に関して高島は、ＧＤＰの推計方法を生産・分配・支出の各面から検討したうえで、生産面から産業別に推計することを中心に据え、一部では支出（消費）面の推計も併用した"ハイブリッド・ア

プローチ"（22頁）を採用したという。これに対応して同書は、農業生産量に関する第Ⅰ部（第1〜3章）、人口成長に関する第Ⅱ部（第4・5章）、非農業生産量と国際比較に関する第Ⅲ部（第6・7章、終章）の三部構成としている。まず章ごとの概要を、推計方法を中心に紹介していこう。

第1章「古代の農業生産量の推計」では、奈良時代、平安時代前半、同後半の3時点における田地と畠地別に耕地面積・土地生産性を推計し、その後に両データを掛け合わせて農業生産量を推計する。このうち田地面積は、奈良時代については法令資料『律書残篇』等より入手した行政単位「郷」数に1郷当たり田地面積を掛けて総田地面積を算出するが、平安時代前半は『和名抄』諸本、同後半は『拾芥抄』諸本の数値を利用する。次に畠地面積は、各期とも耕地面積に占める畠地面積の割合（畠地率）を資料類より求めて推計した。なお全章を通じて両面積のみで、ときに信頼性95％の区間推定をするなど一定の幅を持たせている。次に土地生産性は、当時の法令（不三得七法・七分法）情報や土地資料から時期別・田畠別に推計している。

第2章「中世の農業生産量の推計」では、初めに東寺領の荘園資料を使って同地域の農業生産量を推計するが、これは年貢高（領主取り分）のみで百姓取り分が除外されているため問題がある。そこで全生産量を対象とした代替的方法として、非熟練労働力（都市雑業者）の実質賃金、農産物実質価格を説明変数とした単純な農産物需要関数を想定し、そのパラメーターを初めに固定する数値計算に切り替える。このような"需要サイドからの推計"は、前近代には需要量が供給量に一致するように決まることを利用したロバート・アレンの先行研究にもとづくが、7世紀にわたる実質賃金データは高島が関与した先行研究の成果である（ただし農産物実質価格データの入手先や作成方法は不明）。

第3章「徳川時代・明治期初頭の農業生産量の推計」では、幕府が1644年に調査した「正保郷帳」の石高データと明治政府が1874年に調査した『府県物産表』の生産データを地域別に加工して第1次産業生産量を推計する。すなわち中村哲の開発した方法に準じて、両時点間の増加石高を土木学会編『明治以前日本土木史』より入手した土木工事件数で割って、工事1件当たり増加石高を計算する。それを他の調査年次までの該当工事件数分だけ加除していくことで、同年次の石高（実収石高）を推計する。しかし1874年の実収石高が他の研究者の推計した実態ベースの石高（実態石高）より大幅に少ないことがわかったため、図1-1

のように両者の比率（石高補正率）を地域別に求め、当比率で他の調査年次も一律に嵩上げして実態石高とした。

　第4章・第5章は人口関連データの推計に充てられる。まず第4章「全国人口の推移」では、鬼頭宏・ファリスの研究成果を再検討して古代から明治期初頭までの全国人口の長期データを作成する。当データから、中世初頭から徳川時代初頭、それに続く徳川時代半ばまで、幕末維新期、に大きな人口成長の画期があったことが示される。第5章「都市人口の推計」では、各種文献中に記載された都市人口情報や斎藤誠治による近世64都市データから、全国の都市人口・都市化率を推計する。両データより都市化は、古代から中世半ばにかけて低水準のまま推移したが、戦国時代から大きく進みはじめ、さらに近世後半には大都市で退行した一方、地方中小都市・在郷町で進行したことを見出した。

　第6章「徳川時代における非農業生産の推計」は、超長期推計で最も困難な非1次産業生産量の推計に充てられる。パオロ・マラニマの先行研究を参照しつつ、被説明変数として総生産量に占める対象産業と第1次産業の合計の割合（一種の産業別構成比）、説明変数として人口密度、都市化率などを採った関数を考案し、これに明治期3時点の府県別データを使って、第2・3次産業別にパネル・デー

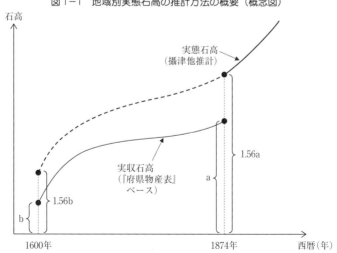

図1-1　地域別実態石高の推計方法の概要（概念図）

（注）1600年と1874年のあいだの点線は、常に実態石高が実収石高の1.56倍であることを示す。
（資料）谷沢が作成。

タ分析で計測する。明治期のデータが利用できる理由は、1874年の人口密度や都市化率の県別関係のなかに、近世後半に進んだプロト工業化の影響が残存していると認識したためという。この計測式に第4・5章で推計した徳川時代の上記2データを外挿して第2・3次別の構成比を求め、これと第1次産業生産量から各産業の生産量を導く。

第7章「前近代日本の超長期ＧＤＰの推計と国際比較」では、前半で古代・中世の総生産量の推計をおこなう。その方法は、前章の計測式に第4・5章で推計した古代・中世の人口関連データを外挿して非1次産業構成比を求める。同構成比と推計済みの第1次産業生産量から、石表示の総生産量と1人当たり総生産量を算出する。後半では、入手した全期間の1人当たり総生産量を1990年国際ドル表示の1人当たりＧＤＰに変換した後、マディソン・プロジェクトで推計された主要国の同数値と比較して、わが国の経済成長の特徴を把握する。

以上のように同書では、農業生産量の過半は様々な資料・データによる積み上げ計算方式を、非1次産業生産量は人口関連データから求めた産業別構成比にもとづくマクロ推計方式をそれぞれ使い分けることで、最終的に総生産量やＧＤＰを推計したほか、その際に初めから実質値を求めることが指向された。実に多様な推計方法が結集されて同書が完成されている。これらの方法の大半（中世・近世の農業推計、全期間の非1次産業推計など）は、高島が独自に開発した方法ではなく既存研究に改良を加えた漸進的・順当なものであるが、先行研究のマディソンによる超長期推計値と比べると、計測時点数の多さ、産業別推計値の存在によって遥かに情報量が多くなっている。我々のような部外者でも、この推計値はマディソンのそれよりもずっと使い勝手がよいと言えよう。

次に、第7章後半と終章「超長期ＧＤＰからみた前近代日本の経済成長」で言及された分析結果を示しておきたい。まず経時的な変化として、①古代末期から中世前半の停滞、②中世後半の経済発展の力強さ、③（その成長が）徳川時代前半まで持続、④（徳川時代前半よりも）幕末維新期の非常に高い成長、をあげている。このうち①は、「奈良時代の律令国家が社会経済における制度を整備し生産力の拡充をはかったが、その制度機能の脆弱さにより」（284頁、一部集約）成長を持続できなかったためとする。②は、「各地での流通経済の進展があったことのほか、貫高制の導入によって各大名の領国では統一的な租税制度や社会的分業・交換関係・貨幣流通をふまえた領国市場が形成されるようになった」（266頁、

同）ことが影響したという。従来の「戦乱と飢餓が頻発していたため停滞的であった」（287頁）中世経済観を塗り替える、新たな歴史認識を提起した。

③は、「日本全国で城下町が新たに建設され、建設業を中心とした製造業部門が活性化したほか、城下町に集住する武家層を対象とした商業・サービス業が発展したこと、度量衡・通貨制度の統一、五街道の整備、村単位で年貢や諸役を包括的に負担する村請制度の確立など、社会経済の機構・制度が整備されたこと」（267頁、一部集約）によって発生した。また④の背景には、「プロト工業化の進展とそれにともなう商業・サービス業の拡大、幕末の海外貿易開始による農村工業品の生産の増加の影響」（267頁）があった。これらの現象によって、徳川時代後半には地域間の経済格差も拡大してきた。なおマディソンの近世推計値と比較すると、1600年に28％、1846年に33％ほど上回っていたほか、同期間を1721年で分割して年平均成長率を計算すると、前半は0.01％、後半は0.23％となり、後半に産業間依存の高まりでマディソンの想定（0.12％）より力強い成長があったと主張する。

さらに国際比較をすると、わが国は⑤11世紀以降ではイタリア・中国の半分程度だが、中東諸国（トルコ、エジプト、イラク）には追い付きそうだった、⑥17世紀初頭には首位オランダの約4分の1、西欧諸国の半分以下だが、中東諸国には上回った。また⑦英国は、産業革命以前の17世紀半ばより農業生産性の上昇が発生したことで、わが国との間で経済格差の拡大が起こった、⑧アジア・中東地域内では、15世紀頃までわが国は最も貧しかったが、近世に入るとすべての旧文明国を追い抜いていった（つまり"小分岐"）、などが指摘される。いずれも従来の時代区分論を超越しつつ、比較経済発展論の立場からグローバル・ヒストリーの文脈において新たな議論の材料を提供するなど、高島の3目的はほぼ達成された。特に高島は、従来の歴史研究の「蓄積や通説に対して、親和性の高い議論および対立する議論の双方を提示」（287頁）したことを強調している。

高島の膨大な解析作業のおかげで、我々は推計データのほかに多様な関連情報を、馴染みの薄い前近代資料の解説を含めて得ることができたことに感謝したい。とはいえ同書を読み進めるうちに、正直なところその推計方法について多数の疑問が湧いた。紙幅の制限があるため詳細は上記の別稿に譲るが、以下では推計対象を3点に絞って主要な疑問を述べておきたい。

第一は、中世の農業生産量である。この推計では、初めに農産物需要関数の各

パラメーターを決めるが、その決め方に恣意性が見受けられる。また16世紀から17世紀前半の数値が高止まりした理由を、「貨幣制の混乱」(97頁)により価格(＝貨幣)作用を抑制したはずの実質賃金データに上方バイアスが発生したためとしたほか、図2－2(98頁)では上記時期のみ推計値を下方に修正する。このように推計結果の特定期間のみを修正する(しかも最終的には、同期間のみ推計値の採用を見送る)操作は、推計作業としての正当性を欠くほか、賃金データ自体の信頼性を低下させよう。この場合は一般的に、幣制混乱の原因を明らかにしたうえでそれを除去した賃金データを作り直すか、まったく別系列のデータを新たに作成して再推計すべきであるから、高島の方法はあくまで緊急避難的・便宜的措置にすぎない。

第二は、近世の第1次産業生産量について。この推計では、1874年における実収石高が実態石高より大きく乖離した事情を解明しないまま、1600年までの実収石高を石高補正率によって一律に拡大させている。1874年は、周知のとおり地租改正事業の初年度であったため、『府県物産表』の調査事業でも「物産取調ノ趣旨或ハ貫徹致サズ却テ税額ノ増減ニモ関渉致スベキヤト無謂忌疑ヲ抱キ取調方自然不都合ヲ醸シ候向モ有之哉ニ相聞ヘ（タル）」(内務省布達甲第18号)特殊な状態にあった。さらに徳川時代の郷帳を研究した和泉清司によると、各領主が作成した村高の調査対象は、正保・元禄期の郷帳では表高(拝領高)であったが、天保郷帳では内高に変更したという。もしこれらの情報を加味すれば、石高補正率を一律に適用できないほか、実収石高と土木件数から求める、従来型の推計方法を抜本的に見直す必要が出てこよう。なお類似の疑問は、第1次産業に占める農業の割合84.36%に関連した議論でも発生している点を付記しておく。

第三は、古代から近世までの非1次産業生産量である。この推計にあたって、高島は人口密度、都市化率を説明変数とした関数を想定したが、各変数が非1次産業生産量に影響を与えた道筋を明確に説明したとは言い難い。この関連では人口密度の採用理由として、第6章ではプロト工業化が近世後半に進んだことをあげたのに、第7章の前近世の推計では「人口5000人以下の湊・津・宿といった小規模な町場が全国津々浦々に無数に存在し、(中略)各町場に職人などの手工業が発展していた」(263頁)ことに変更する。しかもこの変更の根拠となる人口5000人以下の町場の府県別データによる検証内容が未公表のため、読者は当惑するほか苦肉の策として近世後半と同一の計測式を使用したにすぎないと思うは

ずだ。また図6-2（230頁）で近世前半に人口密度と都市化率が並行して動いている事実は、高島の主張（第6章の計測式を近世前半以前へも適用可能）に対する反証とみなせよう。

　以上の疑問は、いずれも推計値の変更に直結する重要な論点であり、近世前半以前で推計方法の信頼性が低くなるかもしれない。例えば、1600年における第1次産業生産量が過大推計となり、それを修正すると同書の主要知見の一つ「中世後半における経済発展の力強さ」が弱まる可能性も否定できない。それゆえ我々は、同書の推計値を確報値ではなく速報値として、各知見を実証結果ではなく仮説として扱うべきであろう。さらに同書では、重要な推計方法や関連データが明示されずに検証や再現の困難な箇所が多く見受けられた。例えば第7章では、石表示の総生産量から1990年国際ドル表示のＧＤＰへの変換方法や円表示の産業別ＧＤＰなどが公表されていない。あわせて推計上の重要な作業内容が、ときとして本文中ではなく図表の注書きや資料出所に記述され、非常に読みづらさを感じたことも指摘しておく（以上は、第4章の2.1.で詳しく解説する）。

　これらの事情から筆者の読み間違いがあるかもしれないが、とりあえず詳細な推計値を公表した点で、同書はわが国の本格的な超長期ＧＤＰ推計における記念碑的業績といえよう。いわばエベレスト山頂や北極点に最初に到達したことの偉業である。しかも本書でも扱うように、改訂に向けたきわめて多数の論点を提供したという意味で、同書は問題作であるとともに衝撃作でもある。高島は今後とも、超長期ＧＤＰ関連の多様な研究課題（288～296頁）に果敢に取り組む予定であるというが、かつて一橋大学経済研究所で実施された「長期経済統計」プロジェクトの次世代版として、更なる発展を期待したい。

第3節　石高概念の違和感

　書評とは一般的に、対象書籍の全体像を把握するうえでは便利なものであるが、すべての特徴をカバーしているわけではない。すなわち字数制限があることから、超長期ＧＤＰ推計といった大きなテーマの場合には、疑問点と思われる多様な問題を書き尽くすことは不可能である。逆に言うと、どうしても複雑な制度に関わる問題や微に入り細を穿つ議論までは言及できない欠点を抱えている。本章を締めくくるにあたり、書評部分で意識的に記述を抑えていた石高概念の疑問点について述べておきたい。

いま、近世の石高を推計する方法にあたって高島が参考にした中村哲『明治維新の基礎構造』と高島（2017）の石高概念を比較してみたい。この作業では、中村の考え方が通説であるとみなしている。初めに中村は、「石高を一応常識的に標準的収穫高を米によって統一的に表示したものと理解し、石高を地租改正収穫米や「農産表」の農産額と対応させる。」(3)としている。つまり石高はあくまで農業生産額と一致した概念とみなしている。石高を容積単位ではなく生産額単位とみなすことにはやや異論があるが、とにかく以下の議論ではこの点はさほど大きな問題ではないため、中村流に考えていくことにする（石高の単位としての問題点は、第4章で詳しく検討する）。

　一方、高島（2017）でも、第3章で「石高とは、幕府や封建領主による検地によって確定した土地の生産力を米の収穫量に換算して表すものであり、その意味では、米をニューメレール、すなわち、一種の価値尺度として考えることができ、その集計された石高データは主に農業生産物についての産出量統計として解釈することができる。」(4)（傍点は筆者）としている。しかしその後の推計作業では、突如として石高を第1次産業の総生産量に変更したうえで、明治期初頭の調査から第1次産業総生産額に占める農業生産額の割合を84.36％とみなして、それを石高に掛けることで近世の農業生産額を計算している（この経緯は、第2章の2.1.が詳しい）。このように様々な問題点が含まれているが、中村と高島では石高の解釈が大きく異なっている。ただし中村・高島とも、農産加工物や製塩のように農家部門でおこなわれても、実質的には第2次産業に分類すべき部分が石高に含まれていることもあるが、これらについてはなんら考慮されていない。

　次に、両者とも石高を実収石高と実態石高に分けて考えている。すなわち明治初頭の実収石高と実際の総生産額との乖離度を計測し、その数値で実収石高を膨らまして実態石高を推計している。この背景には、近世を通じて農業生産性が増大する一方、検地が実施しづらくなり増加分の取り分が領主側に有利に働かなくなったなか、石高の過小申告・年貢賦課率の停滞が無視できなくなったことが考えられる(5)。いま、図1-2のように当初の実収石高を100単位（以下、「単位」は省略）、実収石高の3割増しを実態石高とみなすと、上記の産業範囲の差によって農業の実収石高は、中村の場合130、高島の場合は110となり、大きな差が発生する(6)。この差は、近世初期の1600年まで遡ることとなるため、いわゆる"中世後半の底堅さ"という主張にも直接影響するはずだ。この点を考慮すると、

図1-2 各種石高概念と生産額等の対応関係（数値計算例）

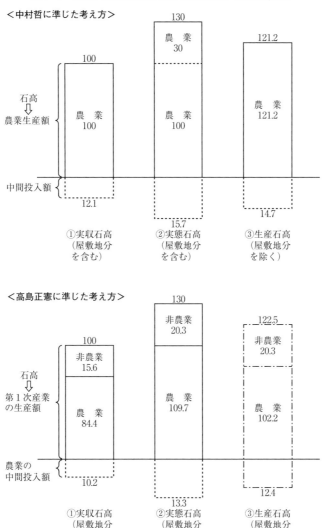

(注) 1. 図の長さは、違いを強調するためにやや誇張して描かれている。
2. 実収石高は公表された石高データから推計した石高、実態石高は実収石高を明治初期の生産水準で調整した実態ベースの石高、生産石高は実態石高から屋敷地分を控除した石高を示す。
3. 中村の考え方のうち、①の中間投入額はLTES『農林業』より計算した農業生産額の12.1%とする。②、③でも同比率を採用した。
4. 高島の考え方のうち、①は第1次産業のうち84.36%を農業生産額と仮定した数字である。次に①から②を求める際には、高島は56%増しとしているが、中村の考え方と比較しやすいように3割増しと仮定した。
5. 中村と高島の考え方のうち、③は②の農業生産額から屋敷地分（6.8%）を控除した金額である。高島の場合には実際は屋敷地分を考慮していないが、とりあえず考慮した場合を想定したため、一点鎖線で作成している。

(資料) 谷沢が作成した。

上記で提起した筆者の心配を理解してもらえるのではなかろうか（なお中世後半の底堅さについては、第3章の第2節で言及する）。

話はこれだけでは終わらない。徳川期の石高関連のうち本途物成の一部に屋敷地が課税対象として加えられていたから、この分は架空の農産物を計上していたことになる。この屋敷地分は、中村の推計によると明治初頭で全耕地面積（宅地を含む）の6.8％に達していたという[7]。この点について、高島は石高調査の数値をそのまま使用しているため屋敷地分を除外していない（正確に言うと、1874年の数値は屋敷地分を除外しているが、それ以前の数値は含まれている）[8]。ちなみに図1－2によって、この屋敷地分を実態石高から控除した石高を生産石高と呼び、この生産石高のうち農業分をみると、中村の場合には121.2、高島流で考えた場合には102.2と引き続き大きな乖離がある。いずれの場合にも農業の実態石高から大きな減少となることが確認できるほか、高島のケースが引き続き中村よりも大きく減少している。中村では、この屋敷地分の減額は農業生産力の傾向値を見るだけなら考慮する必要がないとしているが、高島（2017）ではこの要因さえ検討していない。しかし上記の比率をそのまま認めるなら、1人当たりGDPといった実数を求める際に屋敷地分の大きさを無視することはできないはずだ。

他方、高島が石高に含まれているとしている非農業部門についてみると、林業（用材）や水産業（漁労）・交易などの付加価値が石高でどの程度カバーされているかの情報は不明である。とはいっても近世を通じて全1次産業に占める農業の比率（84.36％）と石高補正率が一定であるということは、農業・非農業の両部門で同一の捕捉率（とりあえず屋敷地等を無視すれば、実収石高÷実態石高のこと）を仮定して石高から付加価値を推計していることを意味している。以下では、LTESのうち第1巻『国民所得』、第9巻『農林業』を利用して、この考えが正しいかどうかを個別にみていこう。これらの資料によって、推計の難しさが少しは理解できるはずである。これは非現実的な想定であるため、なんらかの代替的な方法を新たに採用すべきであるが、なかなか代案は浮かばない。

ただし林業では、幕領の日田林業、尾張徳川家の木曽（杉）林業、その他藩営林業などが石高から欠落している部分を推計する作業が思い浮かぶ。漁業・交易では、松前藩による蝦夷貿易、対馬藩による朝鮮貿易なども、素人ながら浮かぶ重要テーマであるほか、日常生活で消費される水産物部分も無視できない。強いて言えば最後の日常消費分は、高島が使用した中世の農産物需要関数のような水

産物需要関数よって把握することが可能かもしれない。このほかの藩営事業による1次産業分も、おそらく石高には反映されていないはずだ。このように遺漏分はかなり広範囲に及ぶため、産業によってその捕捉率は大きく異なると推測される。ちなみに山林・原野の用益権に対して課税された小物成や、夫役なども課税基準となるなど、多様な課税形態が存在していたから、これらの課税データから特定地域の生産データなどを推計できる可能性はある[9]。

　さらに実収石高から直接に付加価値額を推計してよいかどうかも慎重な検討が必要である。なぜならこの推計をおこなうためには、石高と付加価値額の間に一定の換算率を想定することになるが、それは石高補正率のほかに付加価値率も近世全般（正確には近世以前）にわたって1874年水準に固定することを意味するからである。このうち付加価値率の固定は、高島による超長期ＧＤＰの推計方法における最大の特徴である。そして超長期ＧＤＰ推計であったとしても、付加価値率を固定することはかなり危険であると考えるべきであろう（なお石高補正率の件は、第2章の2.2.で具体的に検討する）。

　この点に関連して、高島（2017）の章タイトルをみると興味深いことがわかる。すなわち同書の章タイトルを要約すると、第1章「古代の農業生産量」、第2章「中世の農業生産量」、第3章「徳川時代・明治初頭の農業生産量」、第6章「徳川時代の非農業生産」、第7章「前近代のＧＤＰ」となる（序章・終章と人口関連である第4・5章は除外）。章ごとに、時代と部門を分けて記述する表記法自体は納得できる。ただしそれらのタイトルから、①農業では"生産量"、非農業では"生産"と使い分けていること、②第1〜6章までは"生産関連"であるのに対して、第7章ではいきなり"付加価値関連"に変更されていること、は気になる点である。これらの特徴から、少なくとも農業部門の生産額と付加価値額が密接な関係にあることが推測される。これを説明する要因こそ、まさに付加価値率を固定したことに求めることができる。筆者は、実はこの章タイトルの巧妙な書き分けに違和感を持ち続けていたが、同書を精読することでようやくその原因を解明できた（詳細は第4章の2.1.を参照）。読者はいかに考えていたのだろうか。

　とにかくこの付加価値額の計算方法が気になるため、それをＬＴＥＳの『国民所得』で農業部門をみると、以下の式で推計されていることがわかる[10]。もちろん近代のデータ推計を目的としたＬＴＥＳの考え方を、近世以前の超長期ＧＤＰに直接適用することができないことは十分に分かっているが、考え方の整理を

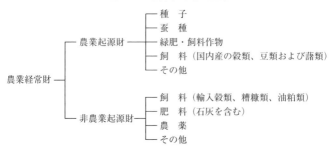

図1-3 農業経常財の分類

(資料) 梅村又次ほか編『長期経済統計 農林業』第9巻、東洋経済新報社、1966年の53頁。

おこなうためにもLTESが貴重な情報を提供してくれるはずである。

$$粗付加価値額＝農業生産額－農業経常財投入額 \qquad (1)$$

この式で農業経常財投入額とは、中間投入額に相当する金額であり、一生産期間内にその全体が生産物に転移する生産財、あるいは生産に要した物財費から固定資本の減価償却を除いたものと定義される[11]。図1-3で示されているように、農業経常財投入額は種子、蚕種、緑肥・飼料などの農業起源財と、飼料（輸入穀類など）、肥料（おもに化学肥料）、農薬などの非農業起源財で構成されている。この分類に従うと、近世以前には非農業起源財はほとんど無視できると考えられるが、農業起源財についてはそうはいかないだろう。このほかに構成員（家族や小作人）以外への委託作業費（除草、玄米の運搬など）、時代が下るにしたがって水路のメンテナンス費などの諸経費も実際には発生しているはずであるから、これらの中間投入比率を12世紀にわたり固定するのは非現実的である。

ちなみに『農林業』では、農業経常財投入額を肥料とそれ以外の経常財に大別して具体的に集計している。まず肥料については、わが国農業発展にとってきわめて重要な役割を演じた生産要因であるとして、免許を要するものと免許を要しないものの二つに分類し、さらに前者については複合、無機質、有機質の3分類しつつ個別に推計している。もっともこれらの肥料類は、販売されたものに限定されており、自給肥料は推定が困難であるほか、コスト計算にあたって労働費との二重計算を冒すこととなるため除外されている[12]。このため種子、蚕種、飼料を推計の対象としており、種子については播種量と農家庭先価格をベースとし

て、蚕種については掃立卵量と農家庭先価格によって、それぞれの総投入額を推計している。

いま、『農林業』の統計表によって、未だ近世の影響が色濃く残る1878年において、農業生産額に占める農業経常財投入額の割合をみると25.8％、農業起源財に限定すると12.1％となる[13]。近世以前でも、農業経常財投入額は決して無視することができない費用項目であった反面、非農業起源財はその割合が低かった可能性が高い。このため農業史などの研究蓄積のなかから適宜、関連情報を収集すべきであったほか、それにもとづき付加価値率を時代の経過とともに変化させる必要があった。残念ながら高島（2017）では、この付加価値率を固定していたことは推測できるが、その水準に関する具体的な情報はいっさい入手できない。このためとりあえず農業起源財のみを考慮すると、図1-2の中村流の考え方では106.5（＝121.2－14.7）、高島流の考え方では89.8（＝102.2－12.4）となり、両者の乖離は依然として大きい。

このほか林業・水産業についても、参考のためにＬＴＥＳの『国民所得』と『農林業』から付加価値の基本的な推計方法をみておこう。まず林業では、おもに用材、木炭、薪、林野副産物の4種類が想定される。このうち用材には、薪炭材を除くいっさいの木材（丸太）、すなわち製材用木材、パルプ用木材、合単板用木材、坑木、電柱、杭丸太などが含まれ、林野副産物とは樹実、樹皮、萱類、竹などが含まれるという。このうち製材用木材（以下、たんに用材と呼ぶ）以外は近世以前で考慮する必要はなかろう。この用材は、長期間を要してようやく搬出できるようになる長期生産物の代表例であるためコスト計算は容易ではないが、簿記上の記帳も明確に決められているわけではない。このため『農林業』では、生産量に価格を掛けた方法が採用され、そこから採取費用と育林費用を控除して付加価値を求めた。このうち生産量は、消費量＋輸移入量－輸移入量で計算するが、消費量は建築用木材、など11部門に分割して個別に推計し、それを足し合わせている。一方、価格は、最寄の駅土場渡し、ないしは山元工場渡しの価格を採用する。木炭・薪などは、『農林省統計表』を使用して生産量・山元製品価格・伐採立木価格などを入手して生産額を推計した。

次に水産業は、『農林業』のタイトルからわかるようにＬＴＥＳでは驚くべきことに検討の対象外とされている。ただし同じＬＴＥＳプロジェクトのうち『国民所得』では無視することができないため、既存統計の改訂という形で推計値が

公表されている。同産業の所得として考慮すべきは、漁獲、水産製造物（いわば加工品）、塩の3種類が想定されるが、このうち水産製造物はＬＴＥＳ『鉱工業』第10巻の中製造業のうち「食料品」と「化学」に計上されているため、重複を避けるために推計せずに漁獲のみとしている。この漁獲の所得は、生産額に『昭和五年国民所得調査』より入手した所得率を掛けて推計したという。ちなみにこの所得率は、個人の漁労が66.4％、養殖が57.1％、会社が41.1％であり、業態により異なった水準にしている[14]。

　以上のように非農業部門について、ＬＴＥＳではかならずしも直接参考になる情報は得られないが、その概念や考え方を検討するためにはまったく利用できないわけではなさそうである。これらの非農業部門については、おそらく石高の数字では遺漏分が大きいと思われるため、徳川期に限ってみれば特定地域における小物成などのその他の課税データを収集するなどの努力が求められよう。1950年代には、羽原又吉『日本漁業経済史』上中下巻などがあったものの、現在ではほとんど研究者がいないため、とにかくこれらの先行研究から検討する必要があろう。

　とにかく高島（2017）では、石高の概念が対象産業の捉え方、屋敷地の扱い方で、中村哲に代表される通説と大きく異なる独自解釈をとっているほか、付加価値の計算方法が現実から乖離している。これらの石高の諸概念は、超長期ＧＤＰ推計にとって根幹に位置するきわめて重要な検討項目であるにもかかわらず、高島のみならず経済史学でも、いままでほとんど検討されていない。かつて大川一司はＬＴＥＳ『国民所得』の序論において、各種統計の推計にあたっては、包括性（comprehensiveness）、斉合性（consistency）、非重複性（または純額性）（netness）が求められると記述していたが、高島推計ではまさにこの3つの視点にもとづく検討が不十分であったといえよう[15]。混沌としたなかで、いかに推計ルールを構築していくかの力量が求められている。

　正確な推計を目指すなら、近世史学における先行研究にもとづき石高の実態を、ＳＮＡ統計の視点から慎重に検討することが是非とも必要になる。残念ながら高島（2017）では、それをおこなわないまま石高の解釈を中村哲の研究より大きく変更している。もし今回の推計で上記の各関連情報が収集できないというなら、少なくとも石高を使用することの限界や問題点をはっきりと記述しておくべきであった（このような石高に関する各種問題点は、第2章の2.2.でも踏み込んで検討する）。

あわせてこの石高概念のように、現状で抜本的な解決策が見つからないから、とりあえず推計したこと自体を評価してそれを使用し続けるといった考え方もあるが、そのような態度は結果的には危険なことである点を指摘しておきたい。

補　論　その他の留意点

高島（2017）のなかには多様な論点が含まれているが、本文であげたものはいずれも超長期ＧＤＰ推計に直接関わる重要なものに限定してきた。しかし問題はそればかりではないため、以下では２点ほど気になった部分を指摘しておきたい。

〈プロト工業化の発生〉

高島は、第６・７・終章でしばしば江戸時代後半にプロト工業化が進行したことを強調している。例えば、第６章で「とくに徳川時代後半は、歴史的にプロト工業化の時代と定義されているが、（以下省略）」（228頁、傍点は筆者）と明記している。しかし経済史学界の通説（研究者の多数派が支持する考え方）では、わが国ではF．メンデルスらの主張したプロト工業化は確認されていないはずである。それにもかかわらず同書でしばしば提示されることに、筆者は戸惑いを隠せない。その際の使用例として、「日本のプロト工業化期の経済発展には、主に山間部の養蚕を中心とした農村工業の発展を主とした東日本と、市場・流通産業を軸とした西日本とではそのプロセスに大きな違いが認められている（斎藤1985）」（251頁）といったように、戦前から研究が蓄積されてきた通常の"農村工業化"のことを、高島があえてプロト工業化と呼び替えていたのではないかと推測される。

ただし上記の引用部分は、プロト工業化論の第一人者である斎藤修との共同論文（表1-1を参照）を下敷きとしているため、もしかしたら斎藤自身もこのような拡張された定義に変更したのだろうか（ちなみに斎藤は、同書のもとになった博士学位論文の審査委員の一人でもある）。通説といえども将来にわたって固定されるわけではないから、筆者の知らないうちに解釈が変更されたのかもしれない[16]。それにしても従来の農村工業化をあえてプロト工業化と呼び替えた理由は興味深いものがある。筆者の不勉強を棚にあげるわけではないが、このような用語法は、素人からすると非常に違和感を持つものであるため、個人的にはその背景をもっと丁寧に説明してほしいと感じた。

〈徳川時代という時代区分呼称〉

　同書では、江戸時代のことをしばしば"徳川時代"と記述している。例えば、第3章「徳川時代・明治期初頭の農業生産量の推計」の冒頭で、「本章の目的は、近世の農業生産量を地域別に推計し、前近代日本の経済成長を概観することにある。具体的には徳川時代を対象とするが、（以下省略）」(121頁、傍点は筆者）と記述している。その後に、なぜあえて江戸時代を徳川時代と呼び替えているかの説明は一切見当たらない。この徳川時代という呼称は、たしかに戦前から使用されることもあったが、どちらかというと民間の歴史書が主流であり、やはり公的文書や学術書では圧倒的に江戸時代が多かったように記憶している。ただし現在、これを積極的に使用している海外の研究者として、アンドリュー・ゴードンなどの日本史研究者のほか、テツオ・ナジタなどシカゴ大学の日本思想史研究者らがいる[17]。目新しさや海外研究者受けを狙うことも、研究のグローバル化戦略のなかで重要かもしれないが、この部分で個性を出す必要はないように思われる（なお本書では、高島の主張を正確に記述するため、あえて同用語を使用している）。

　歴史呼称は、その国の文化的背景のもとで長い時間をかけて静かに定着してきたものであり、それを海外研究者の研究に引っ張られて徒に替えることはむしろ危険である。もし、彼らがそのような使用法をしたのなら、むしろそれを糺すべきである。グローバル化でますますわが国としての歴史認識が求められているなか、このような無意識の使用法は歴史研究者としての自己を見失う虞がある。以上は、筆者の推測にもとづく議論にすぎないが、もし徳川時代を使用する正当な理由があったのなら、是非ともそれを記述すべきであろう。

註
(1) これらの情報は、いずれも科学研究費助成事業「前近代日本の一人あたりＧＤＰ：推計・分析・国際比較」（課題番号：26285075）として実施されたものである。詳しくは、同事業の研究成果報告書（https://kaken.nii.ac.jp/ja/grant/KAKENHI-PROJECT-26285075/）を参照してほしい。
(2) ちなみに一橋大学における高島の博士学位審査で、斎藤は審査委員5人のうちの1人に含まれていた（残りは、北村行伸、佐藤正広、深尾京司、森口千晶であり、このうち北村が委員長となっていた）。詳しくは、一橋大学機関リポジトリ「前近代の日本経済：超長期ＧＤＰの推計、730－1874年（博士学位請求論文審査報告書）」（https://hermes-ir.lib.hit-u.ac.jp/rs/bitstream/10086/28172/2/eco 020201600402.pdf）を参照のこと。
(3) 中村哲『明治維新の基礎構造―日本資本主義形成の起点』未来社、1968年の166～167頁。
(4) 高島『経済成長の日本史』の122頁。

(5) ただし農業生産性が上昇するなか年貢賦課率が停滞していたといっても、地域によってその水準や時系列動向が大きく異なることに注意する必要がある。例えば、幕領では18世紀前半には年貢賦課率が上昇傾向にあったが、後半には再び低下している。このため他の研究者により主張されている、領主側の農産物把握が一様ではない点に注意すべきであろう。幕領における年貢賦課率については、大野瑞男『江戸幕府財政史論』吉川弘文館、1996年の441～448頁を参照のこと。
(6) 中村『明治維新の基礎構造』の167頁では、「「農産表」や地租改正の収穫調査も実際より三割程度は少ないからと考えられるから、本章での数量的検討は近似的なもの、あるいは傾向的なものである」といっている。
(7) 中村『明治維新の基礎構造』の171頁の中央部にある注書き(2)では、1882年の耕地面積(郡村宅地を含む)が481.3万町歩、うち郡村宅地が32.9万町歩であるため、6.8%が屋敷地であったと計算している。
(8) 高島『経済成長の日本史』の農業生産量のうち、1874年は『府県物産表』に掲載されていた生産量データであるため屋敷地分が除外されていたはずだが、それ以前は石高調査のデータであるため含まれているはずだ。この関係では、高島『経済成長の日本史』の137頁の表3-9を参照のこと。
(9) 領民に対する多様な貢租については、谷沢弘毅『近現代日本の経済発展』上巻、2014年の94頁の表3-1が詳しい。
(10) 大川一司ほか編『長期経済統計 国民所得』第1巻、東洋経済新報社、1974年の112頁。
(11) 梅村又次・山田三郎ほか編『長期経済統計 農林業』第9巻、東洋経済新報社、1966年の53頁。
(12) 梅村ほか編『農林業』の53頁。
(13) 各データのうち、農業生産額は梅村ほか編『農林業』の146頁の第1表、農業経常財投入額・農業起源財は同書の183頁の第14表より入手した。なお同書における農業生産物とは、穀類・蔬菜・果実などの「緑肥および飼料作物」のほか、養蚕・畜産・蕨製品を指している。ただし1878年では畜産の生産額はわずか1%程度にすぎないため、ほぼ近世と同一の農業構造であったとみなすことができよう。
(14) この所得率は、大川ほか編『国民所得』の113頁の表より入手した。
(15) 大川ほか編『国民所得』の2頁。
(16) ちなみに攝津斉彦・Jean-Pascal Bassino・深尾京司「明治期経済成長の再検討—産業構造、労働生産性と地域間格差—」『経済研究』第67巻第3号、2016年の194頁には、「日本は明治時代に先がけて徳川時代後半に、プロト工業化による経済成長を経験しており、」と記述している。また同部分の参照先としてあげられた斎藤修『比較経済発展論』岩波書店、2008年をみると、その136～139頁で農村工業化＝プロト工業化といった主張が確認できる。
(17) 例えば、"徳川時代"を使用した代表的著作として、アンドリュー・ゴードンは、*A Modern History of Japan: from Tokugawa Times to the Present*：Oxford University Press, 2003（森谷文昭訳『日本の200年—徳川時代から現代まで』上・下巻、みすず書房、2006年）があるが、テツオ・ナジタは以下があげられる。*Visions of Virtue in Tokugawa Japan: the Kaitokudo Merchant Academy of Osaka*：University of Chicago Press, 1987（子安宣邦訳『懐徳堂—18世紀日本の「徳」の諸相』、岩波書店、1992年）；*Tokugawa Political Writings*,：Cambridge University Press, 1998；*Japanese Thought in the Tokugawa Period, 1600-1868: Methods and Metaphors*, co-edited with Irwin Scheiner,：University of Chicago Press, 1978.

第2章
超長期ＧＤＰに関する二人の推計方法
―高島正憲とアンガス・マディソン

第1節　問題の所在

　高島『経済成長の日本史』（以下、高島（2017）と略記）では、同書の課題（＝研究目的）を序章において、「時代区分論への挑戦」、「中世以前の経済社会の評価」、「グローバル・ヒストリー（の視点にもとづく比較経済発展分析）」（最後の課題のカッコ内は筆者が補足）の3つにまとめている[(1)]。これらは、いずれも超長期ＧＤＰを利用した研究方向として順当なテーマであり、たしかに注目すべき課題といえよう。

　ただし読者側からみると、もう一つの重要な課題が加えられる。それは高島がかつて、『長期経済統計』全14巻（以下、ＬＴＥＳと略記）を出版するなど歴史統計の研究では伝統と実績のある一橋大学経済研究所に所属しており、同書が所属教員の指導のもとで完成された博士学位の取得に向けた研究成果であったことである。これらの事実から、この研究が同研究所の多彩な研究蓄積ゆえに成しえたものであるほか、推計データの革新性と信頼性に対する高い評価を予想させよう。それゆえ同書には、読者に対してその推計方法と推計データの経済的含意を理解する際の指針を与えることが、新たな課題として追加されよう。筆者は、情けないことに現在でも全体を解明できていないが、解読できたレベルでも興味を引く箇所が多数見受けられる。そのためこの注目箇所を細部にこだわりながら自分なりに検討しておくのも意義があると考えた。

　前近代の研究では、一般的に文書等のみを検討する"文字情報至上主義"が幅を利かせており、経済成長などの長期的変化を把握しきれない傾向があるため、そこにデータでメスを入れたことは同業者として素直にうれしいかぎりである。ちなみに筆者は以前、近世に関するある啓蒙書の書評を書いた際に、研究者が必

要以上にデータの扱いに慎重になりすぎているため、「とかく近世史研究者が文書史料のみを尊重し、データを加工した分析を軽視する傾向に苛立ちを覚えることが多い」[2]と批判したことがある。これでは、いつまでたっても社会科学の厳密な分析にもとづく成果は生まれないだろう。

それゆえ筆者は、別の専門書で「このような推計作業で求められる姿勢は、（あえて誤解を恐れずに言えば）ある程度の誤差を容認した、「中らずと雖も遠からず」と割り切り「ざっくり掴む」ことであろう。ある意味では、不必要な厳密さを排除した「無鉄砲」に近い発想かもしれないが、そのベースには大胆な発想や想像力、あるいは編集力が求められるはずである。つまりデータの少ない歴史研究では、史料に忠実なだけではいつまでたっても実態は明らかにならない。場合によっては無から有を生むくらいの、想像力にもとづく史料の加工・編集が求められるのではなかろうか。」[3]と主張した。このような意見を持っていたため、今回の高島のようなデータの推計による研究成果に、筆者は琴線に触れるものがあった。高島とその先行研究であるアンガス・マディソンの著作が揃った現在は、待ち望んでいた成果がようやく利用できる段階にきたと言ってもよいだろう。

本章の目的は、高島（2017）とマディソンの一連の出版物（原著の出版年に従って、マディソン（1995）、同（2001）、同（2007）と表記）を使用して、そこで提示された超長期の1人当たりGDPに焦点を当て、その推計方法の特徴や改善点を検討していくことである[4]。以下では、第2節において高島（2017）で採用された推計の手順・体系と若干の疑問点を整理する。第3節では、高島に先行してGDPの国際比較統計を作成したマディソンの基本的な推計方法を解説したうえで、国際比較で使用される特定年次の購買力平価を使用することの問題点（購買力平価問題）を指摘する。あわせて比較研究の成果として、14世紀に西ヨーロッパが中国の経済水準を上回っていたという事実（14世紀分岐説）を解説する。最後の第4節では、以上の各作業で得られた重要な事実の要約とそれに関連した含意に充てられる。

第2節　高島推計の手順・体系

2.1. 推計方法の概要

高島（2017）では、わが国の超長期1人当たりGDPを推計するにあたって、大きくGDPと人口に分けて推計している。このうち人口については、国ごとに

異なる残存資料に大きく依存して標準的な推計方法の議論に馴染みづらいため本章では扱わず、ＧＤＰのみ検討することとしたい。このＧＤＰの推計では、生産・分配・支出の三面から探索する方法が想定されるが、同書では主に生産面（つまり産業別）と支出面のアプローチが古代から一貫して採用されている。後述するように、このような方法はマディソン流の推計方法でいうところの、準ＳＮＡ法の一種に分類される（準ＳＮＡ法については、本章の3.1.で説明する）。そこで以下では、産業別・年代別に推計方法を説明していくが、同書の本文では具体的な作業手順が記述されていない場合も多いため、門外漢である筆者が完全に理解することはほぼ不可能といってよい。このため本章では推計の基本的考え方に限定して、それも適宜補足しつつ説明していく（なお筆者の補足した説明の根拠等は、該当部分の注書きを参照されたい）。この説明を理解するにあたっては、本章末尾の付図２－１で提示した目次もあわせて活用してほしい。

　まず農業については、時代ごとに異なった推計方法を使用する。古代では、文献資料にもとづき奈良時代、平安時代前期、平安時代後期の３時点について、田地と畠地ごとに耕地面積、土地生産性を別々に推計し、その後に両データを掛け合わせることで農業生産量を推計する。このうち耕地面積（田畠計）は、奈良時代については行政単位「郷」数に１郷当たり田地面積を掛けて総田地面積を算出するが、郷数には正規郷のほか非正規郷も含めて検討する。平安時代前期・後期の田積数は『和名抄』、『拾芥抄』の数値を利用する。一方、畠地面積は、各時期とも耕地面積に占める畠地面積の割合（畠地率）を資料類より求めて推計した。次に土地生産性は、当時の法令（不三得七法・七分法の関連）資料や土地資料から、時期別に田と畠に分けて推計している。なお、１郷当たり田地面積を推計する際には、推計誤差を考慮して信頼度95％の区間推定で求めている（この方法は当時期のみ確認できるものである）。現在の日本経済史分野では、古代の研究成果がきわめて少ないから、ここで使用した資料、推計方法などは非常に貴重な情報である。またこのような積み上げ型の推計方法は、分析にあたっても便利な面が多いことを付言しておきたい。

　中世では、当初は東寺領（山城国乙訓郡上久世荘ほか）の散用状などの荘園資料を使って、同地域の農業生産量を４つの方法によって推計するが、これはあくまで年貢高ベースにすぎないため限界がある。このため中核的な推計方法として、非熟練労働力（都市雑業者）の賃金データを使用した農産物需要関数から農業生

産量を推計する。この方法を高島は、「需要サイドからの推計方法」[5]と言っているが、その背景には供給サイドからの推計方法では資料的な制約があったからである。これが可能な理由として、中世ではマルサスが主張したように需要量（または人口）が供給量にリンクするように決定されることがあげられる。そのため農業（つまり食糧）の需要関数を計測することで農業生産量の推計を試みており、いわば支出面からのアプローチとみなせよう。具体的には、R.C.アレンが消費者理論をもとに定式化した以下の式をそのまま利用している[6]。

$$Q = raP^e I^g M^b N \tag{1}$$

(1) 式で、Q は農業生産物生産量、r は農業生産物生産量の農業生産物消費量に対する比率、a は定数、P は農業生産物の実質価格、I は1人当たり実質収入、M は非農業生産物の実質価格、N は人口を表す。そして「r は輸入と輸出のバランスがとられるものとして1」、「e, g, b は自己価格、収入、交差価格の弾力性をあらわし、これらは合計すれば0になる」[7]としているため、以下の式に書き換えることができる[8]。

$$\frac{Q}{N} = aP^e I^g M^b \tag{2}$$

この式の右辺に農業生産物の実質価格、1人当たり実質収入、非農業生産物の実質価格を外挿することにより、暫定的な1人当たり農業生産物生産量を導く。つまり架空の関数式によるモデル計算をおこなっているにすぎない。ただしこのままでは正確な数値は得られないため、1846年の農業生産性（$\frac{Q}{N} = 1.76$）を実際の数値とみなしたうえで、その他の年次データはこの数値に接続するように推計する[9]。ちなみに実質賃金データは、一橋学派に属する複数の研究者（高島を含む）が発表した先行研究の成果を活用しているため、この推計作業は同学派の組織力の賜物といえよう[10]。

なお以上の農業生産物のほかに、林業・水産業生産物も推計しなければならない。これについては、明治初頭の第1次部門における農業の割合84.36%を利用して各年次とも膨らまして推計している[11]（ちなみに高島（2017）ではときどき「部門」という用語が使われているが、その意味するところは「産業」と読みかえて差し支えない。以下同様）。

近世（徳川時代・明治期初頭）については、周知のとおり幕府が数回実施した石高調査が存在するため、これをベースとした推計方法が使用される。この石高と

は農林水産物を対象とした年貢の課税標準であるため、以下では第1次部門の生産量を推計する方法を説明する。ただし課税標準であるがゆえに過小申告されているため、比較的に信頼できる年次として1644年と1874年をベンチマークとして採用する。両時点間に実施された土木工事件数を土木学会編『明治以前日本土木史』より地域別に入手し、それと同期間の増加石高から工事1件当たり増加石高を地域別に計算する。それを他の調査年次までの該当工事件数分だけ加えていくことで、各年次の地域別石高（実収石高）を算出する。ここまでの基本的な考え方は、すでに1960年代後半に中村哲によって考案されていたが、高島はそれを地域別に実施することで推計の精度を高めていった[12]。併せて土木工事件数を地域別・年次別に集計する作業は、きわめて骨の折れる作業であることを指摘しておきたい。

　しかしこの実収石高でさえ、実際よりも3割近く過小であることが中村らによって指摘されていた。さらに近年は、一橋学派が『明治七年府県物産表』（1875年刊）を利用して、明治初頭（1874年）における地域別に実態ベースに補正した石高（実態石高）を推計したうえで、この実態石高と上記の『府県物産表』の掲載石高（実収石高に相当）には大きな乖離があることを発見している[13]。高島は、この乖離度を地域別に計算した比率（以下、石高補正率と呼ぶ）と実収石高から、近世の実態石高を遡及推計した（なおこの石高補正率による調整作業については、第1章の図1-1を参照）。ここで強調しておくが、この推計にあたっては徳川時代すべての時点に当比率を一律に適用（以下、一律適用方式という）しているのである。ちなみに『府県物産表』を利用した推計方法は、後に説明するがLTES以来一橋学派で引き継がれてきた手法であるから、高島推計もその組織力の成果が色濃く反映された研究成果といえる。

　なお以上の第1次部門の石高から農業のみの石高を抽出する際には、先述の明治初頭における84.36％という比率を利用して算出する。

　一方、第2・3次産業のGDPは、欧米で開発された手法を改良した方法で推計される。おそらく近代以前のGDP推計で最も困難な作業は、これら非1次産業のGDPをいかに推計するかという点であろう。この大問題を解決するために高島は、パオロ・マラニマが考案した、非1次部門GDPの全産業GDPに占める割合を都市化率で計測する方法に注目した。マラニマは、近代イタリアにおいて両者のあいだに安定的な関係が存在したことを発見し、それを前近代の非1次

部門の推計に適用した[14]。

　ただし近世日本では、都市部のみならず地方圏でも農村工業や商業・サービス業が発展していたため、マラニマのような都市化率のみでは2・3次産業の動向を把握することができない。この活発な農村工業を把握するには、農家副業の労働力データを入手する必要があるが、残念ながらこれを入手できない。そこで労働力データに代わるデータとして人口密度を採用した。その理由は、18世紀から19世紀にかけて、農村部でプロト工業化が進んだなかで農村部の人口が増加した一方、都市人口が減少した[15]。このため1800年代以降は、同書の図6-2（230頁）で示されているように、都市化率が減少しつつある反面、人口密度は上昇するという興味深い事実を発見した。このような現象に注目して、労働力データに代えて人口密度を利用することを考えだしたのである。このような関数式を導いた背景には、近世の人口（特に都市人口）等に関する斎藤修ら一橋学派の研究蓄積があったことはいうまでもない。

　今回の計測では、説明変数に人口密度と都市化率、被説明変数に各部門の割合とした計測式をつくった。このうち人口密度は、同書の第4章、都市化率は第5章で事前に推計されている。計測に際しては、非農業部門を第2次産業の割合と第3次産業の割合に分けて個別に推計する。いま、総GDPに占める第2次部門GDPと第1次部門GDPの合計の割合を $S.share$、同じく第3次部門GDPと第1次部門GDPの合計の割合を $T.share$ と表記すれば、具体的な計測式は以下のとおりである[16]。

第2次部門については、

$$Ln\left(\frac{S.share}{1-S.share}\right) = a_0 + a_1 \ln D + a_2 \ln\left(\frac{U}{1-U}\right) + a_3 m + a_4 yr1 + a_5 yr2 + \varepsilon \quad (3)$$

第3次部門については、

$$Ln\left(\frac{T.share}{1-T.share}\right) = a_0 + a_1 \ln D + a_2 \ln\left(\frac{U}{1-U}\right) + a_3 m + a_4 yr1 + a_5 yr2 + \varepsilon \quad (4)$$

ここで、D は人口密度（各府県の総人口÷総町数）、U は都市化率（各府県の人口1万人以上町村の人口集中区域の合計人口÷総人口）、m が近代化された府県ダミー（東京・大阪＝1ほか）、$yr1$ が1890年ダミー、$yr2$ が1909年ダミーを示す。また左辺のGDP割合を $S.share$（または $T.share$）、右辺の都市化率を U とせず、いずれもロジット変換しているが、その理由は明示されていない。おそらくこのよう

な加工の背景には、0＜S.share（またはT.share)、U＜1とデータの可動域がせまいため、ロジット変換することによりデータの幅が広くなり、推計するパラメーターの信頼性を高めたのかもしれない。しかしこれをすることが本当に必要なのか、筆者は確信が持てない。しかも右辺の説明変数はいずれも対数変換されているが、この理由も示されていない。このような作業のプロセスについては、統計知識に乏しい歴史研究者に対して丁寧に説明してほしかった。

　この式に、未だ近世の経済構造を色濃く残している明治期の1874年、1890年、1909年の3時点における45府県データ（北海道・沖縄を除く）を用いて、パネル・データ分析で計測式を推計する。ちなみにこの3ヵ年の府県別・産業別ＧＤＰデータは、最近になって一橋学派が公表した研究成果であるから、この点でも同学派の組織力に全面的に依存している。この式に中世・近世における説明変数の各データを外挿することで、S.shareとT.shareが求められる。ちなみに各データは、第4・5章で推計したものを使用する。さらにS.share＝第1次＋第2次、T.share＝第1次＋第3次、第1次＋第2次＋第3次＝100という3式を解くことで、各産業の構成比を求める。このうち農業の構成比と実額（ＧＤＰ）から第2・3次産業のＧＤＰを推計する。そしてこれらの産業別ＧＤＰを合計することで、全産業のＧＤＰを推計している[17]。

　古代・中世についても、農村工業が発達していなかったとはいえ、以下の理由を掲げて当方法の適用が可能という。「中世においては、人口5000人以下の湊・津・宿といった小規模な町場が全国津々浦々に無数に存在していた。それら小規模な都市群がつながることで全国にネットワークが展開し、また各町場に職人などの諸工業が発展していたことを考えれば、近世以前にも都市部以外での非農業部門の進展は（中略）たしかにその萌芽を確認することができる。また、中世以前の古代においても、律令体制下での年貢や各国特産物の京都への輸送の必要から、そうした地方の町場が各交通の要所に発生していたことも確認できる。」[18]として、この式が適用できるという。なお人口の推計方法については、ここではあえて詳しい解説を控えるが、とりあえず一橋学派の研究蓄積があることのみ指摘しておきたい。とにかく全産業の実質ＧＤＰと人口関連の推計値を獲得したことで、経済成長の尺度である1人当たり実質ＧＤＰの数値を推計することができた。

　このほか同書では、第7章の3「国際比較」で国際比較用データにもとづく分

析をおこなっている。経済成長の分析は、国際比較をおこなってその目的が達成されるから、読者側からも国際比較用データの公表は非常にありがたいものである。ただしその作成方法は、クズネッツの国際比較プロジェクト以来の大きな問題であるにもかかわらず、第7章の本文中では残念ながらまったく記述されていない。とはいえ同書の表7－4のA（274～275頁）では、国際比較用データの単位が「1990年国際ドル」と表記されているため、後述のようにマディソンと同じ1990年時点の購買力平価のデータを使用したと推測される。ちなみにこの国際比較データと第6章の表7－3（268頁）の国内データの比率を計算してみると、表2－1の右端のようになる。この表では、①の単位が石／人、②が国際ドル／人であるため、正確に計算するには石→円→国際ドルへと2回の単位変換をおこなう必要がある。このうち石→円への変換は、第4章で説明するように1874年時点の変換率で固定されているため、同表右端の代理指数が各年次とも272というほぼ一致した数字が得られたことは、円→国際ドルへの変換も1990年時点で固定されているはずであり、筆者の推測の正しさを裏付けているといえよう[19]。

なおマディソンが採用した1990年国際ドルとは、ゲアリー＝ケイミスの購買力平価として各国共通に使用できるドルのことである。先行研究であるマディソ

表2－1　高島推計で使用された1990年国際ドルの推計

西　暦	国内用の実質GDPの代理データ 1人当たり総生産①（石／人）	国際比較用の実質GDP 1人当たりGDP②（国際ドル／人）	1990年国際ドルの代理指数 ②÷①
730	1.43	388	271.3
950	2.19	596	272.1
1150	2.10	572	272.4
1280	1.95	531	272.3
1450	2.01	548	272.6
1600	2.45	667	272.2
1721	2.48	676	272.6
1804	3.04	828	272.4
1846	3.32	904	272.3
1874	3.72	1,013	272.3

（注）実質GDPに総生産（石）を使用した理由は、第4章の2.1.を参照のこと。
（資料）①は高島『経済成長の日本史』の268頁の表7－3のA、②は同書の275頁より入手。

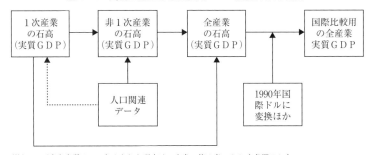

図2-1 高島正憲による超長期ＧＤＰ推計体系の概要

(注) 1. 石高を実質ＧＤＰとみなした理由は、本書の第4章の2.1.を参照のこと。
    2. 人口関連データから1次産業実質ＧＤＰへの点線の矢印は、中世における第1次産業の推計方法を示す。
(資料) 谷沢が作成。

ン推計がこれを使用しているため、同書もこの方法を踏襲しているにすぎない。ただし、もし踏襲したのなら「なぜマディソンと同様に、国際比較するにあたって1990年国際ドルを使用したのか？」を、マディソンの主張と同様であったとしても繰り返し記述しておくべきであろう。このような記述の丁寧さに関して若干、不満の残るところである。

とりあえず以上の推計方法の体系を示したのが、図2-1である。この図からわかるように、基本的にはもっとも多数のデータ・資料が残存している人口と第1次産業（正確には農業）の関連数字をベースとして他産業のＧＤＰを推計することで、全産業のＧＤＰを推計する方法を採用している。この方法は、近代的な統計制度の確立していない時期に関する超長期のＧＤＰ推計といった、きわめて長大な推計作業をおこなった研究内容と密接に結びついている。また近世・近代初頭には石高という共通単位で農業が把握されるという特徴があるため、この数値を利用することによって初めから実質ベースで推計できることも、高島推計で採用された方法である。この方法は、近代の一般的な産業別実質ＧＤＰ推計において、名目ベース（すなわち価格×数量）で推計し、さらに価格データでデフレートするという推計上の煩わしさを回避できる、優れた方法である。

もっとも近世の第1次産業生産額を幕府の石高調査にもとづき年次別に推計する方法は、ひとり高島のみが採用しているわけではなく、中村哲のほか速水融・宮本又郎が実施するなど、先行研究のなかで長いこと使用されてきた伝統的な方法であるから、むしろわが国のＧＤＰ推計上の方法論における特徴というべきで

ある[20]。ここでは、とりあえずこのような推計方法を「石高法」と名付けておこう。ただし、この石高法をベースとした推計アプローチは、第1章の第3節で指摘したように石高から付加価値を直接に推計する際に大胆な仮定を置いているほか、ＧＤＰデフレーターや通貨供給量を把握しないがゆえに、物価動向や資金需給動向などの金融経済面を分析できない、という大きな問題点を内包している。特に後者の点では、わが国でも欧米の伝統的な研究領域である物価史が注目され、同様の研究が蓄積されてきた。そのような先行研究があるにもかかわらず、ＧＤＰ推計に代表されるマクロ推計でこれらが利用されないのは残念なことである。先行研究との良好な関係を築くためにも、ＧＤＰの周辺分野の推計作業を早い段階で実施する必要があろう。

最後に、推計方法の方法論上の特徴についてもコメントしておく。同書で採用されている推計方法は概して、海外の先行研究をわが国に適用しているか、さもなければ国内の研究者によってすでに使用された方法を改良した、いわば漸進的・順当な検討の結果というべきかもしれない。このうち前者の事例として、中世における農業のＧＤＰの推計にあたり農産物需要関数から推計する方法、前近代における第2次・第3次産業のＧＤＰを推計する方法があげられ、後者の方法として近世の農業ＧＤＰを土木工事件数や『府県物産表』にもとづき推計する方法があげられる。また推計にあたって人口・賃金などかなり限定されたデータを使用して関数式を計測し、そこに関連するデータを外挿する方式が採用されている。ただしこれらの推計方法が適用できた背景には、2000年代に入って一橋学派（特に、斎藤修、深尾京司、攝津斉彦、馬徳斌ら）による関連分野の研究成果が、相次いで発表されたことも指摘しておかなければならない。このほかマディソンの推計値と比べて、計測時点数の多さ、産業別推計値の存在によって遥かに情報量が多いこともあげておく。

2.2. 方法上の疑問点・改善点

以上の各推計方法に関して、疑義のある箇所を4部門の推計作業で述べておくほか、場合によってはその改善点にも言及しておこう。

第一は、中世の農業生産額に関する推計である。この考えは海外の先行研究で提起されたとはいえ、(2)式の農産物需要関数には大きな問題点がある。例えば、説明変数に実質賃金を使用するということは、近代における勤労者世帯の消費行

動を想定している。しかしわが国の前近代では自家消費分（＝自家生産分）の割合が大きかったから、実質賃金の説明力はかならずしも高いとは思われない[21]。ＧＤＰを豊かさの指標として使う以上は、自家消費分を無視することはできないだろう。ヨーロッパ等のように、早くから農村部と城壁で囲まれた都市国家が形成された事例をわが国に適用するのは危険である。そのためには完全に賃金のみで生活していた事実を賃金データで確認したり、需要関数の指数で考慮したりする必要があるが、それらがおこなわれた可能性は低い。一般的に、賃金調査では自家消費分は脱漏するから、それを加味した操作が必要となることが知られている。このため現行のＳＮＡ統計の分配・支出面では、この自家消費分がすでに考慮され、おもに農家世帯の収入・消費支出部分で推計されている。

そもそも開発経済学などでは一般的に、前近代のような低開発期には労働過剰経済下で賃金水準が最低生活水準に固定されていたほか、食糧生産量も総じて人口を維持できる水準にすぎなかったと想定してきたから、これらの想定からも中世経済に対して近代経済における消費関数に近い考え方を導入することに違和感がある。ちなみにこのような前提にもとづき、一橋学派の南亮進は戦後日本経済が1960年頃を転換点として、労働過剰経済から労働不足経済に転換したことを検証している[22]。もし前近代で賃金水準が可変的であり消費関数にもとづく農業生産量の推計ができたとしても、その推計量がはたして実態を反映したものになる保証はないだろう。例えば災害・飢饉などでは山野草等の摂取による特異な消費行動が発生するから、需要＝供給とはならない場合もあるはずである。同方法はあまりに斬新な発想であるがゆえに、上記の想定にもとづきいかなるメカニズムが働いていたのかを説明する必要がある。以上のように、消費関数をベースとした考え方では生産量の変動を的確に把握しづらい問題が多数あるが、これらの疑問に対する回答は残念ながら本文より得られない[23]。

とりあえず以下では、(2) 式の農産物需要関数の計測作業について検討していく。まず同式を作成する際に、高島はわが国では (2) 式に「$e = -0.5$、$g = 0.5$、$b = 0$ を仮定」[24]するとした。この仮定は、数点の先行研究の結果を考慮して決定されたものだが、他方では同じ頁の脚注[26]で、「今日の発展途上国のうち前近代社会の１人当たりＧＤＰに相当する水準の国では、収入の弾力性が0.8、自己価格の弾力性が-0.6程度である（Llunch, Powell, and Williams 1977）。」といった異なる情報を掲げている。この引用部分の最初に現れた「国」が具体的にいかなる基

準の国なのか不明であるが、少なくとも中世日本は現在の発展途上国に相当すると考えられるから、この脚注の情報を加味すると高島の採用した仮定が適切でないようにも思われる。なぜなら両者のあいだには、$e=0.1$、$g=0.3$の誤差があるため、冪指数であることも考慮するとけっして無視できないからである。このほか産業間の相互依存性に関する差異も欧米との間で考慮する必要があるため、パラメーターの決定にあたり欧米の経験則をいかに修正すべきかを慎重に検討すべきであった[25]。

さらに高島が$b=0$を仮定したのは、理論上の前提条件を変更することになるため無視できないことである。$b=0$を仮定すれば、収集・推計の困難な非農業生産物の価格データを作成する必要がなくなるが、まさかこれを狙っていたわけではなかろう。そもそも一般的な計量分析では、関数のパラメーターを直接加工することはけっしてポピュラーではないから、この方法を採用した高島の推計は大胆な作業である。厳密に言うと、この計測式は消費関数を想定しつつ架空の関数を作り上げたにすぎないが、そのもとで$b=0$と仮定する理由をもっと慎重に記述してほしかった。わが国では、1950・60年代に盛んに消費関数の実証研究がおこなわれたが、それらに関わった大川一司、篠原三代平、溝口敏行ら一橋学派の研究者は、このような推計方法をいかにコメントするだろうか[26]。この方法を導入するにしても、舶来の手法であるがゆえに無条件に適用するのではなく、慎重に検討する姿勢が必要であろう。

ここで（2）式で導いた推計結果のうち、特に16世紀から17世紀前半にかけて1人当たり農業生産需要量が大きく上昇した点（同書98頁の図2-2）に注目しなければならない。高島はこの現象について、使用した京都とその周辺のデータに起因しており、この時期が「中世後期の戦国時代末期から徳川時代初頭の金貨・銀貨・銭貨による三貨制度の成立までの間は貨幣制度の混乱期で」[27]あったという理由を提示している。この理由は、いかなる意味を持つのだろうか。高島自身の著作である以上は、そこで設定した（1）、（2）式が間違いであるということはありえないから、代入した実質賃金データの推計がかならずしも適切ではなかったと解釈すべきであろう。以上より、とにかく間違ったデータでもそれを利用し続けたという事実がわかる。

いずれにしてもこの貨幣制度の混乱は、なぜ2世紀にまたがった長期のあいだ、マネー（物価）要因を除去したはずの実質賃金にも影響を与え続けたのか。あま

りに長い影響であると思わないか。もし影響を与えていたとすれば、永楽銭の大量輸入のもとでいかなるメカニズムがあったのか。桜井英治の研究から示唆されるような貨幣賃金に代わる穀物賃金（Grain Wage、具体的には米）が発生しなかったのか[28]。もし、穀物賃金が発生していれば、それを加味したデータ処理をおこなっているか。そのほか幣制混乱の要因を除去した賃金データに作り直すか、まったく別系列のデータを新たに作成して再推計すべきではないか。貨幣要因を除去すれば、どの程度の実質賃金や農業生産需要量に抑えられるのか。これらの疑問が立て続けに湧くが、本文の該当部分では一切説明されておらず、ただ"貨幣制度の混乱"として処理するだけであるため、中途半端な説明であるとの印象をぬぐえない。そのほか農産物需要関数はあくまで需要側のデータであるため、供給側の農産物生産関数のほうが理にかなっているという考えもおころう。

　この関連では、説明変数として使用した京都と大阪の実質賃金データが、いかに加工・分析されているのかが不明である点も指摘しておきたい。高島は、「数的情報を網羅して加工した」[29]と記述したうえでデータの特性を説明しているが、この賃金データを示した図2-1（96頁）から推測すると、実質賃金とはたんに各時点における名目賃金÷米価のことと考えられる。また同図では、京都と大阪の実質賃金データが接続されているようには思えない。そして上記のとおり、もし"貨幣制度の混乱"が農業生産需要量に影響を与えていたのであれば、この賃金データを詳しく見直さなければならないはずだが、この作業結果は本文中に示されていない。残念なことである。ＬＴＥＳに馴染んできた筆者世代からすると、時系列データを扱う際には、①特定時点でいかに慎重に接続したのか、②変動の激しいデータ系列は何年間の移動平均で平準化して分析したのであろうか、といったデータ作業上の疑問点が思い浮かぶ。これらの事情を踏まえると、使用データに関する具体的な処理内容・分析結果を記述してほしかった[30]。

　ちなみに原データの掲載という点では、第1章の古代の農業生産の部分では、表1-3「文献にあらわれた古代の田積数」という表題で8頁にわたって旧国別の田積数（田地面積）が掲載されている。ここでは実際に利用しなかった文献データまで掲載されているなど、非常に詳細な情報開示がおこなわれている。たしかに筆者のような門外漢にはこれらの情報はありがたいが、一面では煩雑なものである。著者にとっては必要な情報かもしれないが、読者にとって不必要な情報は、むしろ掲載しないほうがよいかもしれない。少なくとも他の章では必要な情

報が公表されていない場合が多いため、この章だけ中途半端に細かいように思われた。

　第二は、近世の農業生産額の推計である。すなわち実収石高を補正する際に、「最終ベンチマーク年の1874年の石高を、攝津・Bassino・深尾（2016）によって別途算出された1874年の第1次産業の付加価値額を石高換算したものと比較し、その差分を徳川時代にもさかのぼって適用することによって調整する方法をとるものとする。」[31]としたことだ。ちなみにこの引用文で「差分」という用語が使用されているが、現実には石高補正率で拡大調整しているにすぎない。いずれにしても先行研究から1874年の石高補正率を地域別に計算し、この補正率を1600年までの実収石高に一律適用して農業生産額を推計している。この地域別適用から全国計の石高補正率を計算すると、1874年＝1.56に対して、1600年＝1.59であるため、補正率は260年間ほとんど変わらないことになる。この事実は、高島が検証しているように速水・宮本による先行研究と高島推計のトレンドがほぼ一致している事実からも確認することができる[32]。数十年の期間でこの比率を利用するなら納得できるが、数世紀にわたる超長期に一定の比率を適用することはさすがに思い切った決断であるように思われる。

　この点に関して筆者は、初めに高島が実収石高と実態石高の乖離の原因を解明していないことを問題視したい。高島は、「幕藩領主は完全には農業生産量を把握していなかった。」[33]としつつも、「この統計資料における生産量と現実の生産量の乖離の問題は、その解釈に難しい点が存在するのも事実である」[34]と記述して、原因不明のまま石高補正率でデータを増大させている。これらの書き方では、"とにかく乖離しているから、それを修正しておこう"といっているにすぎない。一般的に、農業生産量は耕地面積と土地生産性を掛け合わせることで推計できるから、これらの要因の関係が長期間にわたり一定であることを想定する、かなり特異な状況を仮定している。この石高補正率は、時代を遡るほど増加・減少するのか、それともある時点までしか遡る必要がないのかなど、多くの疑問が浮かんでくる。ちなみに高島自身は、別の箇所で「幕藩体制下による封建領主・幕府が農民の全生産量を把握できておらず、その傾向は徳川時代後半になってより顕著になっていった（以下省略）」[35]と記述しているから、内心では時代が下るほど石高補正率は増加する（以下、補正率漸増方式と略記）と考えていたのではなかろうか。この箇所から、少なくとも一律適用方式に満足していなかった可能性が読み

取れる。

　実収石高と実態石高の乖離問題（以下、石高乖離問題と略記）は、非常に興味深いテーマである。これを示した高島（2017）の表３-９（137頁）によると、実態石高は攝津・Bassino・深尾による先行研究から入手した推計値であるとしているが、筆者は残念ながら同論文中からこのデータを見つけ出すことができなかった。とりあえず、この推計値が正しいとすると、この作業の基になっていた『府県物産表』のデータが、農産物については信頼性が低かったことを意味する。また、後述のようにＬＴＥＳの推計にあたって同資料を利用していた点も見直しが必要になるのかもしれない。

　このような乖離の発生した理由として、『府県物産表』はちょうど地租改正事業が全国的に開始された年次に調査が実施されたため、この新税制の導入を見越して『府県物産表』の調査では地域住民が生産量を過小申告していた可能性がある[36]。地租改正の実施と石高乖離問題を結びつけることは、素人でも容易に考えつくシナリオであろう。これを裏付けるように、1874年7月の内務省布達甲第18号では、『府県物産表』の調査にあたって「物産取調ノ趣旨或ハ貫徹致サズ却テ税額ノ増減ニモ関渉致スベキヤト無謂忌疑ヲ抱キ取調方自然不都合ヲ醸シ候向モ有之哉ニ相聞ヘ（タル）」（傍点とカッコ内は筆者）ことが記述されている。この布達は、当時の調査担当者が実態把握にあたって腐心していたことを物語る貴重な情報である。このため農産物の申告データには、突発的・一時的要因としての租税上の理由から強い下方バイアスが生じていた可能性が高い。この関係では、『府県物産表』の前後に実施された類似の統計に掲載されたデータの比較分析がおこなわれたのであろうか[37]。もしこの比較分析がおこなわれていれば、租税上の突発要因をある程度把握できたかもしれない。

　ところで以上の議論は、石高データの定義が江戸期を通じて同一であることを前提としているが、この点は注意が必要である。すでに高島による石高概念の不明点は、第1章の第3節で検討したが、ここではそれ以外の問題点を指摘しておきたい。例えば、1644年の正保郷帳のデータをベンチマークとしている点にも注意が必要である。すなわち高島（2017）では、中村哲の先行研究と同様に「正保郷帳の時点を領主による農業生産の把握の完了とみなして「実収石高」の最初のベンチマーク年とし」[38]ている。しかし徳川時代の郷帳を研究した和泉清司によると、各領主が作成した村高（つまり申告した石高）の調査対象は、正保・元禄

期の郷帳では表高（拝領高）であったが、天保郷帳（1831年）で内高に変更したと指摘している⁽³⁹⁾。表高は、幕府が賦課する軍役のほか、江戸城における詰めの間の序列など家格決定の基準とされていたため、それがほぼ確定された寛永期以降は容易に変更することはなかった。それに対して実際の収穫高を示す内高は、新田開発等の進行にともなって増加していった。このため正保・元禄郷帳では基本的には表高を記入することとしていたが、天保郷帳では表高と内高との乖離が甚だしくなったことで内高を記入させることとした。このため表高ベースの1644年のデータを加工せずにベンチマークとすることには慎重でなければならないほか、天保郷帳以前には後の時期ほどこの乖離が大きくなっているはずである。

　経済史研究者はいずれも、今日に至るまでこの表高・内高を区別した議論をおこなっていない。この背景には、高島（2017）の表3-3（130頁）に掲載された旧国別の公表された石高（以下、公表石高と略記）を合計した図2-2をみても、

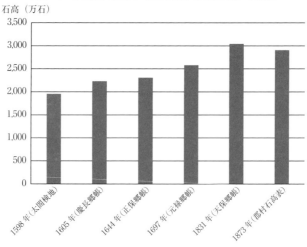

図2-2　郷帳等にもとづく全国石高（公表石高）の推移

(注) 1. 蝦夷地（北海道）と琉球（沖縄県）を除いた68ヵ国の合計数字である。
　　 2. 横軸の年次後のカッコ内は掲載資料名を示す。
　　 3. 下記資料の1873年の石高のうち、少なくとも能登と越前は1桁小さく打ち間違いをした誤植と思われる。このためこの2国を修正するとほぼ3000万石となり、下記資料にもとづく2909万石よりかなり大きくなる。おそらくこのような誤植は、他の年次も含めてまだ存在すると推測されるため、下記資料の使用にあたっては留意してほしい。

(資料) 高島『経済成長の日本史』の129～130頁の表3-3より谷沢が作成。

天保郷帳の調査は前回の元禄郷帳時から134年後に実施されたのに対して、それ以前の正保・元禄郷帳のような40～50年の間隔より遥かに長かったため、この間隔差を考慮すると大きな差異が確認できなかった。さらに上記の表高と内高の記帳は、かならずしも厳格におこなわれたわけではなかった。一部では、高知藩（土佐国の大半）のように家格の上昇を求めて正保郷帳で石高を表高ではなく内高でかなり高めに提出して元禄郷帳で増石が認められた事例や、その一方で鹿児島藩（薩摩・大隅国）のように天保郷帳を元禄郷帳と一致させ、実態石高を意識的に申告していなかったと思われる事例があった[(40)]（両事例は、上記の表3-3で確認できる）。これらの事情が、研究者に表高と内高といった集計対象の差を意識させなかった理由であろう。

　以上の各情報を総合的に勘案すると、推計にあたって一律適用方式を採用すべきではなく、政策環境（表高・内高の考え方や新税導入等）に応じて石高補正率を変化させるシナリオが想定される。そのためには、まず藩ごとに公表石高を追跡して、その動向を素直に観察することから始めるべきであろう。これをすると、藩ごとに驚くほど明確に幕府に対する石高の申告にあたっての考え方（姿勢）が異なることがわかるはずである。そこから、データの信頼できる藩とそうでない藩の見分けも可能となろう。データ推計の要諦は、まず利用する関連データを注意深く観察することから始めるべきであるが、高島（2017）では残念ながらすでに多数の先行研究があったがゆえに、この基礎作業が疎かになったのではなかろうか。少なくともこの作業を事前におこなっていたならば、一律適用方式に代わる方法の糸口を見つけ出すことができた可能性がある。今後のデータ推計の改訂作業にあたっては、まずこの作業をおこなうべきことを強調しておきたい。

　さらにこれらの情報をもとに、実際の推計にあたっては例えば図2-3のような3期間に分けた肌理細かな作業が必要になるのではないかと考えている。この3期間とは、①1600年から1644年までの表高の把握が不完全な期間（A期間）、②1644年から1831年までの表高で記帳させた期間（B期間）、③1831年から1874年までの内高で記帳させた期間（C期間）である。つまり3世紀にわたる石高推計のためには、石高の把握・記帳方法が異なる期間別に石高補正率を変えて、慎重に石高乖離問題を解決していかなければならない。これから判断すると、高島推計は推計の容易さを優先して実収石高と石高補正率の推計方法を採用しており、政策の実態を反映していないと感じられた。筆者個人としては、直感的には

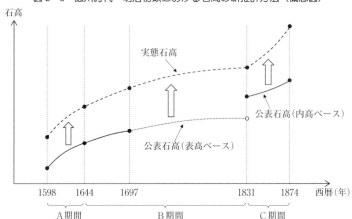

図2-3 徳川時代・明治初頭における石高の新推計方法（概念図）

(注) 1. 公表石高とは郷帳等で公表された石高、実態石高とは実際の収穫高を示す。
　　 2. 年次は、石高調査の実施された時期を示す。
(資料) 谷沢が作成。

図2-3のように期間ごとに異なる補正率漸増方式を採用すべきではなかったかと思われる。

　以上のように石高調査をベースとした中村哲の方法を踏襲するかぎり、様々な問題を解決していかなければならない。半世紀たち手法の陳腐化が進んでいるため、別の方法を考えるのも一案であろう。例えば、耕地面積に土地生産性を掛ける方法があげられる。高島が利用した『日本土木史』のなかには、江戸期を通じて実施された新田開発が個別に掲載されており、そこには時期、場所のほかに新田面積も掲載されている。これを個別に入力していくことで、地域別の耕地面積を時間の経営のなかで把握することが考えられる。この方法はかなりの時間を要するが、中村・高島のような土木件数による石高推計よりも遥かに正確な方法である。筆者はこのような発想をだいぶ前から持っていたが、これと同じ発想にもとづき、勘坂純市が新田（耕地面積）に関するデータベースを作成している[41]。同人の使用した資料は、『日本土木史』（年表、本文に掲載分）のほか農林省農務局編『舊藩時代ノ耕地拡張改良事業ニ関スル調査』などであり、基本的には高島の使用したものと同一である。

　これらの資料にもとづく耕地面積の推計値と高島による農業生産量、両者から計算した土地生産性を、それぞれ1600年＝100とした指数で示したのが図2-4

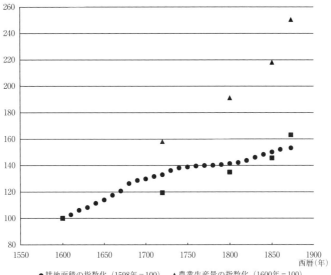

図2-4 耕地面積・農業生産量・土地生産性の推移

● 耕地面積の指数化（1598年＝100）　▲ 農業生産量の指数化（1600年＝100）
■ 耕地面積当たり農業生産量の指数化（1600年＝100）

(注) 1. 耕地面積は、原資料で毎年公表されているが、上図では10年ごと（西暦末尾がゼロの年）に限定した。
2. 農業生産量のうち、1720年は1721年、1800年は1804年、1850年は1846年を示す。
(資料) 耕地面積は勘坂純市『近世以降の農業水利事業規模の数量的把握と水利慣行の存続・変容の経済学的分析』（科学研究費助成事業研究成果報告書）の図2より谷沢が実測、農業生産量は高島『経済成長の日本史』の261頁の表7-1A、耕地面積当たり農業生産量は両データで谷沢が計算した。

である。この図の耕地面積をみると、新田開発が17世紀、享保期（1720・30年代）、1820年代以降の3期間で活発化したことが確認できる。また農業生産量が耕地面積よりも高い伸び率を示しているため、近世に土地生産性が徐々に増大していることがわかる。ただし農業生産量の伸びに対して耕地面積の伸びが低いようにも思われるが、耕地面積が個別情報の積み上げでありその信頼性が高いとみなせば、むしろ農業生産量が高すぎる可能性も捨てきれない。この問題に対しては、土地生産性の水準をチェックすることが効果的な解決方法かもしれない。もちろん勘坂の耕地面積の推計方法も詳しく検討すべき点はあるが、石高調査資料と併用して使用することによって、推計値の信頼性を高めることができるはずである。このほかの問題点も確認できるため、全体としてみると高島による方法は未だ完成したものとはいえない[42]。この問題は、後に述べる中世後半における

力強い経済発展が存在したか否か、という大きな問題にも結びつくため、慎重な検討姿勢が求められる。

　第三は、古代・中世から近世にかけての非1次産業生産額の推計である。ここでは、上記の（3）、（4）式に関して3つの疑問点が出てくる。一つ目は、この推計方法があくまで欧米の経験則をわが国に合うように若干アレンジして導かれたものであり、経済学上の理論的な根拠にもとづく方法ではない点である。換言するとこの計測式は、農村工業化が進行していくなか人口密度、都市化率の上昇がそれぞれいかに第2・3次部門を拡大させるか、そのメカニズムを解明しないまま作られたにすぎない。一般的に、人口密度の上昇と都市化はともに進行する（つまり正の相関がある）と考えがちであるが、高島（2017）の図6-3（237頁）ではそうなっていなかった。それゆえ農村工業のもとでは、いかに異なるルートで両者に作用して、結果として産業構造に影響を与えるのかを具体化すべきであったが、それがおこなわれていない。以上より消費理論にもとづく農産物需要関数を使って導かれた中世の食糧生産の推計方法と比べると、この部分は各説明変数の機能がブラックボックスのままであり、その説得力は乏しい。

　二つ目は、「日本のような農家世帯が副業によって非農業生産品およびサービスを供給」[43]してきたことを考慮して、「各部門のシェアは、総生産における第二次（もしくは第三次）部門のシェアではなく、第一次部門との和に対するシェアとする」[44]と考えた点である。このような考え方は、たしかに農村工業の進展が顕著となった徳川時代後半には適用できるが、はたして古代・中世および徳川時代前半まで適用できるのだろうか。

　もちろんこのような批判を想定して、同書では先述のとおり湊・津・宿などの小規模な町場で非農業部門の進展があったことが確認できると主張している。しかしこれは、府県単位でみて人口密度と都市化率に相関関係がないことを検証したうえでの話とは思われない。なぜなら人口推計に関する第4章では、表4-4（166頁）に1721年以降の地域別人口が示されているだけである。また都市人口の推計に関する第5章では、おもに徳川時代の1万人以上人口の都市に限定した順位・規模分布を中心に検討しており、町場に関連する人口5000人以下の都市人口は、表5-10（205頁）で1850・1873年の2時点が推計されたにすぎない。また地域別の都市化率は、表5-6のB（191頁）で1750年以降しか掲載されていない。さらに図6-3～5（237～239頁）は、あくまで府県別の都市化率と人口

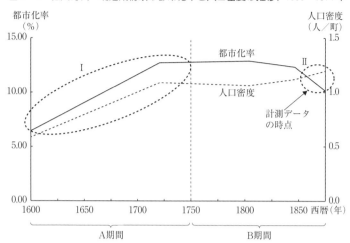

図2−5 徳川時代・明治期初頭の都市化率と人口密度の推移、1600−1874年

（資料）上図は、高島『経済成長の日本史』の230頁の図6−2を谷沢が一部加工した。

密度に相関のないことを1874年の1時点で検証しているにすぎず、過去数世紀分を検証したわけではない。

　以上から確認できるように、古代から徳川時代前半までの小規模都市に関する具体的な情報は、高島（2017）の中にはほとんど提示されていない。このような状況だけでは、高島が人口5000人以下の都市人口を推計していなかったと判断することはできないが、その可能性を示唆させるものである。もしそうだとすれば、小規模都市の成長を根拠とした古代から徳川時代前半までの推計作業は、たんなる思い付き（ただし仮説）にもとづいて実施されていることになる。

　そのうえ同書の図6−2（230頁）を示した図2−5を見れば、第2・3次部門の計測式に関する考え方には注意が必要なことが明らかとなる。すなわち点線Ⅰで囲った1600年から徳川時代前半の1750年頃までは、全国計の都市化率と人口密度がほぼパラレルに変動しており、高島推計で利用された計測データの時期にあたる点線Ⅱで囲んだ1850年代以降の人口現象（都市化率の低下＋人口密度の上昇）とは異なっている。このため、もし17世紀頃の各データを使えば、この計測式が測定できなかったかもしれない。その意味では、この式が安心して適用できるのは、農村工業と商業が農村部で発達した、せいぜい図2−5のB期間ぐらいである[45]。それ以前のA期間では、都市化率と人口密度がパラレルに動いている

第2章　超長期GDPに関する二人の推計方法　55

から、B期間とは異なる社会経済構造にあったとみなされ、異なった社会経済構造から求めた計測式をそのまま利用することはできない。つまり徳川時代前半以前の非1次産業GDPを推計する際には、別の推計方法を考案すべきである。高島自身が終章で「中世以前の非農業部門の推計」を今後の課題とした理由は、この点を認識していたからではなかろうか。

　たしかに数少ない情報からデータを作り上げる手法は興味深いが、この推計方法には無理があるように思われる。この推計方法について高島自身は、第6章の末尾で「本章において提起された人口密度と都市化率を組みあわせた非農業生産のシェアの推定方法は、これまでヨーロッパを中心におこなわれた都市化率を利用した方法をさらに発展させたものと解釈することも可能である。すなわち、ヨーロッパ諸国にくらべてより強い農村中心的な成長があった徳川日本の経験に適応させるための方法を考察したことである」[46]と、自ら高く評価する。いわばこのような現象は日本特有の現象であるとしているが、そこまで明確になっている現象なのであろうか。他国では、このような地方圏における小規模な町場（特に人口5000人以下）の人口増加現象が確認できないと言い切れるかどうか、筆者には判断がつきかねる。いずれにしても当初は農村工業化（プロト工業化）の進行を理由として提示していたが、最終的にはそれを古代まで拡大解釈している点は気にかかる部分である。上記のような第6章の文章は、計測式を第7章の古代・中世の第2・3次部門まで拡大して利用するための布石と考えてしまうのは筆者だけであろうか。

　三つ目は、計測結果について他のデータでこの非農業生産額の推計値をチェックする基礎作業が実質的におこなわれていないことである。もちろん全産業のGDPについては、マディソンの推計値とのチェックが図7-1（271頁）でおこなわれているが、もともと同書の問題意識がマディソンの推計値を全面的に信頼していないところ（10～16頁）から発生しているのであるから、むしろマディソン以外の情報（例えば、非1次産業全体ではなく一部に限定されていたとしても、各種文献情報や数値情報）を積極的に利用して、新推計値の信頼性を検証することが本来の作業であるはずだ。とにかく同書の推計値は欧米で実施された手法を日本流にアレンジした計測結果であるが、それを他の情報でチェックする作業が不足している。人口部分のやや詳細な検証作業と比べると、これが大きな差異として目立っている。

最後（第四）は、国際比較をおこなうためのデータ加工方法である。すなわち1人当たり実質GDPを国際比較するにあたって、同書ではマディソンによる一連の著作と同様に1990年国際ドルを使用している。この点については、この後も詳細に検討していく予定だが、ここでは直感的にみても1990年時点の購買力平価を過去10世紀以上にわたって使用することは、データの特性から判断して異例の方法であることを指摘しておきたい。なぜならこの指数は、実際の物価関連データにもとづき推計された1時点のデータにすぎず、それを（日本に限ってみても）過去12世紀分に適用することは、明らかに実態から乖離した方法と考えられるからである。データを作成したゲアリー、ケイミスの両人も、このような使用方法に驚いているのではなかろうか。

　このデータ利用が危険な内容を含んでいることは、作成方法から考えても容易に理解できよう。ゲアリー＝ケイミス流の考え方は、過去に遡って購買力平価を適用する際には、その該当年次の購買力平価を使用することを前提としているからだ。つまり1990年の国際ドルデータを使用して国際比較が可能となる年次は、厳密には1990年のみにすぎない。この問題は、高島推計のみに関わる問題ではなく、そもそも当方法を最初に採用したマディソンの各種データすべてに適用される問題といえる。しかもマディソンの推計方法によると、後に詳述するようにあくまで国内で確認できる実質値（いわば国内ベースの実質値）にリンクしているにすぎないから、いま問題としている国際比較をおこなうための実質値（同、国際比較ベースの実質値）とは別物であるとみなすべきだ。なぜなら国際比較ベースの実質値には、国内ベースの実質値では考慮されていない内外価格差要素が含まれているからである。

　購買力平価問題については、筆者以外にすでに一部の研究者も問題視している。例えば、袁堂軍・深尾京司・馬徳斌は、資料の揃っている1930年代の東アジア（朝鮮・台湾）に絞って、購買力平価を別途推計したうえで1人当たりGDPを推計し、それをマディソン推計値と比較した研究を公表している[47]。その結果をみると、1935年に関して日本＝1とすると、朝鮮（袁・深尾ほか＝0.44、マディソン＝0.70）、台湾（袁・深尾ほか＝0.79、マディソン＝0.63）となり、両者の間で大幅な乖離が発生している。そしてこの乖離の要因として、1935年の購買力平価と1990年国際ドルとの差異（絶対物価比）が影響していたという。この指摘に対して斎藤修は、『比較経済発展論』2008年（以下、斎藤（2008）と略記）において

「このような問題点が残っているということは念頭においておかねばならないであろう」[48]といいつつも、その後はマディソンの推計値にもとづき議論を進めている。現在までのところ、わが国では上記の深尾らを除いて斎藤の立場が多数を占めているが、この問題を解決しないかぎり真の国際比較は不可能であるため、本章で引き続き検討していくこととしたい[49]。

なお高島（2017）の終章末尾では、「将来的な研究の見通し」と称して9つの研究テーマが提示されている。ここでこれらを示しておこう。①古代における実効支配地域とその地域的差異を考慮した推計作業、②中世における農業生産量の推計作業、③中世・近世を中心とした人口・都市人口の推計作業、④飢饉・疫病の社会経済に与える具体的影響、⑤物価・賃金・所得の推計作業、⑥海外との関係・貿易の実態解明、⑦徳川時代の商業・流通の実態解明、⑧中世以前の非農業部門（第二次・三次部門）の推計、⑨地域別の分析[50]。実に盛りだくさんのテーマが並べられており、きわめて広大な研究領域を開拓していく意気込みが窺われる。先駆者としての矜持の現れかもしれない。

その特徴をあげれば、②と⑧が今回の高島（2017）で推計したGDPの改良であり、その他は新たなマクロデータの推計やそれに関連した情報分析と位置付けられる。ただしここでは購買力平価問題は言及されていないから、この問題になんらの疑問を持っていないようである。また③は、先述のとおり推測にすぎなかった5000人以下の地方都市の特徴を確認する作業に結びつく項目であろう。やや遅きに失した感がある。その一方、今後は今次推計方法の見直し作業も必要になってくるはずだが、それを想定していないため、筆者のような門外漢からすると、全般的に研究作業のスピードが速いように思う。もちろんタイムスケジュールが明記されていないから厳密な議論はできないが、少なくとも様々な研究を誘発する魅力的な分野であることは事実であろう。これらを当研究の特徴として、最後に追加しておきたい。

第3節　マディソンの国際比較

3.1. 三段ロケット方式の考案

前節の末尾で示したように、高島はマディソンと同様にGDPを国際比較する際に、ゲアリー＝ケイミスの計算した1990年国際ドルを使用している。それではマディソン本人は、この1990年国際ドルの採用をいかに説明してきたのであ

ろうか。この問題は、各国のデータ推計方法とも密接に結びついているため、初めに国別の推計方法の基本的考え方から簡単に解説しておこう。マディソンの研究は、国別ＧＤＰの超長期推計として先駆的であったがゆえに、つねに比較に値する先行研究としてわが国では、斎藤修、杉原薫、八尾信光などの研究者に引用されてきたほか、筆者もこのような状況を勘案して概説書のなかで彼の推計値を国際比較にあたって利用している[51]。かならずしも同統計を利用する研究者が多いとはいえないが、マディソンの採用した統計の作成方法を把握しておくことは、本書の目的にとって重要なことである。

　実はマディソンの３著作とも、データの推計方法が特定箇所で一括して国別に詳述されているわけではない（彼の３著作に関しては、その目次を本章末尾の付図２-２〜２-４で提示しているため、必要に応じて参照してほしい）。筆者の友人のなかには、マディソン推計に対する一種の不信感を持つものがいるが、その背景にはこのような推計方法に関する記述の不在が大きく影響していると思われる。ただし注意深く調べてみると、まったく記述されていないわけではなく、超長期データが最初に公表されたマディソン（2001）では、付図２-３で確認できるように、その解説部分に相当する付録Ｂ「1820年以前の世界の人口、実質ＧＤＰ、１人当たり実質ＧＤＰの成長」のなかで、いくつかの興味深い記述が確認できる。以下では、これらの記述から推計方法の特徴を探っていくこととする。いわば行間から推測した、筆者による解釈にすぎないことを指摘しておく。

　３著作を通じてみると、各国ともおおむね３期間を設定して異なる推計方法が採用されていることがわかる。この３期間とは、紀元０〜1500年、1500〜1820年、1820〜1992年である。西洋史の一般的な時代区分論に照らすと、これら３期間はそれぞれ中世以前、近世、近代にほぼ該当するから、この西洋史の時代区分を当該地域以外にも広く適用していることを指摘しておきたい。そしてこの時代区分に従って、近代部分はマディソン（1995）、中世以前と近世はマディソン（2001）で初めて公表されているから、マディソンの研究スケジュールは過去に遡るように設定されていた。もちろんこれらの推計値の算出には、国別の多様な資料を解読するために膨大な時間が投入されたであろう。以下では、期間ごとに推計方法を説明していく。

　まず1820〜1992年の１人当たりＧＤＰの推計値とその推計方法をみておく。当期間は、すでにマディソン（1995）で公表されているため、マディソン（2001）

ではそれをベースとして若干の修正がおこなわれた(この関連では、付図 2-3 における付録 A の小見出し「推計値の更新」部分を参照)。そこでは基本的には、高島(2017)と同様に人口と実質ＧＤＰを別々に推計する方法が採用されている。このうち実質ＧＤＰについては、戦後数十年の期間に先進資本主義国を中心として、ＳＮＡ統計に準拠しつつ国別に推計作業が実施されてきたため、その研究成果を利用して国別・年次別に類似した方法が採用された。この作業に向けてマディソン(1995)では、付図 2-2 で確認できるように付録 B「世界主要 56 ヵ国の経済成長(実質ＧＤＰ指数の歴史的推移)、1820～1992 年」の最初の小見出し「ウェイトのつけ方が経済成長率にあたえる影響」部分で、世界主要 56 ヵ国についてＳＮＡ統計の整備の歴史を追跡する、地道な情報収集をおこなっている。このように当期間では、いわば「準ＳＮＡ法」と呼ぶことができる推計方法が採用されている。わが国に限ってみると、一橋学派のＬＴＥＳや経済企画庁のデータに準拠しつつ 1885 年から毎年のデータが推計されている[52]。それゆえ当期間については、マディソンと日本側では大きな手法の不一致は生じていないとみて差し支えなかろう。

次に 1500～1820 年では、1 人当たりＧＤＰをターゲットとして推計作業が実施されている。その推計方法については、付図 2-3 で示されたマディソン(2001)の付録 B のなかで「1500～1820 年の実質ＧＤＰと 1 人当たり実質ＧＤＰ」という項目が掲げられ、そこでは以下のような見落とせない記述がある。結論を先に言うと、当期の推計方法はいままでとまったく異なる方法が採用されている。

> 「[本書では、]1500 年から 1820 年までの西ヨーロッパでの 1 人当たり実質ＧＤＰの年平均成長率が、Kuznets の仮定した 0.2% よりも低かった(年平均 0.15% であった)、という見方を強く打ち出している。他方、この付録 B によれば、ラテンアメリカとウェスタン・オフシューツでの 1500 年から 1820 年までの同成長率は、Maddison(1995a)で想定したものよりも高いものになった。この期間にアジアでの 1 人当たり実質ＧＤＰの成長率が停滞的であったという従来からの仮説は、この付録 B でも一般的には確認されたが、しかし日本はそのなかの目立った例外であることも、明らかになっている。」[53]([ ]内は筆者)。

ここでウェスタン・オフシューツ（western offshoots）とは、西洋の分家（off-shoots）としての米国、カナダ、オーストラリア、ニュージーランドの４ヵ国を総称した地域名を指している。この書き方では、一読すると各国で詳細なデータ推計をした結果として、かかる成長率の低下が確認できたように思われるが、実はそうではなかった。この事情について、その前段階として実施されたマディソン（1995）では、次のような意外な方法が採用されていたことが、同じくマディソン（2001）の付録Bの上記と同じ項目のなかで指摘されている。

「私は、１人当たり実質ＧＤＰの成長について、３つの簡単な仮説を用いていた。それは、(1) 西ヨーロッパでは、Kuznets (1973) の仮説に従って、その成長率が年 0.2% であったとみ、(2) 残りのヨーロッパとラテンアメリカではそれが年 0.1% であったとみ、(3) アジアとアフリカではそれが年 0% であった、とみたものであった。」[54]

この引用文から明らかなように、マディソンはＧＤＰ国際比較の大家であったクズネッツと同様に、初めに世界経済を３ブロックに分け、それらの成長率を一定水準に仮定していた（正確に言うと、上記の引用部分はマディソン（1995）で採用された方法であり、マディソン（2001）ではその成長率が若干、修正されている。ただし基本的な考え方に変更はない）。ちなみにクズネッツの想定した成長率とは、購買力平価の実証研究がすでに実施されていたほか、主要な国際比較データをマディソンの推計値に依拠していたため、おそらく国内ベースの成長率のことであろう[55]。この方法がマディソン（2001）以降でも採用されたかどうかは確定できないが、その可能性は否定できない。もちろんこの方法は、人口・都市分布・耕地面積など基礎的なデータがまったく欠落した時期であるから採用されたことは明らかである。

ただし実際の推計にあたっては、1500 年と 1820 年があまりに長期間であるため、そのほかに 1600 年、1700 年の２時点をベンチマークとして追加している。また成長率＝増加率も地域ブロックではなく国ごとに設定された。そして近代の最初期である 1820 年前後の実額をベースとして、各ベンチマーク年次間の想定される年別成長率を決定してそれで遡及推計することで、当該期間の各ベンチマーク年次の１人当たり実質ＧＤＰを推計していく（ただし正確にいうと、国ごとに入手できるデータのベンチマーク年次が一致しているわけではないため、その間で 1600 年、

1700年の数値を補完推計することで、公表年次の統一された統計表が作成されている)。このような方法は、想定する年別成長率に大きく依存しているから、いわば「増加率法」と呼ぶことができよう。このように1500年から1820年までと同年以降では、明らかに推計方法が異なっていることに注意しなければならない。

さらに1500年以前(正確には0年と1000年)については、また異なった方法が採用されている。付図2-3で確認できるように、マディソン(2001)の付録Bにおいて「1世紀から1000年までの実質GDPと1人当たり実質GDPとの推移」という項目が掲げられ、そこでは以下のような推計方法を採用していたことが記されている。いくつかの寄せ集めにすぎないが、重要な部分であるため注意深く読んでほしい。

「1500年以前については、推定値のなかの推測の要素は、実際のところ、非常に大きい。中国とヨーロッパとでの1人当たり実質所得の水準の算出の根拠は、Maddison(1998a)で説明している。その他の地域についての推測のしかたは、以下で説明する。そのどちらの場合でも、実質GDP(総額)は、1人当たり実質GDPの水準に、別途の方法で推計した人口数を掛けることによって、算出している。」[56]

「Maddison(1998a)では、1世紀のヨーロッパの1人当たり実質所得の水準は、当時の中国のそれと同じくらいであった、と想定していた。Goldsmith(1984)は、(中略)ローマ帝国時代の1人当たり実質所得の水準は、1688年のイングランドのそれ(Gregory Kingが推定したもの)の5分の2ぐらいだった、と示唆している。」[57]

「1世紀と紀元1000年とのあいだに、西ヨーロッパの生活水準には大崩壊(collapse)が生じた。都市化率の推移をみれば、紀元1000年が西ヨーロッパの経済の最低点であったことが、最もよくわかる。ローマ帝国での都市化率は1世紀には約5%であった。しかし、紀元1000年にはその比率は約0%になったのである。(中略)都市の崩壊とその他の衰退の諸指標をみれば、ヨーロッパ人の生活が紀元1000年には多かれ少なかれ最低生存線ぎりぎりで逆戻りしてしまった、という推測が正しいことがわかろう。」[58]

これらの3つの引用文では、いずれも1人当たり実質所得や最低生存線といった、個人の生活水準を目安として1人当たりＧＤＰが決定され、それに別途推計した人口を掛けることでＧＤＰを推計する方法が採用された。たしかにこのような「生存水準」「生活水準」を基準としたアプローチは、古代の推計では直感的にみても確実な方法かもしれない。なぜなら古代について入手できる情報は、どの地域・国にどのような文明があり、そこでは人々がどのような暮らしをしていた、といった都市生活等の文字情報が中心となるから、それにもとづく数字化は自ずと生存水準や生活水準に翻訳することが精いっぱいであるからだ。もちろん実質所得と実質ＧＤＰは似て非なるものであるが、実質ＧＤＰ＝実質所得水準÷労働分配率であるから、労働分配率を一定とすればＧＤＰに近いものとなる。強い仮定であるが、とりあえずこの方法を「実質所得法」と呼んでおく。

　この方法は本来、関連情報や研究蓄積のある国に限定されるため、すべての国に適用できるわけではないと思われるが、それにもかかわらず多くの国でＧＤＰが推計されている。第1節で指摘した"文字情報"も考慮した手法の一環と言えなくもないが、この方法がどの程度、科学的信憑性を持つと認めることができるのかは、研究者の個人差が大きな問題というべきかもしれない。言うならば伝説を歴史に翻訳する作業であるため、厳密さを求めるわが国の研究風土では、決して認められることのない方法であったはずだが、マディソンが2007年に一橋大学の名誉博士号を授与された事実は、わが国も少しずつ風土が変質しているということだろうか[59]。

　以上のようにマディソンの推計作業は、西洋史学の時代区分に対応した近代から古代に遡って、準ＳＮＡ法、増加率法、実質所得法でつなぎ合わされた、いわば「三段ロケット方式」でおこなわれている。各方法による推計値の精度を比較することはあえて言及しないが、マディソンがいくら「職人芸的な推計の正確さ」（高島（2017）の271頁）を持っていたとしても、常識的に考えればせいぜい増加率法と準ＳＮＡ法が分析の対象になろう。もちろんこのような推計方法の使い分けは、マディソン（2001）の記述内容から推測することで導き出した一般論にすぎず、国ごとに厳密に適用されたわけではない。換言すると、3つの方法を使い分ける基準は国ごとに判断されたと思われる。もし良質な資料があれば、より精度の高い推計方法を使い続け、反対に適切な資料がなければ早めに代替的な方法に移行している。わが国の近世における数値は、具体的な記述は見当たらな

いが、入手できた情報で増加率法を補完する作業をおこなったと推測される。

マディソン（2001）では、とりあえず付録Bにおいて「0年、1000年、1500年、1600年、1700年、1820年、1870年、1913年、1950年、1973年、1998年」の11年の数値を公表している（本章末尾の付図2-3を参照）。このような時点を選択した背景には、先述のとおり古代・中世・近世・近代といった時代区分に対応させる意図があったのだろうが、この各時点と実際に推計可能な時点は一致しないことが多いはずだ。その場合には、いかに上記の時点のＧＤＰを推計するのであろうか。単純に2時点の増加率法を適用したのか、それとも実態のトレンドに合わせてさらに一工夫を加えたのかは不明である。このほか各国とも、近世以前についてはおそらく産業別ＧＤＰの推計値を積み上げるのではなく、初めから全産業ＧＤＰ1本で推計していたと考えられるが、これも高島（2017）の推計方法と異なる点である。ちなみにこれらの点は、マディソンの推計方法の大きな特徴であるにもかかわらず、高島（2017）、斎藤（2008）のいずれでも指摘されていない。

斎藤は、斎藤（2008）のなかでマディソンの方法について、「けっして洗練された手法にもとづくわけでも、大量のデータの積上げによるものでもない。（中略）これまでの研究、それも非数量資料を丹念に分析した研究をも含むさまざまな研究成果を総合し、それを増加率という数字に読みかえ（ている。中略）その読みかえには経済史研究の現状とそれにかんする彼自身の解釈が反映している。」[60]と好意的に論評した。このような斎藤の評価は、あくまで近世のみを切り取った評価にすぎず、マディソンの方法すべてを論評したものでない点は指摘しておくべきだろう。さらに高島は、「（マディソンの）最大の貢献は、世界各国・地域の長期にわたる経済成長の比較を1人あたりＧＤＰという数値によって可視化したことである」[61]ほか、「数量化によってグローバル・ヒストリーを把握しようとした意義はきわめて大きい」[62]と称賛している。総じて一橋学派は、マディソンの推計値に対して好意的であるといえよう。たしかにこれらの評価は特徴の一面を的確に把握しているのは事実だが、だからといって全面的に賛同できるというものでもないように思われる。

ただし他国と比べて各種資料や研究書が残存しているわが国に限ってみると、マディソンでもわが国の研究者と同様に先行研究や資料等の数字にもとづく検討がなされている。例えば、近世の農業生産高に関しては、ＬＴＥＳや大川一司、篠原三代平、梅村又次、西川俊作、中村哲、速水融、宮本又郎ら専門家の著作物

をもとに、多数のデータの積み上げをおこなっている[63]。我々日本の研究者からすると、これらは代表的な文献にすぎず、新たな資料の発掘をおこなったわけではないが、これを外国人研究者がおこなった点で価値があったというべきかもしれない。それらの利用状況から判断すると、マディソンの推計した「穀物生産高」などは、前節で紹介した高島推計と類似の方法を採用していると考えられる。また第2次大戦を挟んだ前後の期間（1940～50年）については、現在でも信頼できるSNA統計は存在していないが、マディソンは複数の統計を接続しつつ慎重にデータを作成しており、その信頼性は他国と比べると高いといえよう[64]。

　もっとも以上のような方法が可能なのは、せいぜい先行研究等の存在する1600年（徳川時代初期）までであり、それ以前については残念ながら著作物中で具体的な推計方法や関連するデータはいっさい示されていない。この事実から推測すると、おそらく上記で示したマディソンの一般的な方法、つまりあらかじめ"当り"を付けるという方法をわが国にも適用していたのではないかと推測される。もちろんこれは、あくまで筆者の推測にすぎず、マディソン本人から直接に推計方法を聞いたわけではない。もしこれが正しければ、数値の信頼性についてはコメントする以前の話である。ちなみに高島（2017）でも、前近世の推計部分について「ここではマディソン推計の信頼性についての議論はしない」[65]としているが、これは適切な判断であろう。

　このようなマディソンの推計方法と比べると、高島による近世以前の推計はまったく異なる設計思想にもとづいている。すなわち高島の方法の特徴をみると、①推計時点が格段に増えたこと、②推計時点に1600年が含まれるなど、わが国の社会経済事情に即して推計時点が選択されたこと、③（基本的には一貫して準SNA法であるものの、）推計期間ごとに多様な推計方法が採用されていること、④（古代の農業生産量に代表されるように、）データの積み上げによりGDPを推測する方法が増えたこと、という4点があげられる。これらの特徴ゆえに、マディソンに比べて1人当たりGDPの信頼性が増している。優れているというより、"良心的"と表現すべきかもしれないが、散用状・郷帳など土地関連資料の利用がプラスに働いた面もあろう。

　次に、マディソンが1990年国際ドルを使用した理由を、引き続き同人の著作物から引用しておきたい。まずマディソン（2001）では、付図2-3の付録Aの解説部分で次のような記述がなされている。

「個々の国のＧＤＰ[実質ＧＤＰのこと、以下でも単にＧＤＰという場合にはすべて実質ＧＤＰを指す]を合計して、地域や世界でのＧＤＰ総計を算出するためには、共通の通貨単位へと各国の推計値を換算する必要がある。(中略) 本書では各国の1990年のＧＤＰが「1990年国際ドル」で表示され、それが各国の、固定価格で表わしたＧＤＰの時系列と接合されており、それによって各国の毎年のＧＤＰが全部「1990年国際ドル」（基準年の基準値）で表示されて、相互に比較できるものになっている。」[66]（[ ]内は原文のまま）。

　上記の文章のうち、「固定価格で表わしたＧＤＰの時系列と接合され」という部分から、1990年1時点のデータで過去20世紀分のデータがすべて修正されていることが推測される。いわば一定比率ですべてのデータが調整されている。まさに高島の推計方法はこれを踏襲していたことがわかる。
　さらにマディソン（2007）では、付図2-4で確認できるように、1人当たりＧＤＰというマクロ計測の考え方を記述した第6章の「1950年以降の経済政策の道具としてのマクロ計測の発展」のなかに、「ＧＤＰ水準の国別比較のための購買力平価換算」という小見出し部分があり、その最初で以下のような説明がおこなわれている。

「実質ＧＤＰの標準的な計算法ができあがれば、経済実績の国家間比較と複数国家の合計とのための次のステップは、為替相場の比較によらないで実質ＧＤＰ水準を測定する購買力平価換算（ＰＰＰｓ）の開発であった。時間による経済成長の計測は時価による価格変化の影響を除いて修正しなければならない。購買力平価の目的も厳密に同じことである。すなわち価格水準の国家間相違を取り除いて、経済活動の量の相違を国家間で比較することができるようにすることである。経済成長の時系列数値と現在利用可能なＧＤＰ水準の多国間比較推計値をあわせることで、われわれは首尾一貫した時空間比較を行えるようになっている。」[67]

　この説明にもとづき購買力平価に関する研究史が述べられているが、その全体的な流れは、基本的にはマディソン（2001）と類似している。ただし推計方法に関する具体的な言及がなくなっており、推計の考え方が不明確になっている。同書は、推計値の公表よりもそれを利用して国別の特徴を抽出したり、副題で示さ

れているように 2030 年の将来予測をおこなったりすることが主目的となっているため、推計方法については前著を踏襲しているのかもしれない。いずれにしてもこれらの二つの文献を検討した限りは、1990 年国際ドルを採用した積極的な理由は不明である。もしかしたら、購買力平価の研究が近年は停滞しており、現状で入手できるもっとも多くの国に関する個別レートがたんに 1990 年時点にすぎなかったから、という理由かもしれない。またマディソンの過去の研究で十分に検討されているため、あえて詳細に説明しなかったのかもしれない。

これらの推測を裏付けるように、二つの文献より若干遡ったマディソン (1995) では、もっと詳細に 1990 年国際ドルの購買力平価に関する記述がおこなわれていた (ただし厳密に言うと、マディソン『20 世紀の世界経済』1989 年でも購買力平価が採用されていたが、そこでは 1980 年国際ドルが使用されていたため、本章ではあえて検討対象から外した)。同書は、その副題で「1820～1992 年、199 ヵ国を対象とする分析と推計」と書かれているように、近代資本主義発展の全時期を網羅して、世界主要国 (56 ヵ国) のみならず、その他の 143 ヵ国 (おもにアフリカ、アジアとオセアニア、ラテンアメリカなど) も推計・分析している。この著作以前には、主要国 32 ヵ国の推計が実施されたにすぎなかったため、同書よりも購買力平価を適用する必要性が高まってきたと考えられる。ここでは、付図 2-2 で確認できるように、末尾の付録 C において購買力平価に関する説明が詳細におこなわれている。

まず各国通貨を共通の単位に換算する方法として、為替レートによる方法、購買力平価による方法 (ICP 方式等)、ICOP 方式による方法の 3 つが想定される。このうち最後の ICOP 方式とは、オランダ・グローニンゲン大学の ICOP (International Comparison of Output and Productivity：産出と生産性国際比較) プロジェクトが開発した接近法であり、産出量と価格に関する生産センサスの資料を使って産業部門別に生産性の動向を比較するものである。これらの方法を比較すると、ICP 方式が基本的には高度に精密な価格比較をおこなうことができるほか、今日では 87 ヵ国について数値が利用できるようになった。これに対して、「為替レートによる換算が (購買力平価による換算と比べて) (中略) 低所得国の購買力を過小表示している」[68] ほか、ICOP 方式ではサービス業についてまだわずかしかデータが存在していないことなどの問題点があるため、実質 GDP の比較はほんの限られた数の国に対して実行できるにすぎない、として購買力方式がもっと

表2-2 1990年の1人当たり実質GDPの年次別推計値の比較

	第3回ICP 1975年	第4回ICP 1980年	第5回ICP 1985年	第6回ICP 1990年	Summers and Heston		変動係数
					1991年	1993年	
OECD諸国							
オーストラリア	n.a.	n.a.	70.09	75.08	72.71	79.66	—
オーストリア	70.79	72.73	66.61	76.80	63.71	71.74	0.06
ベルギー	77.10	80.65	67.97	76.86	65.50	77.60	0.07
カナダ	n.a.	100.14	92.06	89.63	87.46	95.93	—
デンマーク	80.26	84.56	71.96	82.10	66.42	77.32	0.08
フィンランド	n.a.	81.94	72.04	75.93	69.45	78.76	—
フランス	80.53	82.95	72.15	81.30	68.40	77.33	0.07
ドイツ	82.02	83.53	72.61	85.45	69.25	84.00	0.08
イタリア	62.91	75.18	66.46	72.95	64.01	67.74	0.07
日本	82.89	85.16	79.48	84.83	71.21	82.48	0.06
オランダ	72.31	77.76	70.85	75.79	66.16	72.06	0.05
ニュージーランド	n.a.	n.a.	56.33	64.00	52.97	65.76	—
ノルウェー	n.a.	97.73	80.71	77.26	81.43	74.02	—
スウェーデン	n.a.	n.a.	71.06	80.92	70.57	80.26	—
スイス	n.a.	n.a.	n.a.	99.06	89.74	96.86	—
英国	64.41	75.60	70.22	74.55	65.46	71.27	0.06
米国	100.00	100.00	100.00	100.00	100.00	100.00	0.00
ギリシャ	n.a.	48.50	43.61	45.96	39.84	45.82	—
アイルランド	49.67	58.45	49.71	50.87	39.24	50.41	0.11
ポルトガル	n.a.	41.92	41.89	48.87	36.66	41.24	—
スペイン	56.22	58.67	51.75	55.66	43.14	54.02	0.09
トルコ	n.a.	n.a.	23.25	19.50	20.29	20.40	—
非OECD諸国							
ハンガリー	42.86	36.11	29.92	29.03	29.08	29.03	0.16
ポーランド	31.41	27.81	19.89	23.38	20.71	23.38	0.16
ユーゴスラビア	29.75	27.87	23.81	24.96	24.65	24.96	0.09

(注) 1. 各国・各年次の数字は、1990年の1人当たり実質GDP（自国通貨建て）に各年次の購買力平価（自国通貨と国際ドルの交換比率）を掛けて1990年の1人当たり実質GDP（国際ドル建て）を求め、それを米国＝100とした指数に変えた数字である。
2. n.a.はデータ未掲載を示す。
3. 変動係数は、欠落データのない国のみ6か年間データより計測した。

(資料) OECDはマディソン『世界経済の成長史』の270頁の表C-8、非OECDは同書の271頁の表C-9より谷沢が作成。なお非OECDのデータは上記3ヵ国以外もあったが、すべての時点で数字が掲載されている3ヵ国に限定した。

もすぐれていると結論付ける。そのうえで、同書の出版時（1995年）に入手できたゲアリー＝ケイミスによる4ヵ年分（1975年、1980年、1985年、1990年）のデータで、購買力平価の数字の安定性を検証している。

ちなみに同書に掲載されている表を若干加工した表2-2は、1990年国際ドルを採用することが他の年次の水準にも妥当することの根拠として提示している。すなわち当表は、1990年の1人当たり実質GDP（自国通貨建て）を各年の価格体系から求めた購買力平価で国際ドル建てに計算し直した場合に、どの程度の変

動幅が発生するかを計算したものである。この数字は、基本的にその変動傾向が各年の購買力平価とリンクしているほか、経済水準の国際比較にも適しているために計算されたと考えられる。右端にある年次別数字の変動係数をみると、ＯＥＣＤ諸国はきわめてデータが安定しているほか、非ＯＥＣＤ諸国でもさほど大きなばらつきはない。またＩＣＰとサマーズ＝ヘストンという二つの研究成果の間で、同一国の数字がさほど乖離していない事実も重視される。そして変動幅の内部に安定的に収まり、しかももっとも多くの国の計測値が揃えられる1990年という1時点が、基準年として最適とみなされている。なお、1990年という年次は、マディソン（1995）年の出版時には最新時点であろうが、その後の著作ではかならずしも新しいものではなかろう。それにもかかわらず相変わらず1990年を使用しつづける理由については各著作とも説明されていないが、超長期推計では一度決めた基準年をできるだけ固定すべきという考えがあったのかもしれない。

とにかくこの程度の期間は、超長期の歴史からみればほんの一瞬にすぎず、その期間で数値がほぼ一致していることは、たんに戦後の変動相場制下（自由競争下）の交換比率を推計しているにすぎず、過去10世紀以上のデータに適用できることを証明したことにはならない。そもそもゲアリー＝ケイミスの方法は、複数国の複数年次のデータを使用して国別・年次別の国際ドルを算出したものであり、あくまで特定年次（例えば1990年国際ドルは1990年）のみ使用可能な数値である。それを10世紀以上にわたる遡及統計に適用することは理論的に無理があるだろう。過去数世紀前の国際比較をおこなうこととは、わが国に限ってみても和服を着て木と泥でできた日本住宅に居住した状況と現在を比較するほか、欧米諸国との間では石造りの洋風生活を送る状況と比較することを意味している。そこには文化と時間の強固な壁が立ち塞がっているから、これを超越した次元の数字を作り上げる方法を見つけなければならない（この方法の暫定版は、第3章の3.2.に提示する）。

3.2. 14世紀分岐説の提起

次にマディソン自身が、苦労して推計した1990年国際ドルによる国際比較データをいかに分析に活用して、結論を導いていたのかを確認しておきたい。この点を確認することによって、マディソンが人生を賭けてなし遂げた推計作業の真の目的が明らかとなろう。同人によるデータの活用では、様々な方法が見受けら

れるが、ここでは国際比較データでなければ分析できない象徴的な事例を、以下の方法によって抽出しておきたい。

いま、マディソン（2001）、同（2007）において、上記の目的に適した分析結果に関する文章を探すとすれば、以下のいずれかのスタイルで記述されているはずであると想定する（ちなみに以下のＧＤＰとは、１人当たり実質ＧＤＰのことである）。

①□□国のＧＤＰは、〇〇世紀（または〇〇年）に△△国のＧＤＰを追い越した（または追い越された）。

②□□国のＧＤＰは、〇〇世紀（または〇〇年）に△△国のＧＤＰの●●％（または●●割）であった。

③□□国では、△△国の〇〇年におけるＧＤＰの水準に到達したのは●●世紀（または●●年）であった。

④□□国では、△△国の〇〇年におけるＧＤＰの水準に到達するのに●●世紀（または●●年間）を要した。

これらの表現は、高島（2017）の第７章などで盛んに登場しているのはもちろんのこと、ケネス・ポメランツの『大分岐』でもＧＤＰに代わって経済社会関連データをヨーロッパ・アジア間で詳細に比較するなど、類似の表現を使ってグローバル・ヒストリーの叙述が展開されている[69]。このような状況を勘案すると、以上の四表現を判断基準とすることはおおむね妥当であると思われる。

この基準で確認すると、まずマディソン（2001）では付図２-３における第１章のⅡ「１人当たりの実質ＧＤＰ」で、１人当たり実質ＧＤＰの超長期データを国際比較した分析結果として、ａ）〜ｈ）の８つの事実が提示されている[70]。これら８つの結果は、同書の推計データにもとづく国際比較の最終的なエッセンスであるため、これを検討することはマディソンによる主張を評価するための象徴的な方法といえよう。そこで上記のような表現をして1990年国際ドルを使用しなければ導くことのできない結果を記した文章を探すと、残念ながら以下の一つのみであった。国際比較研究であったわりに予想外に少なかったことに驚いている。

「ｃ）西ヨーロッパは14世紀に、１人当たりの経済力（実質ＧＤＰ）で中国（アジア経済のリーダー国）を追い越した。その後には、中国と残りのアジア諸国の大部分は、20世紀後半に至るまでは、１人当たりの経済力の面では、多かれ少なかれ停滞的な状態を続けた。停滞は、その固有の制度と政策がそ

図2-6 中国と西ヨーロッパの1人当たり実質GDPの推移の比較、400～1998年
(14世紀分岐説の根拠となる図)

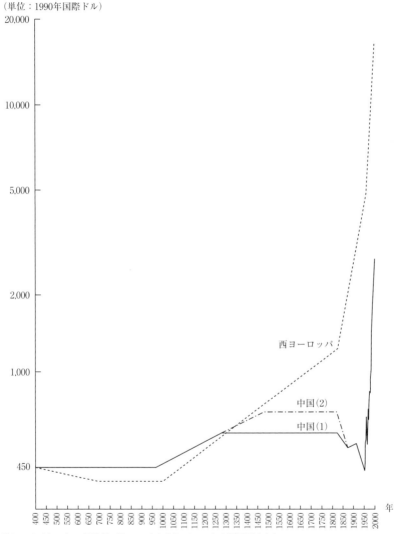

(注) 1. タイトルは、下記資料の図1-4のままだが、カッコ内は谷沢が追加した。
2. 縦軸は対数目盛である。
3. 中国のうち、中国(1)の実線は下記資料の図1-4のままであり、中国(2)の一点鎖線は下記資料の311頁の表B-21より入手した中国のデータで書いた動きを示す。

(資料) 上図は、基本的にマディソン『世界経済2000年史』の47頁の図1-4であるが、中国(2)だけ谷沢が書き加えた。

第2章 超長期GDPに関する二人の推計方法

もそもの原因ではあったが、それに加えて、西の世界による植民地的搾取（西の世界のヘゲモニーから生じ、18世紀以後特に顕著になったもの）のために、それに一層の拍車がかかることになった。」[71]

　ちなみにこの部分は、上記の①のパターンであったことが確認できる。それ以外の７つの結果は、国際比較データでなく国別の実質ＧＤＰを使用して導くことができるものであるため省略する。国際比較を目的として超長期データを苦労して推計したわりには、予想外に国際比較データゆえに把握できる観察結果が少なかったのには驚かざるをえない。もちろん慎重に本文を読むと、この８つ以外にも見つけることができるかもしれないが、マディソン本人が同書の中核的な結論としてあげた部分として、やはりこの箇所は注目しなければならない。
　この文章は、いわば「14世紀分岐説」が導かれる点で注目すべき記述である。この関連では、当該データにもとづきマディソンの作成した図２-６も提示しておこう。すでに前項で確認したように、マディソン（2001）では各国とも紀元０年、1000年、1500年、1600年、1700年、1820年といった粗い時代区分の統計データが公表されているが、それにもかかわらずこの図２-６では中国（１）だけが別の統計表から入手した、それより短期間のデータを使用している。このような操作をしたうえで、中国と西ヨーロッパの直線同士が1000年と1500年のあいだで交差した事実より14世紀分岐説を導いている（もし、中国のデータを同書に掲載されたデータに変更すると中国（２）となるが、それでも同様の結論を導くことができる）。いずれにしてもかなり乱暴な操作である。すなわち交点が14世紀になるのは偶然に近く、１世紀前後の誤差は容易に発生しよう。この関連では、同書の第２章のⅡ「西ヨーロッパの復活と先行の開始、1000〜1500年」、Ⅲ「ベネチア共和国」において、西ヨーロッパの復活を支えた要因が記述されている。具体的には、オランダ、北ドイツ、バルト海沿岸での農村定住地域の拡大、毛織物業・絹織物業の発展、銀行業・会計技術・海上保険等の進歩、国民国家の発生とナショナル・アイデンティティの明確化、ベネチアによるアジアと西ヨーロッパ等を結び付ける商業活動などがあげられる。そして地域別には、フランドル地方、イタリアの諸都市国家の興隆が目立っていたことを指摘する。
　一方、中国の成長→停滞については、同書の付録Ｂにおいて以下のような内容でその要因が記述されている。参考までに書き出しておこう。

「土地生産性のめざましい上昇と、生活水準のそれよりもゆるやかな上昇とは、今ここで検討している時代[訳注：1500～1820年の時代]よりも以前に生じた。北部中国での小麦と雑穀[粟、きびの類]の生産から、揚子江以南の湿地での、それよりもはるかに集約的なコメ作り農業への、中国の農業生産の重心の大規模な移行は、宋王朝時代（10～13世紀）に生じたのであった。しかし、それ以降の約6世紀間には、1人当たりＧＤＰは停滞していたということを、各種の資料が強く示唆している。とはいえ、その期間にも中国は、人口の著しい増加を、農耕地の外延的な拡張によって支えることができたのである。」[72]

このような表現は、たしかに中国の経済が10～13世紀に農業を中心として発展したことを示しているが、その成果として中国が西ヨーロッパよりも1人当たりＧＤＰで上回っていたことを確認できる内容ではない。その意味では、最初に提示したＣ）の内容よりも後退した書き方である。いずれにしても、これら西ヨーロッパ・中国に関する記述内容は、一読すると図2-6と密接に結びついているのは事実だが、厳密に読むとたんに1000～1500年のあいだの両地域の成長率（傾き）に関する議論であり、西ヨーロッパと中国の実線が14世紀に交差することの決定因とはならない。また西ヨーロッパの要因が、中国の要因よりも具体的に記述されている点も指摘しておきたい。

それではこの説を導く根拠はほかになかったのか。この点については、すでに先行研究で類似の説明がおこなわれていた事実をあげておこう[73]。すなわちエリック・ジョーンズ、デビッド・ランデスなどの歴史家が、西欧はすでに中世後期には世界の他地域と異なる発展をしていたと主張した。そして1750年頃には、西欧は中国、インド、日本よりダイナミックに発展していた。この議論の延長線上には、西欧で発生した産業革命はほとんど幸運と呼ばれるような偶然の要因で発生したのではなく、産業革命の遥か以前に発展が始まっていたが、それが最高潮に達したのが産業革命であった、という主張が続く[74]。このような主張に支えられて、マディソンによる上記の指摘がなされたと理解することが可能となろう。14世紀分岐説は、このような研究史上に位置づけられ、彼等の主張をデータ面から補強することになった。

その後に出版されたマディソン（2007）では、国際比較の記述の難しさを認識

したからかどうかは確認できないが、マディソン (2001) よりも14世紀分岐説に関する記述は薄れている。すなわち付図2-4で確認できるように、同書の第2章の最初の節「西はなぜ、また何時富裕になったのか？」という部分では、小見出しとして「長期的にみた成長の勢いの変化」、「西とその他地域との分岐」といった、14世紀分岐説を想像させる部分がある。ここで「西」とは前後の文脈から判断して西ヨーロッパのことであるが、これらの部分では期待に反して、同説はまったく言及されていない。それ以外では、同じ第2章の3番目の節「需要と雇用の構造変化」のなかに、「1000～1820年の西ヨーロッパ上昇の根本的特徴」という小見出しがあり、そのなかでわずかに以下のような14世紀分岐説に関連した記述がなされている。少々煩雑になるが、議論を正確に伝えるために該当部分を提示しておこう。

> 「1000年から1500年の間は、西ヨーロッパの人口が世界の他のどの地域よりも急速に増加した復活の時期であった。北部諸国は地中海沿岸諸国に比べて目立って急速に成長した。都市の比率は（人口1万人以上の町を単位として）ゼロから6％に増加した。これは明らかに商工業活動の拡大を示す指標であった。増加した人口に食料を供給できた理由は、特にオランダ、北ドイツ、バルト沿岸で著しかった農村入植地の増加と土地生産性を高める技術変化の漸次的導入であった。」[75]

この部分では、14世紀に西ヨーロッパが（人口増加率・都市化率・土地生産性の上昇等の背後にある）1人当たりＧＤＰで中国を追い越したことを連想させるものの、これだけではそれを断定することはできない。そこでこの引用部分の後には、おもにマディソン (2001) 年で言及された諸要因を簡略化して記述しているにすぎず、前著の焼き直しの感はぬぐえない。総じてマディソン (2001) のときよりも、比較経済発展論の視点が弱くなっている。この小見出しの末尾で書かれた次のような漠然とした記述が、それを象徴しているといえよう。

> 「1820年以前の西の経済成長の直接的要因を1820年以降と同じように詳細に数量化することは不可能であるが、しかしこの時期の緩やかな経済的進歩とそれ以降の加速化との前提条件であった西ヨーロッパの知的水準と知的諸機構に生じた根本的変化を見定めることは困難ではない。1000年から1820年の機械、設備、人的資本への投資はやはり比較的緩やかなものであったが、

印刷技術の発明、科学の進歩、大学でのエリートの世俗教育の普及によって、質的には高度化した。今日よりも技術進歩は遅く、資本集約度もはるかに低かった。」[76]

さらに次の小見出しでは、1820年以前の西ヨーロッパの経済発展に影響を与えた4つの要因に関する記述に充てられているものの、前項以上に対象時期が拡散されている。すなわち第2章の節「需要と雇用の構造変化」のなかに、「1820年以前の西での四大知的および制度的変化」という小見出しでまとめられた部分の書き出し部分を示すと、以下のようになる。

「経済実績に深い影響を及ぼし、当時その他世界には比肩するものがなかった西における知的および制度的四大変化が1820年以前にあった。
1. 一つの根本的変化は合理的な調査と実験を通じて人間には自然の力を変える能力があるということを認識したことである。(中略)
2. 11、12世紀にブリュージュ、ベネチア、フランドルや北イタリアの諸都市に商取引の重要センターが出現し、企業家精神を育て、財産の売買に対する束縛を廃止するという変化が生まれた。(中略)
3. 380年のキリスト教の国家宗教化はヨーロッパの結婚、相続、親族制度を根本的に変革した。(中略)
4. 第4の目立った特徴は相互に似通った諸国民国家の体系が出現したことで、これらの間では言語の相違にもかかわらず、相互に緊密な商取引関係をもち、知的交流も比較的容易であった。(中略) 英国は1700年から1820年までの間に、主として商業上の世界覇権を求めて5つの大戦争（あわせて55年間）をおこなった。」[77]

これら4つの変化のうち、第2の変化はすでにマディソン(2001)で14世紀の逆転現象の理由として示された内容であるが、冒頭の「11、12世紀」という時期が記述されているものの、それを「14世紀の逆転」と結びつける書き方はおこなわれていない。この点でも、発見事実の検討はマディソン(2001)の場合より後退している。とにかくこれら2節に続いて、14世紀分岐説の関連では「技術変化の軌跡、1000～1820年」、「科学革命」という二つの小見出しが続く。前者は、船の設計と航海術の進歩に関して11世紀以降の技術変化の流れを描写

した部分であり、14世紀の内容も確認できるが、この内容がいかに経済成長に反映しているかまでは明らかになっていない。おそらく貿易の活発化→経済活発化となるのだろうが、世界貿易の伸び率に対する世界ＧＤＰの伸び率の比率は逆に低下しており、かならずしも説明文の筋書きどおりではない。後者は、16世紀中頃以降の話であるため、14世紀の問題の対象外となる。このため読者は、これらの内容からいままでと同様に、14世紀の逆転現象を支持するような積極的な事項が書かれていないことを確認することになる。

　一方、中国の成長については、近年における高水準の経済成長を反映して、具体的な内容まで踏み込んで記述している。すなわち付図2-4で示された第3章の3節「ヨーロッパのアジアへの影響、1500〜1820年」のなかで、国際比較に関連した内容を確認することができる。ここでは、「中国の転形」という小見出しの部分で西ヨーロッパより踏み込んだ書き方がなされた、以下の箇所をあげておこう。

　　「世界的な展望の中で中国の実績は例外的なものであった。1300年に中国は1人当たり所得で世界をリードする経済国であった。中国は技術水準、自国の天然資源の利用密度、巨大な領域の帝国を管理する能力の点で、その実績はヨーロッパを凌駕していた。1500年までに西ヨーロッパは1人当たり実質所得、技術・科学力で中国を追い越した。」(78)

　　「<u>世界経済にさらされた中国</u>　官僚統制の悪影響の最大の事例は、15世紀初めに中国が国際貿易の窓口を事実上閉鎖したこと、そしてその結果として中国の高度な造船業が消滅したことである。この撤退は歴史的に<u>重要な出来事</u>なので、中国がアジア貿易で最もダイナミックな力を持っていた13世紀から15世紀初頭にかけての経験は、もう一度たどってみる価値がある。」(79)
　　（原文では、下線部分のみフォントを変えている）。

　このように中国の記述では、「1300年に中国は1人当たり所得で世界をリードする経済国」と明記するなど、他国の部分より力の入った書き方をしているのみならず、マディソン（2001）よりも明確にＧＤＰ水準を意識している。これは注目すべき部分であるが、この繁栄の背景に農業の発展があったことは記述されていない。そして技術水準や天然資源の利用面で世界のトップにあった中国は、15

世紀に入ると国際貿易を中止するといった官僚統制の悪影響などによって、西ヨーロッパに追い越されていったという。このため全体的にみると、14世紀分岐説をマディソン（2001）では西ヨーロッパの成長要因によって説明していたが、マディソン（2007）ではむしろ中国の停滞要因によって説明していることがわかる。

　ただし経済成長の発生要因がいかなるものであったとしても、基礎データが紀元０年、1000年、1820年ときわめて粗いほか、国際貿易に関連したデータが示されず、官僚統制が中国の成長率に悪影響を与えた経路を直接確認できない点では、西ヨーロッパと同様に推計・分析作業の粗さが目立っている。このため変動理由に関する文章のわりに図やデータが少なすぎて、読者が14世紀分岐説を素直に支持することは難しい。これを確認するためには、両地域の１人当たりＧＤＰの推計値にかぎってみても13世紀と14世紀の２時点分を追加して、それが確かに交差することを示すべきであった。

　注意してほしいのは、このような問題があるものの、筆者はマディソンの分析結果が間違いということを指摘しているのではないことだ。苦労して国際比較統計を作成したにもかかわらず、ポメランツのようなグローバル・ヒストリーの視点が弱いことを問題にしているのである。ポメランツは、『大分岐』のなかで、西欧（イングランド）は18世紀までは中国（長江下流域）と比べて特段の優位性はなかったが、19世紀初頭から良質な石炭、南北アメリカ大陸（＝新世界）という未開拓・広大な土地を手に入れたことで優位性を発揮して、東西の大分岐（Great Divergence）が発生したとする。これらの大分岐は、様々な経済社会データで検証したものにすぎず、１人当たり実質ＧＤＰで計測したわけではないが、その最終的な目的が"経済水準の逆転"であるから、１人当たり実質ＧＤＰで読み替えることも可能であろう。ちなみにこの議論を「19世紀分岐説」と名付けておこう。この発生要因として指摘された石炭と南北アメリカ大陸について、上記のマディソン（2007）の「技術変化の軌跡、1000〜1820年」、「科学革命」の部分では一言も触れられていないから、両者の考え方の相違は小さくない。マディソンがせっかく「非数量資料を丹念に分析した」のなら、この２要因を含めてポメランツとの差異を具体的に書き込んでほしかった。

　このほか同書では、付図２-４で確認できる第６章の節「重商主義時代の経済実績、1500〜1820年」のなかの、次の１箇所で14世紀分岐説の関連情報が記述

されているにすぎない。ストレートな書き方ではないが、唯一、この説を推察させる部分であると考えられる。これも併せて指摘しておきたい。

> 「スーザン・ハンレー（Hanley 1997）とケネス・ポメランツ（Pomeranz 2000）はそれぞれ、日本と中国の経済水準は19世紀初頭には英国と同じであったと主張した。彼らは1500～1820年の間にはヨーロッパは著しい向上はなかったと主張または示唆している。」[80]

わずか数行にすぎず、驚くほど禁欲的な書き方である。しかし上記引用部分の後半から推測すると、14世紀分岐説を取り下げたわけではないといった判断も導きだすことができよう。あえてポメランツに反論しないのは、ポメランツが一国レベルの1人当たりＧＤＰで議論していないからか、すでに別の機会に19世紀分岐説に反論しているから、と理解すべきかもしれない。いずれにしてもマディソン（2007）では、残念ながらマディソン（2001）より分岐説に関係した"純粋な国際比較"の記述が少なくなった。しかし読者にとっては、14世紀分岐説と19世紀分岐説に関する論争は未だ決着していないはずだ。マディソンの著作でこの点が言葉少ない理由を、我々はいかに解釈すべきであろうか。事情を知らない一読者からすると納得のいかない話である[81]。

ただし以上のような歴史統計は、大きな問題を抱えているのも事実である。すなわち先述のように、マディソンの推計方法では、近世以前に関して増加率法や実質所得法が採用されているため、そこでは初めに年別成長率や実質所得を決める作業がおこなわれている。その事実は、詰まるところ初めから特定時点のＧＤＰ水準を決めていることを意味するから、それらの推計値を直接に比較することは、論理上はさほど意味のあることではない。一種の同義語反復と同じような議論を、ここに持ち込むことになる。もしそれをマディソンが自覚していれば、自ずと分析作業とその結果の記述には慎重になるだろう。マディソンの各著作が、どちらかというと抑制的な表現を採っている背景に、このような事情があった可能性を捨てきれない。歴史統計の分析では、いわば「歴史統計の推計方法に潜む罠」をいかに回避するかという、新たな問題を抱えることとなる。この種の議論は、現状では一橋学派でも問題視していないが、いずれは回避できないことになろう。

最後に、高島（2017）では14世紀分岐説が注目されていなかった点を指摘し

ておこう。すなわち同書の序章では、その課題の一つとして「グローバル・ヒストリーの視点にもとづく比較経済発展研究」が提示され、マディソン推計とともにポメランツにより提起された「大分岐」論争の重要性が強調されている[82]。しかし筆者が指摘してきた大分岐の時期に関する差異とその要因までは論じられず、たんにエリック・ジョーンズによる「近世以前の経済発展によるヨーロッパの重要性」に対して、ポメランツによる「18世紀までは東アジアの発展水準は西欧のそれと同等であった」ことを対比させている。そして後者の議論が、従来から西欧経済の優位性を主張してきた英語圏の伝統的な比較経済史に大きなインパクトを与えた、という一般論を指摘しているにすぎない。同書は、あくまで日本の経済発展に関する研究に焦点を絞っているためか、マディソンの14世紀分岐説には関心を寄せていなかった（または見落としていた）点を強調しておかなければならない。

第4節　終わりに

　本章では、高島（2017）やマディソン（1995）、同（2001）、同（2007）を素材として、1人当たり実質ＧＤＰの超長期データの推計方法に関する問題点・改善点を検討した。

　まず高島の推計方法を検討すると、おもに4つの疑問箇所が浮かび上がる。第一は、中世の農業生産額の推計方法について、①使用した賃金データに自家消費分が考慮されていないこと、②貨幣制度の混乱があった16世紀〜17世紀前半の推計値のみを不採用としたこと、③関数型の指数決定が恣意的であること、があげられる。これらの改善に向けて、賃金データや農産物需要関数に対する見直し策を講じるべきである。第二は、近世の農業生産額の推計方法について、①実収石高を実態石高に変更するため、近世を通じて同一の石高補正率を採用したこと、②幕府による石高調査の対象が表高から内高に変更されたのを考慮していないこと、があげられる。これらの改善策として、石高調査の数値を検討して時期ごとに石高補正率を変更したり、耕地面積・土地生産性を補完的に活用したりする方法を提案した。第三は、非1次産業生産額の推計方法で、①利用した関数型の各説明変数のメカニズムが解明されていないこと、②当関数型は近世後半に活発化した農村工業化を前提として構築されたのに、それを古代まで遡って適用していること、③推計結果を非1次産業データでチェックしていないことである。第四

は、1990年の購買力平価のみで過去12世紀分の国際比較用データを作成していることである。第三・第四の疑問点は、部分的な修正作業では解消しづらいため抜本的な解決法が求められよう。

　一方、マディソンの使用した推計方法の詳細は不明であるが、一般化すると以下のとおり。中世（1500年）以前は1人当たり実質所得や最低生存線にもとづく「実質所得法」、近世（1500～1820年）では地域別・国別に1人当たり実質ＧＤＰの年平均成長率を一定に固定する「増加率法」、近代（1820～1992年）は各国で実施されているＳＮＡ統計に準拠した「準ＳＮＡ法」が使われ、それらを繋ぎ合わせた「三段ロケット方式」となっている。わが国に限ってみると、高島の方法のほうが①推計時点が格段に多い、②わが国の経済社会事情に応じた時点が採用されている、③基本的に準ＳＮＡ法にもとづき多様な推計方法が使用されている、④データの積み上げを多用している、などの特徴が見えてくる。さらにマディソンは、東西の経済発展の特徴として「14世紀分岐説」を主張する。この仮説は、西ヨーロッパ（特にイギリス）が14世紀に入ってそれまで世界トップにあった中国の経済水準を追い抜いた現象を指している。これは、エリック・ジョーンズ、デビット・ランデスらの西欧史家が主張していた議論の延長戦上に位置づけられ、けっしてマディソンが初めて指摘したものではないが、それを具体的な数字で示した点で重要である。ただしその後にポメランツが19世紀分岐説を提起したが、彼の諸著作ではこれに対する本格的な反論はおこなわれていない。

　今回の高島やマディソンによる超長期ＧＤＰ推計は、多くの作業をともなうがゆえに研究者が推計をしり込みしてきたものである。そのデータが入手できたことは、わが国の今後の歴史研究にとってもきわめて大きな意義を持つが、高島の作業は時間の制約のなかでやり残した作業が多くあり、どうしても拙速の感を持たざるをえない。わが国の本格的な長期ＧＤＰ推計作業は、一橋大学の山田雄三による先駆的業績『日本國民所得推計資料』1951年で幕を開け、その後は1958年より一橋大学経済研究所の研究者が集団でおこなってきた[83]。同事業が『国民所得』の出版により一応の目途がたったのは、開始から実に23年目であったが、現在でもデータの信頼性に関する議論は続いている。これらの事実からすれば、今般の超長期ＧＤＰ推計もおそらく長い時間をかけ徐々に精緻化していくだろう。

付図2-1　高島正憲『経済成長の日本史』の目次

はしがき

序　章　超長期GDPとは何か？
　　　　はじめに
　　　　1　本書の課題
　　　　2　本書の推計の考え方と方法
　　　　3　本書の構成
　　　　むすび

　　　　第Ⅰ部　農業生産量の推計
第1章　古代の農業生産量の推計
　　　　はじめに
　　　　1　耕作地面積の推計
　　　　2　土地生産性の推計
　　　　3　古代の農業生産量
　　　　4　古代の農業生産の背景
　　　　むすび

補　論1　古代における耕作地の状況について

第2章　中世の農業生産量の推計
　　　　はじめに
　　　　1　土地資料による推計
　　　　2　需要関数による生産推計
　　　　3　中世の農業生産量とその背景
　　　　むすび

第3章　徳川時代・明治期初頭の農業生産量の推計
　　　　はじめに
　　　　1　推計の基本的な方針
　　　　2　石高系列の推計
　　　　3　推計結果の分析
　　　　むすび

　　　　第Ⅱ部　前近代社会における人口成長
第4章　全国人口の推移
　　　　はじめに
　　　　1　日本における人口調査の歴史と資料
　　　　2　古代・中世の人口推計
　　　　3　徳川時代・明治期初頭の人口推計
　　　　むすび

第5章　都市人口の推計
　　　　はじめに
　　　　1　古代・中世の都市人口推計
　　　　2　徳川時代・明治期初頭の都市人口推計
　　　　むすび

補　論2　江戸の都市人口の試算

　　　　第Ⅲ部　非農業生産そしてGDPの推計と国際比較
第6章　徳川時代における非農業生産の推計
　　　　はじめに
　　　　1　推計の基本的な方針
　　　　2　資料とデータ
　　　　3　推　計
　　　　4　推計結果とその分析
　　　　むすび

第7章　前近代日本の超長期GDPの推計と国際比較
　　　　はじめに
　　　　1　データと推計の基本的な方針
　　　　2　推計と推計結果の分析
　　　　3　国際比較
　　　　むすび

終　章　超長期GDPからみた前近代日本の経済成長
　　　　1　前近代の経済成長とその実態―総括
　　　　2　今後の展望―むすびにかえて

付　録、ほか

（注）字体の変化も、原資料のとおりとしている。以下同様。
（資料）高島『経済成長の日本史』のiv～viより谷沢が作成。

付図2-2　アンガス・マディソン『世界経済の成長史』の目次

序論

第1章　所得成長、所得格差とその国別ランキング
1820年以後の長期的な加速的成長
地域的な階層構造
1820年以後の長期的な加速的成長
1人当たりGDPの成長と格差の拡大・縮小
個人消費の割合の変化
生産性の水準
主要地域の人口の変遷
国と地域の経済規模にもとづく順位

第2章　経済成長に影響を及ぼした諸要因
技術進歩
物的資本の蓄積
「人的資本」の改善
国家間の経済的相互作用
規模の変化
構造の変化
自然資源
生産性と経済成長要因分析
制度の問題
西ヨーロッパ諸国
ウェスタン・オフシュート（米国、カナダ、オーストラリア、ニュージーランド）
「南」ヨーロッパ
東ヨーロッパ
ラテンアメリカ
アジア
アフリカ

第3章　経済発展の諸局面
第Ⅰ局面（1820～70年）
第Ⅱ局面（1870～1913年）
第Ⅲ局面（1913～50年）
　a）1913～29年
　b）1929～38年
　c）1938～44年
　d）1944～49年（戦争の余波）
第Ⅲ局面での技術進歩の加速化
第Ⅳ局面（1950～73年）
第Ⅴ局面（1973～94年）

付録A　世界主要56カ国（サンプル諸国）の人口、1820～1992年
人口推計値の出所と解説
　先進資本主義諸国
　「南ヨーロッパ」諸国
　東ヨーロッパ諸国
　ラテンアメリカ
　アジア
　アフリカ

付録B　世界主要56カ国の経済成長（実質GDP指数の歴史的推移）、1820～1992年
ウェイトのつけ方が経済成長率にあたえる影響
推計漏れを是正するためのGDPの改訂
測定の方法と情報源の国による違い
旧共産主義諸国の特殊な諸問題
慎重さとクロスチェックの必要性
　先進資本主義諸国

　　　　　　　「南ヨーロッパ」諸国
　　　　　　　東ヨーロッパ諸国
　　　　　　　ラテンアメリカ
　　　　　　　アジア
　　　　　　　アフリカ

付録C　世界主要56カ国の実質ＧＤＰの水準の比較、1820～1992年
　　　　各国通貨を共通の単位に換算するための3つのアプローチ
　　　　　　a）為替レートによる換算法
　　　　　　b）購買力平価による換算法（ＩＣＰ方式等）
　　　　　　c）ＩＣＯＰ方式による換算法
　　　　ＩＣＰ方式による購買力平価（ＰＰＰ）アプローチにはどのような選択肢があるか
　　　　　　a）2国間比較
　　　　　　b）多国間比較
　　　　ＯＥＣＤ諸国でのＧＤＰの、1990年（基準年）の水準の推計
　　　　非ＯＥＣＤ諸国でのＧＤＰの、1990年（基準年）の水準の推計
　　　　東ヨーロッパ
　　　　ラテンアメリカでの1990年のＧＤＰの水準の推計値
　　　　アジアでの1990年のＧＤＰの水準の推計値
　　　　中国のＧＤＰの水準の4つの測定方法とその長短
　　　　　　a）Kravis の推計値
　　　　　　b）Summers と Heston の推計値
　　　　　　c）Ren Ruoen と Chen Kai の推計値
　　　　　　d）Taylor の推計値

付録D　世界主要56カ国の1人当り実質ＧＤＰの水準、1820～1992年

付録E　世界主要56カ国の人口、実質ＧＤＰ等の地域別合計、および推計にさいしての
　　　　推測の程度、1820～1992年
　　　　人　口
　　　　1人当り実質ＧＤＰ
　　　　実質ＧＤＰ

付録F　その他の143カ国（非サンプル諸国）の人口、実質ＧＤＰ、1人当り実質ＧＤＰ、
　　　　および推計にさいしての推測の程度、1820～1992年
　　　　1950～92年についての推計とその性格（表F―4参照）
　　　　非サンプル諸国の1820～1992年についての推測とその性格
　　　　　　人口（表F―1、F―5参照）
　　　　　　1人当り実質ＧＤＰ（表F―2、F―7参照）
　　　　　　実質ＧＤＰ（表F―3、F―6参照）

付録G　世界199カ国の人口、実質ＧＤＰ、1人当り実質ＧＤＰの地域別合計と世界合計、
　　　　1820～1992年

付録H　国境変更の影響

付録I　輸　出

付録J　雇用、労働時間、労働生産性

付録K　日米英3カ国についての経済成長要因分析

（注）本書は、本文中でマディソン（1995）と略称された著作である。
（資料）マディソン『世界経済の成長史　1820～1992』1995年のxiii～xviiより谷沢が作成。

付図 2-3　アンガス・マディソン『世界経済 2000 年史』の目次

序説と要約

第1章　世界経済の発展の輪郭
　　Ⅰ　人口の変化の性格と、人々の福祉にとってのその意味
　　Ⅱ　1人当たりの実質ＧＤＰ

第2章　「西洋」の発展が世界の他の諸地域に与えた影響、1000〜1950 年
　　Ⅰ　1世紀から 10 世紀にかけてのヨーロッパの衰退
　　Ⅱ　西ヨーロッパの復活と先行の開始、1000〜1500 年
　　Ⅲ　ベネチア共和国
　　Ⅳ　ポルトガル
　　Ⅴ　インド洋の貿易世界
　　Ⅵ　中国、日本、フィリピンの貿易事情
　　Ⅶ　ブラジルのポルトガル人
　　Ⅷ　オランダ
　　Ⅸ　英　国
　　Ⅹ　アメリカ大陸、アフリカ、アジアへの英国の勢力拡大とその影響

第3章　20 世紀後半の半世紀の世界経済
　　Ⅰ　先進資本主義諸国
　　Ⅱ　再起したアジア
　　Ⅲ　東アジアの、深刻な問題を抱えている諸国
　　Ⅳ　西アジア
　　Ⅴ　ラテンアメリカ
　　Ⅵ　旧ソ連と東ヨーロッパ諸国の移行過程
　　Ⅶ　アフリカ

付録Ａ　1820〜1998 年間の、基準年での世界の人口、実質ＧＤＰ、1人当たり実質ＧＤＰ
　　　　の、成長率と水準
　　　推計値の更新
　　　　Ａ-1　西ヨーロッパ、ウェスタン・オフシュート、東ヨーロッパ、旧ソ連の後継
　　　　　　　諸国の、人口、実質ＧＤＰ、1人当たり実質ＧＤＰ
　　　　Ａ-2　ラテンアメリカとカリブ海諸国 44 ヵ国の人口、実質ＧＤＰ、1人当たり
　　　　　　　実質ＧＤＰ
　　　　Ａ-3　アジア 56 ヵ国の人口、実質ＧＤＰ、1人当たり実質ＧＤＰ
　　　　Ａ-4　アフリカ 57 ヵ国の人口、実質ＧＤＰ、1人当たり実質ＧＤＰ

付録Ｂ　1820 年以前の世界の人口、実質ＧＤＰ、1人当たりＧＤＰの成長
　　　　人　口
　　　　1500〜1820 年の実質ＧＤＰと1人当たり実質ＧＤＰ
　　　　1世紀から 1000 年までの実質ＧＤＰと1人当たり実質ＧＤＰとの推移

付録Ｃ　1950〜1988 年の、124 ヵ国と7地域と世界合計との各年の人口、実質ＧＤＰ、
　　　　1人当たり実質ＧＤＰ

付録Ｄ　旧共産主義 27 ヵ国の経済成長と実質ＧＤＰの水準

付録Ｅ　就業者数、労働時間、労働生産性

付録Ｆ　輸出額と輸出量、1870〜1998 年

《特別付録》　表Ⅰ、表Ⅱ

（注）本書は、本文中でマディソン（2001）と略称された著作である。
（資料）マディソン『経済統計で見る　世界経済 2000 年史』2001 年の9頁等より谷沢が作成。

付図 2-4　アンガス・マディソン『世界経済史概観』の目次

序説と要約
　　世界経済発展の輪郭
　　マクロ計測と歴史
　　来るべき事態の姿

第Ⅰ部　世界発展の輪郭　紀元1～2003年

第1章　ローマ帝国とその経済
　　古代世界の登場者
　　ローマ帝国建設成功の原因の基本的特徴
　　イタリア半島の征服、紀元前396～191年
　　ローマ帝国建設の過程
　　帝国の崩壊
　　ローマの人口
　　ローマの所得

第2章　西ヨーロッパの復活とアメリカの転形
　　西はなぜ、また何時富裕になったのか？
　　1820年以降の西諸国の成長加速を説明する推進力
　　需要と雇用の構造変化
　　アメリカのヨーロッパ的転形、1500～1820年

第3章　アジアと西の相互作用　1500～2003年
　　ヨーロッパとアジアの相互作用、1500～1820年
　　アジアとの貿易のヨーロッパへの影響、1500～1820年
　　ヨーロッパのアジアへの影響、1500～1820年

第4章　イスラムとヨーロッパがアフリカの発展に与えた影響　紀元1～2003年
　　序　論
　　7世紀以前のヨーロッパの北部アフリカへの影響
　　イスラムによる征服とその意味するもの
　　イスラム国家としてのエジプト
　　マグレブおよび金と奴隷のサハラ越え貿易の開始
　　モロッコ王朝の性格変化とそのヨーロッパおよびブラックアフリカとの相互作用
　　ブラックアフリカとイスラムの影響
　　ヨーロッパのアフリカとの出会い
　　1820年から1960年までのアフリカ
　　脱植民地のアフリカ、1960年以降
　　補　論：十字軍、1096～1270年

第Ⅱ部　マクロ計測の進歩

第5章　マクロ計測の先駆者たち
　　ウィリアム・ペティ（1623～87）
　　ジョン・グラント：最初の人口統計学者（1620～74）
　　グレゴリー・キング（1648～1712）とチャールズ・ダナウント（1656～1714）
　　パトリック・カフーン（1745～1820）
　　フランスの政治算術、1695～1707年
　　19世紀と20世紀前半のマクロ計測

第6章　現代のマクロ計測　われわれはどこまできたか？
　　1950年以降の経済政策の道具としてのマクロ計測の発展
　　1820年以降の世界経済成長の数量化と解釈
　　重商主義時代の経済実績、1500～1820年
　　近代化のルーツ――「テイクオフ」か「見習い修行」か
　　補　論1～3

第Ⅲ部　来るべき事態の姿

第7章　2030年の世界経済
　　人口の予測と人口統計学上の特徴の変化
　　1人当たりGDPの予想の基礎となる想定
　　経済成長、エネルギー消費、炭素排出量、地球温暖化の関係
　　気候変動の経済学に関するスターン報告
　　地球温暖化についての結論

付録統計
　　付録統計A
　　付録統計B　日本、英国、米国の成長計算の構成要素、1820～2003年

（注）本書は、本文中でマディソン（2007）と略称された著作である。
（資料）マディソン『世界経済史概観　紀元1年―2030年』2007年のvii～ixより谷沢が作成。

註

(1) 本書の執筆時（2017年12月）には、高島が単著または共著の形で日本に関する超長期ＧＤＰ関連の論稿を多数発表しつつあったが、管見のかぎり本章の目的である"歴史統計の推計方法"にとっては、高島『経済成長の日本史』がもっとも包括的かつ詳細な解説を備えた著作物であると思料される。また掲載されている関連データや利用した資料類の多さ、発表時期の近さから判断しても、同書が本章にとって最適な文献といえよう。よって本章では、他の文献をあえて参照せずに、同書の記述のみを検討対象として取り上げた。

(2) 谷沢弘毅「書評 山室恭子著『大江戸商い白書―数量分析が解き明かす商人の真実』」社会経済史学会編『社会経済史学』第86巻第4号、2017年の86頁。

(3) 谷沢弘毅『近代日常生活の再発見』学術出版会、2009年の511頁。

(4) アンガス・マディソン著・金森久雄監訳『世界経済の成長史 1820～1992年―199カ国を対象とする分析と推計』東洋経済新報社、2000年（原著は1995年に刊行）：同著・金森久雄監訳『経済統計で見る世界経済2000年史』柏書房、2004年（原著は2001年に刊行）：同著・政治経済研究所監訳『世界経済史概観―紀元1年～2030年』岩波書店、2015年（原著は2007年に刊行）。なお以下の本文では、それぞれ原著の出版年でこれらの文献を示すが、引用文とその引用頁数は翻訳書の当該部分を示していく。またマディソンの生涯については、Harry Wu著、攝津斉彦訳「博士の愛した日中数量経済史―アンガス・マディソン氏を偲んで―」『Hi-Stat Vox』No.15、2010年9月2日（http://gcoe.ier.hit-u.ac.jp/vox/015.html）があるが、そのほか斎藤修「解説にかえて」マディソン『世界経済史概観』も参考になる。

(5) 高島『経済成長の日本史』の92頁。

(6) アレンの考え方は、Allen, R.C. (2000) 'Economic Structure and Agricultural Productivity, 1300-1800' *European Review of Economic History, 3* を参照のこと。ここで"消費者理論"とはミクロ経済学にもとづく消費関数（正確には個別需要関数）とみなしてよかろう。ところで（1）式において、農業生産物生産量とは農産物供給量、農業生産物消費量は農産物需要量と言い換えるべきと思われる。なお同式では、実質値が大文字で表記されているため、一般的な表記（名目値＝大文字、実質値＝小文字）と異なっているが、本章では原文に忠実に議論するためこのままとした。

(7) この2つの条件のうち、前者は高島『経済成長の日本史』の94頁、後者は同書の93頁から入手した。

(8) この式は、高島『経済成長の日本史』には記述されていないが、推計上必要となると判断して筆者が追加したものである。

(9) この情報は、高島『経済成長の日本史』の98頁の図2－3の注）より入手した。この数字は、1846年の第1次産業部門の生産量に明治期初頭の第1次産業に占める農業の割合84.36％を掛けて計算している。この文章は本来、本文中に入れるべきであるが、それがおこなわれていないため、筆者の判断により追加した説明である。

(10) 実質賃金データは、Bassino, J.-P., K.Fukao, and M. Takashima (2010) 'Grain Wages of Carpenters and Skill Premium in Kyoto, c.1240-1600: A Comparison with Florence, London, Constantinople-Istanbul and Cairo', Paper presented at the Conference on Quantifying Long Run Economic Development, Venice, 22-24 March. で扱ったデータを加工したものである。

(11) この情報は、高島『経済成長の日本史』の261頁の表7－1の（注）より入手した。

(12) 中村哲の研究成果は、中村哲『明治維新の基礎構造―日本資本主義形成の起点』未来社、1968年の168～171頁を参照のこと。

(13) 高島『経済成長の日本史』の表3－9（137頁）によると、一橋学派による明治初期の実態石高の推計結果は、攝津斉彦・Jean-Pascal Bassino・深尾京司「明治期経済成長の再検討―産業構造、労働生産性と地域間格差―」『経済研究』第67巻第3号、2016年より入手したと明記されている。しかし上記論文をみても同データは掲載されていないため、おそらくこの論文を作成するにあたって推計したものの、掲載していないデータであろう。さらに1874年の新潟・北陸のデータが、表3－9では「453.3万石」であるが、表3－5（A）（132頁）では「269.7万石」となっている。この差はきわめて大きいにもかかわらず、その理由

が記述されていないのは残念なことである。
(14) マラニマの具体的な推計方法については、Malanima, P. (2011)'The Long Decline of a Leading Economy: GDP in Central and Northern Italy, 1300-1913' *European Review of Economic History, 15*(2)を参照のこと。
(15) 高島『経済成長の日本史』の中では、しばしば徳川時代にプロト工業化が進行したと記述しているが、この主張は通説と異なっている点に留意してほしい。すなわち斎藤修『プロト工業化の時代』日本評論社、1985年によると、日本では人口成長が農村工業の盛んな地域で特に高いということはなく、穀物生産が人口成長の主要因であった点が、プロト工業化論とは違う結果であった。その理由は、繊維産業である農村工業に従事したのが主に女性の副業であったこと、そのもとで小農経営が維持されたことがあげられる。このためわが国では、農村工業化がおこっても地域内で農業・非農業に経営が分離せず、持続的な人口増加は発生しなかった。この部分は、谷沢弘毅『近現代日本の経済発展』上巻　八千代出版、2014年の34～35頁を参照のこと。
(16) *S.share*、*T.share*とも、第1次部門GDPを加えた割合としている理由は、「徳川時代において部門別に遡及推計する際の利便性を考慮した」(236頁) と説明しているにすぎないが、この「利便性」とはいかなる状況を指しているのかは不明である。
(17) *S.share*と*T.share*が求められた後の推計作業は、高島『経済成長の日本史』の本文中に記述がなかったため、筆者が独自に推測したものである。なおこのようにして計測したシェアの表が、同書の245頁に表6－3のAとして公表されているが、この数字の計算方法を筆者は未だ理解できていない。
(18) 高島『経済成長の日本史』の263頁。
(19) 高島が表2－1の①の石／人から②の国際ドルへ単位変換する際には、高島『経済成長の日本史』の271頁の図7－1の（資料）によると、攝津・Bassino・深尾「明治期経済成長の再検討」を参照したという。具体的な箇所は明示されていないが、おそらく2009～210頁にある「補論3. Maddison (2001) における1940年と1955年の実質GDP接続方法の再検討」部分と思われるものの、それだけではないはずであるが、その他の情報の出所については不明である。
(20) このような近世の第1次産業の生産額の年次別推計方法は、例えば速水融・宮本又郎「概説17－18世紀」速水・宮本編『経済社会の成立（日本経済史1）』岩波書店、1988年の44頁の表1－1があげられる。
(21) 自家消費が存在すると、その部分は現金支出がおこなわれないため、農産物需要量のうち一部は考慮されないことになる。つまり自家消費分だけ農産物需要量の推計値に下方バイアスが働くはずである。この背景には、洋の東西を問わず家計調査では一般的に、現金収支ベースで収入と支出を把握しているという、調査実施上の問題がある。この問題は、現在でも総務省統計局『家計調査』では考慮されていないが、マクロ統計としてのSNA統計などでは最終的に考慮されている。このため自家消費分を考慮した理論上の所得・消費を計測することは容易ではない。このような家計調査の問題点や理論上の所得・消費については、谷沢弘毅『コア・テキスト　経済統計』新世社、2006年の第8章「世帯統計」が詳しい。
(22) 南の日本経済に関する転換点分析については、南亮進『日本経済の転換点』創文社、1970年を参照されたい。
(23) それならばいっそのこと農業の生産関数を計測して、それにデータを外挿して推計するという考えもあろう。このほうが素直な考え方であるが、生産要素のうち労働力は人口で代理するとしても、耕地面積・牛馬数をいかに推計するかに工夫が必要となる。現状で作成可能かどうかは別問題の話であるが、もし将来的にこれが可能なら「農業生産需要量」という判りづらい用語を使う必要がなくなるほか、パラメーターを直接加工するにしても妥当性は高くなるはずだ。
(24) 高島『経済成長の日本史』の95頁。
(25) 産業間の相互依存性について高島『経済成長の日本史』では、斎藤の主張した「徳川時代後半の経済構造では、各産業間の相互依存が工業化経済水準とほぼ同水準に達して」(254

頁）いた事実を指摘している。もしこの事実を考慮すると、食料支出には食材として使用する食料支出のほかに、（農産加工品としての）加工飲食物向けの食料支出が相応の金額を含めなければならない。しかし高島によるパラメーターの決定にあたっては、このような欧米と異なる相互依存性の事情が考慮されていなかったと推測される。

(26) 代表的な研究成果として、大川一司『食糧経済の理論と計測』日本評論社、1945 年、篠原三代平『消費函数』勁草書房、1958 年、溝口敏行『消費関数の統計的分析』岩波書店、1964 年があげられるほか、展望論文として溝口敏行「日本の消費関数分析の展望」一橋大学経済研究所編『経済研究』第 39 巻第 3 号、1988 年がある。

(27) 高島『経済成長の日本史』の 97 頁。

(28) とりあえず利用した元論文のタイトルから判断すると、穀物賃金が考慮されている可能性が高いが、高島『経済成長の日本史』の本文中ではこの件が一言も言及されていない。なお中世史研究者の桜井英治は、奈良県興福寺多聞院の僧英俊の記した『多聞院日記』を使用して、16 世紀における貨幣の使用状況を入念に調べているが、それによると同期間中にはつねに職人の賃金が米払いであった。また炭・酒・油・塩の 4 品の購入にあたって、銭（銀を含む）と米が価値尺度財（建値）として使用されていたが、その支払い方法は時代・商品ごとに異なっていたことを確認している。そのほかビタ（銭）が我々の通説である「質の悪い銭であるがゆえに人々に忌避された」というわけではなく、なんらかの鑑識眼を持って評価したうえで日常的に使用されていたことも指摘している。詳しくは、桜井英治「精銭終末期の経済生活」同『交換・権力・文化―ひとつの日本中世社会論』みすず書房、2017 年（第 7 章）の 240 頁を参照のこと。なお高島『経済成長の日本史』の参考文献には当資料が掲載されていないため、高島は同資料の内容を検討していない可能性が高い。

(29) 高島『経済成長の日本史』の 96 頁。ここで実質賃金＝名目賃金÷米価と判断した理由として、「(ここでは賃金を米価で除したもの、つまり、名目賃金を米価でデフレートしたものと考えるとわかりやすいだろう)」（同書の 95 頁、傍点は筆者）と含みを持たせた書き方をしているが、とにかく「米価」を明記しているほか、図 2-1 をみるとこのデータに移動平均をしていないなど、なんらの加工もなされていないと判断したことがあげられる。

(30) ちなみに古代・中世における物価・賃金に関するデータベースは、国立歴史民俗博物館のHP 上にある「古代・中世都市生活史（物価）データベース」（http://www.rekihaku.ac.jp/doc/t-db-index.html）があるが、このままでは度量衡が混乱するなど到底データ分析には利用できない。やはり修正後の原系列・接続指数など複数のデータを公表する価値は十分にあるだろう。

(31) 高島『経済成長の日本史』の 136 頁。

(32) 地域別適用から全国計の石高補正率を計算する方法は、高島『経済成長の日本史』の 140 頁の表 3-11 と 134 頁の表 3-6 の数字で計算した。なお速水・宮本推計と高島推計のトレンドがほぼ一致している事実は、同書の 141 頁の図 3-1 と表 3-12 より確認することができる。

(33) 高島『経済成長の日本史』の 135 頁。

(34) 高島『経済成長の日本史』の 136 頁。

(35) 高島『経済成長の日本史』の 143 頁。

(36) 地租改正事業の実施内容（特に実施時期）については、谷沢『近現代日本の経済発展』上巻の 126 頁が詳しい。なお山口県のように、1874 年の時点ではすでに事業が完了していた一部の地域もあったため、全府県一斉に 1874 年から実施されたわけではない点に注意されたい。この点も同書の 126 頁に掲載されている。

(37) 『府県物産表』が公表される前後には、同統計以外にも高島『経済成長の日本史』の表 3-3（129〜130 頁）に掲載されている『郡村石高表』に加えて、内務省勧業寮編『明治六年府県物産表』、内務省勧農局編『全国農表』などの統計が作成されていた。

(38) 高島『経済成長の日本史』の 128 頁。

(39) 和泉清司「近世初期一国郷帳の研究―正保郷帳を中心に」高崎経済大学地域政策学会編『地域政策研究』第 8 巻第 2 号、2005 年 11 月の 8 頁。なおこの論文では、内高のことを

「実高」と呼んでいるが、一般的には内高が使用されているため、筆者が変更した。表高・内高については、谷沢『近現代日本の経済発展』上巻の 96 頁が詳しい。
(40) 高知藩の事例については、和泉清司『近世前期郷村高と領主の基礎的研究──正保の郷帳・国絵図の分析を中心に』岩波書院、2008 年の 295 頁を参照。
(41) 勘坂による研究の成果は、勘坂純市『近世以降の農業水利事業規模の数量的把握と水利慣行の存続・変容の経済学的分析』(科学研究費助成事業研究成果報告書、課題番号：21530348) (https://kaken.nii.ac.jp/ja/file/KAKENHI-PROJECT-21530348/21530348seika.pdf) を参照のこと。
(42) 石高補正率以外の問題とは、以下の問題である。それは、耕地開発に関する土木工事件数による石高補正にあたって使用する石高が林業水産業を含んでおり、耕地開発の対象となる農業のみの石高となっていないことである。この問題点は、同書の 132 頁の表 3 − 5 と 137 頁の表 3 − 9 から推測することができる。ちなみに全石高に占める農業石高の割合は、明治期初頭で 84.36 ％ であったから、この部分の計算間違いも無視できないものである。
(43) 高島『経済成長の日本史』の 232 頁。
(44) 高島『経済成長の日本史』の 236 頁。
(45) 高島による農村工業等に関する説明は、高島『経済成長の日本史』の 231 頁を参照のこと。ただし高島は、農村部における農村工業の発達時期を 18 世紀からとしているが、せいぜい 18 世紀後半からであろう。半世紀は早いように思われる。
(46) 高島『経済成長の日本史』の 255 頁。
(47) 詳しくは、袁堂軍・深尾京司・馬徳斌「長期統計における国際比較──日本・台湾・朝鮮の購買力平価と実質消費水準、1934 − 1936 年」法政大学比較経済研究所／尾高煌之助編『近現代アジア比較数量経済分析』法政大学出版局、2004 年を参照。なおこの論文で使用しているマディソンの推計値は、戦前期のデータの充実しているマディソン『世界経済の成長史』のデータである点に注意のこと。
(48) 斎藤修『比較経済発展論──歴史的アプローチ』岩波書店、2008 年の 84 頁。
(49) ここで一部の研究者とは、以下の文献の著者があげられる。すなわち攝津・Bassino・深尾「明治期経済成長の再検討」では、本文の末尾で「この方法（＝マディソンの方法）に頼ると交易条件の変化等の要因のため、遠い過去の各国間の相対的な豊かさを見誤る危険がある。本来、遠い過去の内外物価水準を計測し、その時代の購買力平価を推計して国際比較を行うことが望ましい。今後は海外の研究者と連携しながら、このような分析も更に進めたい。」（206 頁、カッコ内は筆者）と指摘しており、筆者の意見に基本的に賛成している点を提示しておきたい。
(50) 具体的には、高島『経済成長の日本史』の 288 ～ 296 頁を参照。この箇条書き部分は、原資料で小見出しの極端な短縮化がされているため、ここでは同資料の趣旨に沿って補足説明をおこなっている。
(51) 斎藤の研究とは斎藤『比較経済発展論』の第 3 章（特に 89 頁の図 3.1）、杉原薫は同「世界貿易史における「長期の 19 世紀」」『社会経済史学』第 79 巻第 3 号、2013 年 11 月、同「比較史のなかのヨーロッパの工業化──制度史的接近」『社会経済史学』第 64 巻第 1 号、1998 年、八尾信光は同『21 世紀の世界経済と日本──1950 − 2050 年の長期展望と課題』晃洋書房、2012 年などである。このほか筆者の概説書での使用部分は、谷沢『近現代日本の経済発展』上巻の 3 頁に掲載されている表 1 − 1 （世界主要国の人口・経済成長の比較）である。
(52) マディソンの実施した、1820 ～ 1992 年の日本のＧＤＰに関する具体的な推計方法については、マディソン『世界経済の成長史』の 185 ～ 186 頁に記述されているので参照のこと。なおマディソン『世界経済 2000 年史』では、1873 年、1913 年、1950 年、1973 年、1998 年の 5 ヵ年のデータのみを公表しているので、その他の年次別データは上記資料より利用可能である点に留意してほしい。
(53) マディソン『世界経済 2000 年史』の 284 頁。
(54) マディソン『世界経済 2000 年史』の 284 頁。なお Kuznets (1973) とは、Kuznets, S. (1973), *Population, Capital and Growth: Selected Essays*, Norton, New York. である。なおこのような

方法をさらに詳しく解説した文章として、斎藤修「解説にかえて」の490～492頁があるが、マディソン本人の文章ではないため、あえて引用は控えた。非常に簡潔に記述されているため、興味のある読者は一読を御薦めしたい。

(55) 例えば、サイモン・クズネッツ著・塩野谷祐一訳『近代経済成長の分析』下巻、東洋経済新報社、1968年の第6-6表（323頁）では、先進国13ヵ国の1人当たり生産物などが表示されている。これらのデータは、基本的に日本以外がAngus Maddison, *Economic Growth in the West*, New York, 1964、日本が大川一司・Rosovskyの推計値を使用している。かなり早い時期から、マディソンが国際比較データの推計に興味を持っていたことが確認できよう。

(56) マディソン『世界経済2000年史』の306頁。なお引用文中のMaddison (1998a) とは、Maddison, A. *Chinese Economic Performance in the Long Run*, OECD Development Centre, Paris, 1998のことである。

(57) マディソン『世界経済2000年史』の306～307頁。引用文中のMaddison (1998a) は註(56)を参照。Goldsmith (1984) とは、Goldsmith, R. W. "An Estimate of the Size and Structure of the National Product of the Roman Empire", *Review of Income and Wealth*, September 1984である。また、Gregory Kingが推定したものとは、King, G. (1696) *Natural and Political Observations and Conclusions upon the State and Condition of England* であるが、これはBarnett (ed.) (1936) *Two Tracts by Gregory King*, Johns Hopkins Press, Baltimoreのなかに収録されている。

(58) マディソン『世界経済2000年史』の307頁。

(59) ちなみに一橋大学の名誉博士号授与規則（平成16年4月1日規則第196号）によると、第2条で「名誉博士号の称号は、学術研究若しくは国際交流の発展に極めて顕著な業績をあげた者又は人類文化の発展に顕著な貢献をした者」と規定されており、やはりマディソンの業績が学術研究で顕著であったとみなされたのだろう。ただし残念ながら、マディソンの名誉博士号の授与理由は、是非とも入手したいところであったが、一橋大学の関連情報より入手できなかった点を付言しておく。

(60) 斎藤『比較経済発展論』の88頁。

(61) 高島『経済成長の日本史』の13頁。

(62) 高島『経済成長の日本史』の13頁。

(63) 具体的な参考文献については、マディソン『世界経済2000年史』の300頁の表B-17の（出所）を参照のこと。他の先進国（例えばイギリス）と比べても、わが国の推計値は豊富な先行研究にもとづき詳細な分析が実施されており、例えば「1500～1820年の実質ＧＤＰと1人当たり実質ＧＤＰ」における記述量は、日本が9頁であるのに対してイギリスは3頁にすぎない。

(64) マディソン『世界経済2000年史』の239頁。

(65) 高島『経済成長の日本史』の270～271頁。特に271頁の図7-1では、マディソン推計と高島推計の二つを比較しているため利便性が高い。

(66) マディソン『世界経済2000年史』の201～202頁。

(67) マディソン『世界経済史概観』の379頁。

(68) マディソン『世界経済の成長史』の237頁。

(69) ケネス・ポメランツ著・川北稔監訳『大分岐―中国、ヨーロッパ、そして近代世界経済の形成』名古屋大学出版会、2015年（原著は2000年に刊行）。

(70) マディソン『世界経済2000年史』の49～50頁。

(71) マディソン『世界経済2000年史』の50頁。

(72) マディソン『世界経済2000年史』の295頁。

(73) この部分は、基本的にはヤン・ライテン・ファン・ザンデン「産業革命への道―中世における「ヨーロッパの奇跡」の起源についての仮説と推論」『社会経済史学』第74巻第6号、2009年3月の4頁による。

(74) エリック・L・ジョーンズ著・天野雅敏・重富公生・北原聡訳『ヨーロッパの奇跡―環境・経済・地政の比較史』名古屋大学出版会、2000年（原著は1981年に出版）、デービット

・S・ランデス著・竹中平蔵訳『強国論―富と覇権(パワー)の世界史』三笠書房、1999 年（原著は 1998 年）
(75) マディソン『世界経済史概観』の 101 頁。
(76) マディソン『世界経済史概観』の 102～103 年。
(77) マディソン『世界経済史概観』の 103～105 頁。
(78) マディソン『世界経済史概観』の 202 頁。
(79) マディソン『世界経済史概観』の 205 頁。
(80) マディソン『世界経済史概観』の 394 頁。ここでスーザン・ハンレー（Hanley 1997）とは、Hanley, S. (1997), Everyday Things in Premodern Japan, University of California, Berkeley.であり、ケネス・ポメランツ（Pomeranz 2000）とは、ポメランツ『大分岐』のことである。
(81) Harry Wu によると、ポメランツの 19 世紀分岐説に対して同人は厳しい批判をおこなったようである。この点については、同人の寄稿文で以下のような情報が入手できる。「近年の中国にかんする研究につづいて、彼は産業革命期における経済成長のパフォーマンスにかんする東洋・西洋間の比較研究に再び取り組み、特にケネス・ポメランツに代表される研究者達が、中国は 18 世紀の終わりまで西洋よりも遥かに発展していたと主張した際には、自らの手による 960 年以降の中国の国民所得推計に基づいてこの見解を厳しく批判した。」(Harry Wu「博士の愛した日中数量経済史」の 2 頁)。
(82) 高島『経済成長の日本史』の 16～19 頁。
(83) 山田雄三の先駆的著作は、山田雄三編著『日本國民所得推計資料』東洋経済新報社、1951 年である。

第3章
わが国経済成長の特徴と購買力平価問題
　—推計値の改善に向けた多様な試み

第1節　問題の所在

　超長期GDPを利用する醍醐味は様々考えられるが、もっとも卑近な例は時空を超えて生活水準を比較することであろう。前章では、その代表的な研究者として高島正憲とマディソンをとりあげてその推計方法を検討したが、特にマディソンはこのような超長期経済統計の第一人者として世界的に有名であった。彼のGDP推計は、三段ロケット方式と表現したように古代から近代にかけて実質所得法、増加率法、準SNA法による3種類の推計法を駆使して、1本のGDP系列を作り上げていた。

　このうち実質所得法と増加率法は、特定時点のGDP（または実質所得）水準の目星をつけ、その後に確定しているGDPとの間を一定の増加率で曲線的に結びつけるという手法である。いわば初めから"当たり"を付けることで推計する手法は、分析対象としての特性を決めたうえで分析をする点で、同義反復をおこなっているにすぎない。このような手法は、おそらく他の歴史統計でも大なり小なり採用されていると思われるため、これを筆者は前章で「歴史統計の推計方法に潜む罠」と呼んだ。このような考えは、グローバル・ヒストリーの研究者に多い熱烈なマディソン信奉者からは非難されるだろうが、推計方法の素直な検証においていずれの統計にも潜む問題点といわざるをえない。

　もっともこの問題点があるがゆえ、マディソンの推計値はまったく信頼できないと判断すべきかというと、これは別次元の話である。この問題は、あらゆる構造計算やデザインを描ける優秀な建築士でも、実際の施行は町場で活躍する腕の良い大工にまかせなければならない、という事例を引き合いに出せばよかろう。やはり生涯を賭けて国際比較統計の作成をおこなった、マディソンならではの考

えにもとづくＧＤＰ作成は、他人には真似のできないものだ⁽¹⁾。それでは我々凡庸な研究者は、黙って不信感を持ちつつ彼らのデータを使うしか術はないかというとそうでもなかろう。わが国におけるＧＤＰの長期動向に限ってみても、少なくとも日常的行動から修得した経験知にもとづき検証を試みることはできるはずだ。

　ところで超長期の歴史とは、いわば遥か彼方に見える壮大な風景のようなものであり、目を細めてその中景・近景と比べることで、遠景を含めた全体像が把握できるものである。このような歴史と風景との類似性を考えると、民俗学者・宮本常一が記述していた「父の教え」という小文を思い出す。常一が10歳代の頃、初めて家を出て大阪へ勉強しに行く時に、父親から言い渡された10この内容がある。そのうちの一つを書き出しておこう。

　　「村でも町でも新しくたずねていったところはかならず高いところへ上ってみよ、そして方向を知り、目立つものを見よ。峠の上で村を見おろすようなことがあったら、お宮の森やお寺や目につくものをまず見、家のあり方や田畑のあり方を見、周囲の山々を見ておけ、そして山の上で目をひいたものがあったら、そこへはかならずいって見ることだ。高いところでよく見ておいたら道にまようようなことはほとんどない。」⁽²⁾

　この文章は、奇妙にも歴史研究に通じるものを感じる。見知らぬ土地へ行ったときに重要な「目立つもの」は事件や現象を、その「方向」とは影響を、それを確認したうえで「家のあり方や田畑のあり方を見」ておくとは経済社会の在り方を暗示させる。「そこへかならずいって見ること」とは、原資料を検討することと解釈したい。そのほか研究者は収集した資料を近景で見ているが、それを眺望することはあまり多くないことを戒めているのかもしれない。これより遠景（古代）の実態を中景（中近世）・近景（近代）との比較の中で把握するという解釈、いわば"近景遠景論"が導かれる。出稼ぎをしていた経験から得た父親の教えは、歴史研究者にとっても非常に重要な行動指針を教示してくれる。前章のような個別の推計方法を検討するだけではなく、推計値を超長期の歴史のなかに置きその適否を検討することの重要性である。

　以上の考えにもとづき、本章では高島正憲によって推計されたわが国のＧＤＰの超長期動向を多面的に検討するほか、一部の問題はその解決策を提示すること

としたい。すなわち第2節では、高島が長期データから得た主要な分析結果を抽出するほか、その問題点を検討する。第3節では、その解決に向けてＬＴＥＳで採用された多様な推計方法を提示して可能性を探るほか、あわせて前章で指摘した購買力平価問題に関する簡便な解決策を提案する。最後に、いままでの検討内容の要約とその含意を示しておく。

第2節　経済成長の特徴と疑問点

　まず議論のはじめとして、高島（2017）で指摘されたわが国の経済成長（＝1人当たり実質ＧＤＰの水準や伸び率）に関する主要な観察事実を、おもに同書の結論部分に相当する第6・7・終章の3つの章より抽出して検討しておきたい。ここでは、あくまで推計方法とは切り離して、冒頭で提示した近景遠景論にもとづき推計値やその分析結果の適否に限定して検討していく。

　わが国の経済成長を超長期の視点からみた場合の特徴として、高島（2017）の終章では以下の3点が指摘されている[3]。①古代末期から中世前半の経済停滞、②中世後半の経済発展の力強さ、③中世後半の成長が近世（徳川時代）前半まで持続、という3点に要約される。次にマディソン・プロジェクトにもとづく主要国の1人当たりＧＤＰ（国際比較ベース）の最新推計値でわが国の経済成長をみた場合として、第6章において、④徳川時代前半と比べて、徳川時代後半の成長率は年0.23％と高くなった（このため1874年の高島推計値はマディソン推計値より34％上回った）[4]。特に徳川時代後半には、成長とともに地域間の格差が拡大しており、その傾向は東日本より西日本で強まったと指摘する[5]。

　次にグローバル・ヒストリーの視点にもとづく国際比較を、第7章でおこなっている[6]。わが国の1人当たりＧＤＰが、⑤中世にはイタリア・中国の半分程度だが、エジプト・イラク（中東地域）には追い付きそうな水準、⑥17世紀初頭には首位オランダの約4分の1、西欧諸国の半分以下だが、中東地域を上回る水準、などが明示される。このほか主要国の特徴として、⑦英国は産業革命以前の17世紀半ばより、農業の生産性の上昇によって日本との間で格差が拡大したが、⑧西欧諸国内では、産業革命による工業化が進んだ地域とそうでない地域ができて、19世紀に域内格差の拡大（小分岐：Little Divergence）が発生していた、⑨アジア・中東地域内では、15世紀頃までは日本がもっとも貧しかったが、近世に入ると日本はすべての旧文明国を追い抜いていった、などが報告されている。ちなみ

表 3-1 各国の 1 人当たり GDP 推計の比較

西暦	英国	オランダ	イタリア	エジプト	イラク	中国	日本 高島推計	日本 マディソン推計
1			800	700	700			400
730				730	920		388	
950				690	810		596	
980						853		
1020				600	820	1,006		425
1050				590	770	982		
1090	754					878		
1120						863		
1150				660			572	
1280	679			670	680		531	
1300	755		1,620	610				
1348	777	876	1,515					
1400	1,090	1,195	1,751	730		1,032		
1450	1,055	1,373				990	548	
1500	1,114	1,454	1,533	680		858		500
1550								
1570	1,143	1,432	1,459			885		
1600	1,123	2,662	1,363			865	667	520
1650	1,110	2,691	1,398					
1700	1,563	2,105	1,476			1,103	676	570
1750	1,710	2,355	1,533			727		
1800	2,080	2,609	1,363			614	828	
1812								
1820				475	588			669
1850	2,997	2,355	1,481			600	904	679
1874	4,191	2,721	1,542	649	719	557	1,013	756

(注) 1. 英国〜中国は,下記資料の(注)を参照。日本の 1020 年は 1000 年の数字である。
2. 日本(マディソン推計)は,マディソン(2001)の 311 頁の表 B-21 の改訂値であるが,その水準については大きな変更はない。
(資料) 英国〜日本(高島推計)は,高島『経済成長の日本史』の 275 頁の表 7-4。日本(マディソン推計)は,Original Homepage Angus Maddison(http://www.ggdc.net/maddison/oriindex.htm)より入手して谷沢が作成。

に④〜⑨の事実を確認するために,高島の使用したデータで作成した表 3-1 を掲げておく。これらのデータはいずれも,先述のマディソン・プロジェクトによる推計値であるが,同プロジェクトはマディソンの死後に同人の推計方法を引き継いで立ち上げられた研究者集団であるため,現状ではマディソン推計値と大きく異なることはなかろう。

この表で,「日本(マディソン推計)」より左側の各数値は,マディソン(2001)で公表されたものではなく,先述のようにその後に改訂されたものであるが,比較してみるとほとんど変更されていない。このため改訂時の推計方法が前節で紹

介したものをそのまま採用したかどうかは確認できないが、情報を追加しつつも基本的には同じ手法を使用していたのではなかろうか。このほか高島は特に指摘していないが、中国と英国のＧＤＰ水準を比較すると、データの存在する11世紀以前には中国が英国より勝っていたが、15世紀以降はその立場が逆転している。これは、国際比較データを基本的にはマディソン・プロジェクトの情報に依存しているから、14世紀分岐説にもとづく当然の結果であろう。ただし先述のとおり、高島自身はマディソンが14世紀分岐説を表明していたことを見落としていたため、あえてこの結果に言及していないことを認識しておく必要がある。以下では、突っ込んだ説明がおこなわれている前半の①〜③について、これらの現象が発生した要因を個別にあげておく。

　まず①は、「当時の農業技術では農業生産の上昇が難しかったこと、温暖化が進んだことによって旱害が進んだこと、そして大陸からもたらされた疫病」[7]があったが、「最も重要な要因として、(中略) 律令国家の衰退による政治力・経済力の低下による人口増加へのマイナスの影響である」[8]と説明している。次に②については、「農業技術の向上、二毛作の普及、新田開発による耕地面積の増加による農業生産力の向上があった」[9]ため、これらの影響から人口成長がおこり、これが「戦国大名による領国支配を通じて領地内における生産と人口に対する関心が高まったことを前提として」[10]、経済成長を達成したとしている。それゆえ戦国時代以降の日本経済社会を、戦乱と飢餓が頻発して停滞的であったのか、それとも耕地開発や農業技術といった食糧生産力の上昇や大名領国支配下の富国強兵策によって経済成長がおこったとみるかという論争に対して、後者であったと積極的に支持する結果が得られたという。③の点については、「その背景には徳川幕府の成立による社会経済の諸機構・制度が整備されたことや、各地での城下町建設による都市化の進展があった」[11]という。

　以上のように高島（2017）の分析結果は、全体的には先行研究で確認しきれなかった超長期にわたる事実を発見している。特に①と②については、興味深い内容となっているほか、提示された要因にも納得できるものである。この部分は、おそらく同書の序章で提示された二番目の課題「中世以前の経済社会の評価」に直結する内容であろう。また④以降は、三番目の課題「グローバル・ヒストリーの視点にもとづく比較経済発展分析」の成果と推測することができる。しかし一番目の課題「時代区分論への挑戦」については、いかなる内容を想定すればよい

のか判断しかねる。そもそも同課題の解決には、高島自身は「最終的には一般的な時代区分をまたがって長期間における時系列分析をおこなう」ことが必要であるとしていたが、そのためには特定の推計方法が通常の時代区分をまたいで適用できることが前提となろう。しかし高島（2017）で提示された各推定方法が、第2節の2.2で指摘した各種の疑問点より、それほど柔軟に適用できるとは思えない。ゆえにこの課題については、未だ解明されていないように思われる。

　さらに超長期推計の視点からも、発見事実とその解釈について疑義がないわけではない。ここでは超長期推計上の疑問点3つをあげておこう。第一は、すでに第2章で指摘したように、高島推計の基本的構造は結局のところ第1・2・3次産業のGDPの大半を人口関連データ（人口数、人口密度、都市化率）から推計する大胆な手法を採用している。この方法は、（高島自身の解釈がどうであれ）前近代経済が農業を中心に緩やかに経済成長をしており、しかも人口と農業が密接に関連するという状況下では、直感的には優れた方法といえよう。しかし当方法では、本質的に経済成長の変動の解釈を人口変動の要因と直接結びつけ、統治機構・租税制度・各種天災などの非人口要因を考慮していないため、推計値の変動をこれらの要因と結びつけることは困難である。もっと正確に言えば、これらの非人口要因が発生した場合、それらが速やかに人口関連データの変化に結びつけば問題ない。例えば各種天災は、その可能性が高いかもしれない。しかし統治機構や租税制度の変更は、むしろ人口関連データを変化させず直接にGDPの大きさを変化させると考えられるため、高島推計では技術的に把握できないことになる。

　このような問題を抱えているにもかかわらず、例えば②の成長要因として、高島（2017）の第5章（全国人口の推移）では「戦国大名による領国支配を通じて領地内における生産と人口に対する関心が高まったこと」(12)（傍点は筆者）という興味深い事由を掲げている。それが具体的にいかなる分析作業から導かれたものか、またどのようなメカニズムで関心の高まりが成長に結びついたのか具体的な説明がない。おそらくGDP動向に見合った歴史事象を結び付けたにすぎないのだろうが、それではせっかく構築した計測式が活用されたことにはならず、頑強な理由付けとは言えないだろう。この問題点を解決するには、これら非人口要因を計測式の説明変数に明示的に組み込んでGDP推計をおこなうべきであるが、もしそれが困難であるなら非人口要因に関わる各種情報を、前近代の各種資料から収集する努力も必要となる。特に後者の手法は、推計値の多角的な検証のためにも

表 3-2 高島推計の長期動向

西　暦	実　数			指　数		
	GDP	人　口	1人当たりGDP	GDP	人　口	1人当たりGDP
	(1000石)	(100万人)	(1000石/人)	1721年=100	1721年=100	1721年=100
730	8,695	6.1	1.4	11.2	19.5	57.5
950	10,930	5.0	2.2	14.1	16.0	88.2
1150	12,386	5.9	2.1	16.0	18.8	84.7
1280	11,599	6.0	1.9	14.9	19.2	78.0
1450	20,219	10.1	2.0	26.1	32.3	80.7
1600	41,635	17.0	2.4	53.7	54.3	98.8
1721	77,603	31.3	2.5	100.0	100.0	100.0
1804	93,296	30.7	3.0	120.2	98.1	122.6
1846	106,900	32.2	3.3	137.8	102.9	133.9
1874	129,541	34.8	3.7	166.9	111.2	150.1

(注) 実質ＧＤＰに総生産（石）を使用した理由は、第４章の2.1.を参照のこと。
(資料) 高島『経済成長の日本史』の図8-1（284頁）の基礎データ（268頁のＡ表（系列1））より谷沢が作成。

重要であるが、残念ながら高島（2017）ではこのような場合でもほとんど使用されていない。

　第二として、高島は古代から近世初期までの重要事実として上記の①～③を提示したが、注意深くみると見逃している事実がある。すなわち高島がこれらを導くにあたって利用した図8-1（284頁）の基礎データにもとづき筆者が作成した表3-2をみてほしい。この表によると、1人当たりＧＤＰの指数（1721年=100）が古代において730年=57.5から950年=88.2へと、大幅な上昇が確認される。730年は奈良時代、950年は平安時代中期であるが、1人当たりＧＤＰが平安時代中期になって奈良時代よりも大幅に上昇し、しかも同水準が中世以前のなかで最高値であったことは注目すべき事実である。すなわち950年の水準が1450年=80.7よりも高い（つまり1人当たりＧＤＰが大きい）のは、素直に予想外の結果と感じた。この推計値は、西洋史と同じように"中世暗黒史観"に立つものであり、いわば古代の復権にも通じる考え方を提示している。中世では、長いこと"経済退化"が発生していたと言えなくもない驚くべき数字である。読者も、高島が斬新な結果を見落としていることに意外性を感じるだろうが、はたしてこの推計結果は妥当性を持つのだろうか。

　この動きの背景には、同書の表7-1（261頁）で示されている1人当たり農業生産量が730年=1.04石から950年=1.60石へと大幅に上昇したことが関連して

いるだろう。この数字は、あくまで農業の労働生産性（農業生産性）とはいえないが、当時の就業者数のほとんどが農業部門であったことを前提とすれば、950年の高ＧＤＰ水準の背景には高生産性農業が達成されたと読み替えることができる。そして950年における農業生産性の水準は、ようやく1804年＝1.62石で抜くことができるため、古代にこれほど高生産性社会が成立していたことに違和感を持たざるをえない。1人当たりＧＤＰは、国風文化が開花した時期の950年が足利義政の日明貿易時代にあたる1450年よりも大きいとみることは、よほど勇気がないと言えないだろう。

　この疑問点に関して、高島（2017）では直接に説明している部分を見つけることはできない。わずかに第1章において、ウィリアム・マクニール『疫病と世界史』で提唱されている「ミクロ寄生（microparasitism）」と「マクロ寄生（macroparasitism）」という有名な概念を用いて、950年から1150年にかけての農業生産性の低下をミクロ寄生（疫病）とマクロ寄生（律令国家に対する農民負担）によって、人口・生産の成長をともに抑止する効果が発生したためと説明している[13]。その説明は難解であるが、少なくともここで問題としている950年の高生産性農業のメカニズムやその後の長期低迷の理由の説明はおこなわれていない。なお寄生関連の議論は、高島の第5章でも鬼頭とファリスの古代における人口動向との関連で若干類似した記述が確認できるが、そこでは人口動向が大きく異なっている両者の議論を統治機構の変質・天然痘の流行と関連させ参考までに提示しているにすぎず、かならずしも高島自身による明確な判断が示されているわけではない[14]。またこのような事実は、先に提示した第一の問題点にも通じる話であることを指摘しておきたい。

　もちろん以上の主張は、明確な根拠にもとづくものではなく、筆者の直感にもとづく近景遠景論に従ったまでである。ただしこの直感を裏付けるいくつかの傍証を示しておくべきだろう。まず両年の中間期に発生した歴史事象を若干掲げておきたい。例えば、日明貿易で大量の銅銭が輸入されたことで、貨幣経済が浸透していった。これはマネーの側面から経済成長を加速させたはずである。また国内では、11世紀後半（平安末期）には平泉で奥州藤原文化が開花したこと、9世紀より僧兵数千を数えていた慧日寺（福島県磐梯町）が12世紀後半には越後国東蒲原郡小川庄75カ村を所領としたほか、同寺の周辺では門前町が形成されていたこと、13世紀前半には永平寺（福井県永平寺町）が創建されたことなどがあげ

られる。これらの事例は従来、人口希薄であった東北・北陸等にも、中世に入って比較的大規模な人口集積地域が誕生したことを意味しており、特に2・3番目の事例は山岳部における宗教都市の出現によって、定住可能地域が山間部へ拡大したことを示している。当然ながらこれらの人口を維持できる背景には、山岳部の周辺まで開墾が進んで持続的な農産物生産が可能となったほか、林産加工も活発化したことが推測されるから、950年＞1450年という経済水準のイメージとは異なったものである。

　ちなみに高島（2017）の第4・5章の人口推計部分では、かならずしもこれらの歴史上注目される事象が、きめ細やかに分析されているとはかぎらない。例えば、第5章の表5-5「中世都市の推計人口」（184～185頁）は、五畿七道で分類されているため東北地方は東山道に分類されるはずだが、そこには平泉が含まれていないほか、山陽道では山口・尾道のわずか2都市にすぎない。瀬戸内海は、おそらく中世には様々な海上輸送の要衝として、山陽道の2都市以外にも鞆の浦・倉敷・兵庫湊（ただし畿内に位置）など複数の港湾都市が連担していたはずであるから、あまりに少なすぎよう。この関連では都市化率の推計方法が、この表に掲載されている48都市にすぎず、しかも各都市で数値の入手できる年次が大きく偏っているにもかかわらず、それを「1000年から1600年までの50年ごとのベンチマーク年で推計」[15]するのはかなり粗い推計である。とにかく商業・港湾都市の重要性は強調されているが、宗教都市などについてはほとんど言及されていないほか、それを可能とした経済基盤の強化は、上記の2時点比較で注目していない。

　中世の都市に関しては、都市数だけではなく1都市当たりのデータ数（つまり年数）が少ないことも気になる点である。すなわち表5-5に掲載された48都市のうち41都市が1年のみであり、時系列の分析が困難であるからだ。もっと年数を増やさない限り、正確な分析は望めないだろう。徳川時代については、同章の第2節で斎藤誠治によって推計された1650年、1750年、1850年の3ヵ年に関する全国64都市の人口推計値が分析されており、ある程度の知見が記述されているが、その中世版が求められている。また上記の宗教都市など、新たな都市の発生原因にも注目していく必要があるはずだ。これらの情報収集は容易ではなかろうが、歴史考古学、歴史地理学といった隣接分野の研究成果を積極的に活用することでデータをそろえない限り、非1次産業の推計などで正確な推計は望めな

いだろう。

　さらに古代の農業生産量が過大推計であった可能性も無視できない。また農業生産量の推計方法が、古代は各種租税資料にもとづく農地×土地生産性の積み上げ計算方式であるのに対して、中世は農産物需要関数にマクロデータを外挿したマクロ推計方式、近世は石高調査資料にもとづく積み上げ計算方式といったように、各期間で異なる方法を採用していることも考慮すべきである。そのもとで古代を中世よりも過大に推計したため、かえって中世の"停滞感"が導かれたのかもしれない。一般的に積み上げ計算方式は、マクロ推計方式よりも推計精度が高くなるように考えがちであるが、今回の事例ではかならずしもそのようにはなっていない。なぜなら繰り返し指摘しているように、積み上げ計算方式で採用された古代の農業生産性が1人＝1.60石となるなど極端に高いからである。これらの事情から推測すると、原因の解明はそれほど簡単だとは思われないが、積み上げ計算方式であればその解明・修正は可能であろう。

　一方、非1次産業でも、同書の表5－11（206頁）で示されている都市化率が950年＝2.4～3.1％となり、1450年＝2.5～2.7％よりも高水準であったことが影響していたのかもしれない。これらの数字が強い仮定のもとで推計されている点は、先述のとおりである。ちなみに1000年代以降の都市化率減少に関連して、高島は「この時期の都市人口は平城京・平安京に代表される大規模な都城における都市人口のみの推計値であるため、平安京が衰退していった古代後半にかけて都市化率は低下の一途をたどっていたこと」[16]を指摘している。このような指標の定義に関する事情を考慮しても、当時のＧＤＰの過半を占める農業が地方圏で発生していたことを前提とすれば、950年における1人当たりＧＤＰの突出した水準とその後の大幅な減少には意外な感じを受ける。

　このように推計データの信頼性が低いがゆえに、古代の観察結果をあえて無視したまま「最初の経済成長の萌芽は14世紀後半から確認でき（る）」[17]（傍点とカッコ内は筆者）としたのかもしれない。もちろん高島が"経済成長"という用語をいかなる意味で使用していたのかが不明であるため、明確な判断を下すことができないが、少なくとも「ＧＤＰ増加率の持続的上昇傾向」とみなすなら、上記のような推測は可能であろう。あくまで推測の域を出ないが、計測式の妥当性と推計値の解釈にとって無視できない部分である。いずれにしてもこの現象は、各説明変数の動向をもっと詳細に検討しないかぎり素直に認めることは難しい。

量が消費量（需要量）をベースとして推計していると思われるため、これを下回って農業生産量（供給量）が推計されたのは辻褄の合わない話である。この部分は大いに注目しておかなければならない（なお高島（2017）では、第2章で示した農業生産量消費量と農業生産需要量の関係について、いっさい説明されていない）。

　この点に関して、高島は貨幣制度の混乱がおこったことを理由としてあげるが、だからといって中世では1280年、1450年の2時点のデータのみ信頼性が高いとみなすのは恣意的であるように思われる。なぜなら第2章で、中世後半に農業生産が成長していたと指摘したうえで、その理由として「生産における技術という農業的側面だけでなく、農業経営や土地制度、商業流通の進展、領国支配による列島の社会構造の変化などの当時の経済社会の状況と相互に作用しながら進んでいった」[18]ことを強調している。もしこのように考えるなら、図3-1（A）の農業生産需要量における16世紀（1500-09年、1550-59年）における上昇はなんら異常な数値とはいえない。さらにしばしば指摘しているように、1600年に関しては石高補正率に関わる問題があるため、現状では信頼性という点で疑義が持たれるからである。

　貨幣制度の混乱については、すでに前章でも取り上げたが、その実態はほとんど解明されていない。この現象は、超長期ＧＤＰ推計にとってきわめて重要であるため、須らく事前の分析が必要であったはずだ。筆者は、この問題では現物給与として使用されたコメが通常の販売商品としてのコメと価値・価格が異なることで、いわば二重価格のような状態が自然発生していた可能性があったと推測することもできる。このほか情報収集地域の変更といったサンプリング上の問題点も考えられるが、このような大胆な議論が通用するか否かは今後の再検証に任せる以外にない。ただし高島（2017）のように、特定時点の推計値のみを採用し、その他の推計値は採用しないという恣意的な解釈は、きわめて危険な推計方法である。危険というよりも、計量分析における"禁じ手"を使ったというべきかもしれない。やはりその原因の詳しい検討をおこなったうえで、新たな賃金データの作り替えが必要であろう。

　図3-1（A）については、このほかにも興味深い事実がある。それはB部分で示された、1650-59年および1750-59年の農業生産需要量と1721年の農業生産量の乖離である。これも1600年の場合と同様に、供給量が需要量より少なくなるという異常な事態となっている。やはりなんらかの要因が隠れているはず

である。しかしC部分になると、ほぼ農業生産量と農業生産需要量の水準は一致しており、順当な結果に落ち着いている。このC部分より、同時期における需要関数にもとづく中世の推計方法と数字の積み上げによる近世の推計方法がいずれも妥当な方法であると仮定すると、A部分、B部分における乖離はいかに解釈すべきであろうか。一つの考え方としては、第2節で指摘した近世の農業生産量を推計する際に使用した石高補正率が不適切であったという解釈もできる。このように図3-1 (A) は、様々な可能性を我々に与えてくれるきわめて注目すべき図であるが、残念ながら高島（2017）を読むかぎりこれらの疑問点を解明することはできない。この延長線上では、高島が中世の後半部分のみ貨幣制度の混乱という理由からその推計結果を棄却した操作を正当化する根拠を見つけ出すことは難しい。少なくとも真実の推計値を確定するためには、第三の資料や推計方法の導入が求められよう。

　余談になるが、以上の話に関連して次のようなことを思い出した。筆者の所属する大学にかつて在籍していた日本経済史の先輩教員が、筆者に対してつねに推計方法は3つ以上採用すべきであると主張されていた。その際に、二つの方法では不安定で立たせることができないが、3つの方法によって"ちゃんと立つ"という譬え話をしていた。"立つ"という表現が具体的に何を意味しているか聞く側によって多様であろうが、なんとなくおもしろい表現であるとともに、理解できそうな話である。検証作業は多いほど良いに決まっているが、少なくとも3つはほしいという意味に捉えたい。

　ところで図3-1 (A) は、指数化された図であるため実態を把握するには見やすいものとはいえない。そもそも両系列とも同じ単位（石／人）を使用しているほか、さほど大きな変動幅があったわけではないから、実数で比較するほうが容易である。それにもかかわらず高島があえて指数化して作図をした理由は不明である。そのために筆者は、まず表3-3のように図3-1 (A) の原資料にもとづき実数で比較した表を忠実に再現してみた。この表で1人当たり農業生産量（A）は、この資料の説明に従ったデータであるが、残念ながら古代の数字が極端に高くなっている反面、近世の数字は低くなっている。

　そこで同書の他の部分から該当しそうな数字を探し出したものが、1人当たり農業生産量（B）である。この数字によって図3-1 (A) の水準にだいぶ近づいてきたが、1846年のデータが2つある反面、1850～59年のデータが存在しな

表3-3 1人当たり農業生産量と1人当たり農業生産需要量の推移

高島(図2-3)で選択された年次	1人当たり農業生産量					1人当たり農業生産需要量
	農業生産量(A)	人口	1人当たり農業生産量(A)	農業生産量(B)	1人当たり農業生産量(B)	
	1000石	1000人	石/人	1000石	石/人	石/人
730	15,995	6,100	2.62	6,329	1.04	
950	22,705	5,000	4.54	7,990	1.60	
1150	23,773	5,900	4.03	9,035	1.53	
1260–69						1.39
1300–09						1.29
1350–59						1.34
1400–49						1.39
1450–59						1.39
1500–09						1.70
1550–59						1.86
1600	19,308	17,000	1.14	25,879	1.52	
1600–09						1.91
1650–59						1.76
1721	31,260	31,290	1.00	41,173	1.32	
1750–59						1.65
1804	37,814	30,691	1.23	49,604	1.62	
1846	43,122	32,212	1.34	56,571	1.76	1.76
1850–59						
1874	48,969	34,516	1.42	64,861	1.88	

(注) 1. 農業生産量(A)と1人当たり農業生産量(A)は、高島(2017)の図2-3の(資料)にある説明どおり（同書の表1-10、表3-6の数字を表4-5の数字で割ったもの）に計算したもの。
2. 農業生産量(B)と1人当たり農業生産量(B)は、高島(2017)の表7-1の数字に変更した。
3. 1人当たり農業生産需要量は、高島(2017)の図2-2より入手した。この数字は、同書の図2-3の(資料)の説明に従ったものである。

(資料) 高島『経済成長の日本史』の図2-3の説明にもとづき、同書の表1-10、表3-6、表4-5、図2-2の各数字より谷沢が作成。あわせて同書の表7-1を追加した。

かったため、完全には再現できなかった。とりあえず同図をみると、全般的に類似した形状ではあるほか、同（A）の注目点A、B、Cが、同（B）ではD、E、Fに対応していることが確認できるため、上記の指摘事項は引き続き適用できるだろう。ただし古代の数値が大きく異なっているほか、その他の時期でも大小関係が若干異なっているため、やはり図3-1（B）のような図を作るべきであった（もちろん資料出所も、錯誤のないように慎重に記述すべきである）。

これらの事情を考慮すると、古代から近世までそれぞれ多様な問題を抱えていることがわかる。ただし前章の推計方法や本章の推計結果に関する問題点を総合的に評価すると、1人当たりGDPデータの推計精度は、古代＜中世＜近世となるのではないかと推測される。特に1600年を境界として、大きな段差が発生し

ているように思われる。宮本常一の父親の発言に譬えて言えば、我々の実感から判断して遠景としての古代、中景としての中世が、その距離感にそぐわない大きさのＧＤＰとなっているように思われる。これがたんにＧＤＰの推計だけの問題か、人口推計も関連した話なのかを判断することは容易ではないが、おそらく大半はＧＤＰによるが、まったく人口が関係ないとも言い切れないように思われる。第三者がこれらを検証することは、もっとデータの開示をしてもらわないと現状では不可能であろう。

　なお検討対象としてきた"1人当たり石高"は、前近代経済にとって最重要データの一つであるから、農業生産の実態から各数字の内容をもっとも正確に検討すべきであった。中途半端な分析（または説明）が、かえって推計値の信頼性を大きく低下させている。各推定値のデータチェックを厳密におこなわないと、「中世後半の経済発展の力強さ」という興味深い結論も導くことができないだろう。統計の作成は、製造現場の"ものづくり"と同じように慎重さと緻密さが求められる作業であるため、これらの基礎作業をしっかりとおこなうことで統計の信頼性を高めてほしかった。また作業過程で、表3-3のような複数の同一名称のデータが作られる場合には、その定義を明らかにするほか、データの名称を変えることによってデータの判別性・一覧性を高めておくべきである。ちなみにＬＴＥＳの報告書では、これらの退屈ではあるが重要な作業が手抜きせずにおこなわれ、しかも多様なデータ系列がいくつもの付表として公表されていた。

　要するに、高島（2017）のような推計値の算出を中心テーマとした専門書の場合には、推計方法、推計データとその使用データ、分析結果が、三位一体となって過不足なく記述されることが重要であり、場合によっては"商品のわかりやすい取扱説明書"であることが求められている。なおＬＴＥＳの報告書をみると、各巻とも「第1部　分析」、「第2部　推計」、「第3部　資料」の三部構成となっている。ここで第3部の資料とは、いわゆる参考資料であり、推計上で使用した各種データ系列、詳細な内訳表などが掲載される部分であり、実はこの部分がきわめて重要な情報を提供してくれる。また第1部の分析は、分析結果を中心として適切な図表に従って文章が記述されているほか、第2部は推計方法の再現可能性を担保するものである。このような編集方針は、我々研究者にとって推計値の頑強性と推計の具体的手順を確認するうえで安心感を与えてくれる。無理強いするわけではないが、超長期ＧＤＰ推計でもこのような編集スタイルが望ましいよ

うに思われる。

　次に④〜⑨について論評しよう。これらはいずれも1990年国際ドルで修正された数値を利用しているため、この点についての批判はあるが、これを除いて検討していく。まず④の事実は、読者側からみてマディソン推計が当時の日本経済を過小評価していたことを我々に知らしめた。そして高島は、「1874年の高島推計値はマディソン推計値より34％上回った」背景として、1）徳川時代後半が一概に農業経済であったとはいえないこと、2）英国の産業革命期に近い分業と市場の進化がおこっていたこと、を指摘する[19]。しかしこれらの理由は、あくまで今回の推計作業から導いた事実ではなく、西川俊作らによる1840年代の防長地域の先行研究の成果やそれを改訂した斎藤修の研究を援用したものであったから、可能性を示唆した程度のことである[20]。とはいえ既存の研究成果と整合的な推計結果となった点では、注目すべき知見である。

　さらに⑤以降の事実については、マディソン・プロジェクトに従い各国の研究者が歴史データを活発に推計したことで初めて明らかとなったものだ。つまり高島自身の推計作業で得られたデータではないが、いずれの事実も近年における経済史分野からみたグローバル・ヒストリーの大きな成果であろう。このため興味深い内容であることは確かだが、本書の趣旨からみると、これらの推計方法が詳述されていない以上、その推計結果を完全に信頼できるわけではない。また④でわが国の推計値に関して、高島推計とマディソン推計で大きな乖離があったという高島の発見した事実から判断すると、表3−1の国別推計値がそのまま利用できない可能性も出てくる。それにもかかわらず⑤以降では、引き続き各国ともマディソン・プロジェクトの推計値を利用して国際比較をおこなっているから、この国際比較自体があまり有意義ではないことにはならないだろうか。もちろんこれらの推計値は、既述のように購買力平価問題が解消されていない点も追加しておこう。

　なお⑨では、高島は"小分岐"という概念を提示している。ポメランツは、"大分岐"という用語は使用しても小分岐は使っていないから、この用語は高島の発明品であろう。このような新たな概念を作ることは構わないが、作った以上はその定義を示すべきであるが、それが見当たらない。この概念が、規模と関わる概念なのか、それとも地域と関わる概念なのか、大分岐とどう区分するのか、この概念を使用することによりいかなる現象（メカニズム）を説明できるのか、

がわからなかった。見方によっては、たんなるキャッチフレーズを付けただけのようにも思われる。もし新たな歴史現象を発見したというなら、その概念を使っていかなる状況を解読できるかを、是非詳しく説明してほしかった。

第3節　推計方法改善の試み
3.1. 推計方法の多様性
　以上のような推計方法に関わる問題点の解決に向けて、いかなる方法が考えられるだろうか。残念ながら現在のところ、その解決方法は手探りの状況にあり、しかも個別事例ごとに様々な問題が発生しているため、適切に対処する方法を抽出することも困難である。また一般の解説書でも、ＳＮＡ統計の推計方法は言及されることはあっても、近世以前を対象とした超長期ＧＤＰ推計に限ってそれが詳しく解説されたものは未だ出版されていない[21]。むしろ通常の解説書に掲載されている現行のＧＤＰ推計方法が、数世紀前のそれにはまったく無力であることを思い知らされるはずだ。

　そこで本章では、かつてＬＴＥＳのなかで採用された各種の推計作業に注目してみたい。なぜなら近代に限ってみても、統計調査の不完全な時代にあって各種の資料類を柔軟に加工して、ＧＤＰといった高度に抽象化された経済データを緻密に推計しているからである。直接的に言い方をすると、この統計以外に参考とすべき情報はないとまで言い切ってもよかろう。近年はＬＴＥＳの改訂作業が現れてきているため、読者側はＬＴＥＳを持ち出すことに違和感があるかもしれないが、現在でも推計方法に関して多くの多様な情報と新方法への示唆を入手できる（ＬＴＥＳの改訂の件では、攝津斉彦による第3次産業所得の再推計を第5章で扱っている）[22]。ここでは1人当たりＧＤＰに限定せずに、広く各種データの推計作業に関連する情報を解説するとともに、前節までの推計上の問題点の解決についても言及しておきたい。

　ＬＴＥＳの推計作業は各担当者が自由におこなっていたが、採用された推計方法は各統計書の「第2部　推計」部分にとりあえず書き留められている。ただしこの推計方法は、当該数値の個別事例としては貴重であるが、それを集約化して記録した文献やその良否を統一的に検証した文献は見つからない。ただし後に、同書が日経経済図書文化賞の特賞を受賞したことを記念して開講された、統計研究会のレクチャー・シリーズ「日本経済の長期発展過程―戦前・戦後」を取りま

とめ、篠原三代平の編集による『日本経済のダイナミズム』が出版されている[23]。同書では、LTESを執筆した研究者数人が作成の苦労話を記述しているため、その推計方法の特徴を垣間見ることができる。特に篠原三代平は、LTES全14巻の代表編集者の3人のうちの1人（残りは大川一司、梅村又次）であり、もっとも推計作業の全体像を知る人物といってよかろう。同人自身も、LTESのうち第6巻『個人消費支出』、第10巻『鉱工業』を非常な苦労をともないつつ推計しているため、これらGDPと直接結びつく主要データを推計するにあたって使用した考え方を、同書より紹介しておくことは意味があるだろう。

　もちろんこれらの方法は、直接に前近代のGDP推計に適用できるわけではないほか、彼らの採用したすべての方法でもない。しかし推計方法に関する多様な情報を提供してくれ、推計に関する考え方の一端を窺うことができる貴重な情報が含まれている[24]。とりあえず以下では、主要事例4つに関わる引用部分を提示しておきたい（なお具体的な推計方法は、引用文末尾の注書きを参照。また[ ]内は筆者）。

① 豆腐生産額の推計

　「たとえば、豆腐の生産額です。豆腐の統計は、戦前は皆無でした。しかし、みなこれを食べたのです。これをどうやって推計するかということが『個人消費支出』を担当した私の一つの悩みでした。私は、一方では、豆腐の原材料である大豆の用途別消費量を手掛かりとして、これを大豆と豆腐の間の投入原単位で割ることによって、また他方では、豆腐屋1軒当り年間生産量の平均値を府県別に求め、それが府県ごとにそれほど差がないことに注目して、豆腐の生産量を推計することを考えました。この二つの方法で推計したところ、両者の推計値にはあまり差がありませんでした。このときには、「よし、しめた」と思ったものです。このように、図書館に足を運んでは無から有を創り出し、数々のボトルネックを克服し、そして、推計を進める努力を続けました。」[25]

② 味噌・醤油・酒類の生産額の推計

　「[1886年に公表を開始した]『農商務統計表』の味噌・醤油の工場生産額を『全府県物産表』の1874年まで遡らせたとき、後者の生産量のほうがはるかに多い。むしろ、『物産表』の生産額には、自家醸造分の推定額も含まれて

いると判断せざるをえませんでした。たしかに、今日の統計調査から考えれば、自家醸造まで含めることは「推定」を含んでいることであって、センサス調査としては邪道でしょう。しかし、当時わらじがけで全国を歩いた調査担当の方々は、完璧を期すという意味で、こうした自家醸造分までを含めることをあえてしたと、私には考えられるのです。このように味噌・醤油の自家醸造量までもが含まれているという意味において、日本で最初のセンサス統計は非常にカバレッジの高いものであったといえます。

　それだけではありません。『物産表』には事実上密造酒までもが含まれていたと判断できます。1874（明治7）年『物産表』による濁酒の生産量は18万1628石、『主税局統計年報』ベースのそれは、1883年において3万5020石と約五分の一に急減します。しかし『東北六県酒類密造矯正沿革誌』（仙台税務監査局、1920年）によると、明治30〜40年代における密造酒が当時毎年10万石を超えたことが指摘されています。とくに、東北地方でそれが広範に行われた背景を説明する書物を見出すことができたので、私はこれに勇気づけられたといってよいのです。」[26]（なお引用文中の『全府県物産表』、『物産表』はいずれも同一資料であり、その正式名称は『明治七年府県物産表』である。そしてこの密造分を『物産表』から控除して生産数量を推計している）。

③ **工業生産額の推計**
「[1919年以降のデータが入手できる]『工場統計表』とオーバーラップして、明治初年からの『農商務省統計表』があり、ある時期には『商工省統計表』が出ています。この二つからは貴重なデータを得ることができます。そこでは、掲載されている品目は限られていますが、それでも零細事業所を含む全生産額が示されているからです。そこで、これらの統計の生産額に基づいて「主要品目の長期系列」を作成しました。そして、それをベースとして1919年の『工場統計表』の生産額を過去に引き伸ばす方法を採用したのです。ところが、その生産額を過去引き伸ばしたときに、1874年の『物産表』よりも過小となる品目が多かった。私は先に述べたような意味で『物産表』の数字を信頼し、『農商務省統計表』などとギャップが生じる場合にはそのギャップを明治の末期頃まで次第に小さくしていくような統計的操作を加えました。」[27]

④ 個人消費支出の推計

「GNPのなかで、個人消費支出はとりわけ大きな比重を示しています。これを食料費、被服費、住居費、光熱費その他のいろいろの費目にわけて推計する場合に、明治期には頼りになる家計調査はありません。したがって、生産からスタートして輸出入を調整し、流通経路における運賃・マージンなどを付加して、個々の品目の最終消費を見つけねばなりません。ここではいちいち説明できませんが、私はいわゆる「コモディティ・フロー法」や「小売評価法」といった手法を使って、その推計に立ち向かったといえます。長期にわたって、こうした方法を適用した例は先進国だと数えるほどしかありません。しかし、その結果を既存の二つのデータによってチェックしてみましょう。昭和初期には経済審議庁（現経済企画庁）の公表系列があります。これと私の推計の相違は表1のとおりであって、私の方が一見過大であるかにみえます。特に、食料費についてそうです。」[28]

*

以上のように、個別の推計作業にあたって縦横無尽に各種資料・情報を活用していたことがわかる。まずこれらの記述から、篠原たちがいかに資料類から不純物を取り除きつつ目的の数値が抽出する努力を惜しまなかったかを感じることができよう。そこから普遍化した推計方法を導出するとすれば、次のとおりである。まず引用部分のうち、生産面のデータは①、②、③、支出面のデータは④となる。このうち①では原料データをもとに生産量を推計する方法［原単位推計法］、1店舗当たり平均生産量から総生産量を推計する方法［店舗積み上げ法］が採用されている。以上の推計方法のうち［　］で囲ったものは、筆者が便宜的に命名した方法であり、篠原ほかの研究者によってその重要性が明確には認知されていない点に注意されたい（以下同様）。このうち前者の原単位とは、製品1単位の生産にあたって標準的に必要な投入物の数量のことであり、従来のわが国産業界では原材料コストの引き下げのために、この原単位という概念が盛んに使用されてきた。バブル崩壊後は、実業界・学界（または工業経済論や産業論などの研究分野）とも、それに関する関心が急激に薄れてきたように思われるが、歴史統計の推計などの場合には現在でも十分に利用できる貴重な概念であろう。

②では、二つの統計集を比較して自家消費分を加算した方法［自家消費追加法］が利用されているほか、④では現代のSNA統計でも採用されている、伝統

的なコモディティ・フロー法・小売評価法を利用して、生産額や生産数量から支出額を推計する方法が採用されている（このほかに"小売り販売法"と呼ばれる方法もあることが知られている）。もし、これら複数の方法を同時に実施して、そのなかで最善の推計値を決定するとすれば、これは［複数方法比較法］と呼ぶことができる。さらに入手できる複数の同一時点・同一項目のデータを比較する［複数データ比較法］が①、②、③で採用されている。特に③では、『工場統計表』、『農商務省統計表』などのお馴染みの複数の統計を品目別に比較して使い分けるほか、それらが一致しない場合には一定期間のなかで徐々に修正する統計的操作をおこなう方法が示されている。一読するだけなら気に留めない方法のように思われようが、実はこのような素朴な方法が意外に重要な推計方法である。

　歴史統計の作成にあたっては、研究者各人が推計値の性格に応じて実に多様な方法を使い分けていることが理解できよう。もちろん特定のデータに関して、複数の方法が利用されることも頻繁におこなわれている。このうち最後の複数データ比較法は、ＬＴＥＳの他のデータ推計でも積極的に活用されており、1874年の『府県物産表』の掲載データをベンチ・マークとして、以後の関連統計で得られる複数のデータを加工する（具体的には一定比率で増額する）ことで時系列データを推計している。いわば猿橋（山梨県大月市の桂川にかかる刎橋）のように、両岸から木組みを少しずつせり出すことによって、最終的に橋を作り上げる方法と同じ方法が採用されている。けっして過去に向けて直線的に延長しているわけではないが、その一方では"橋頭堡"としての『府県物産表』に類した信頼度の高い情報を入手できなければ推計できないという欠点を持っている。

　この橋頭堡の重要性を再認識させたことは一橋学派の貢献であろうが、特定時点以外の時点については既存の他時点のデータを接続して推計する必要が生じる。いわゆる補間推計である。補間推計の具体的な方法として、ＬＴＥＳ『農林業』ではベンチ・マーク法、リンク法、比率法、直線補間・補外法などが示されている[29]。このうち最後の直線補間・補外法の代表例として、以下に等差補間、等率補間の二つの事例をあげておこう。

　ＬＴＥＳは、1885～1940年の年次別データを毎年推計しているため、データ欠落年次は各担当者ともおおむね「等差補間」を採用して推計していた（この事例は、第5章でしばしば議論する予定である）。これは、推計できた2時点のあいだの年次を直線的に補間するために、差分を均等に刻むことを意味しており、とり

たてて違和感のない方法といえよう。一方、マディソンは、前章の3.1.で明らかにしたように、増加率法を採用した期間では2時点間を複利計算が可能なように同一冪乗としている。いわば「等率補間」とでも呼べる方法を使用している。あえて冪乗とした理由は、計測すべき年数が場合によっては1世紀を超えるような、きわめて長期間であること、経済成長の概念がつねに前年比といった等比データで把握されること、の二つの理由によると推測される。どちらの方法がベターかを択一的に決めることはできないが、個人的にはなるべく推計時点を多くして、等差補間を適用していくべきと考えている。

　さらに時代を遡ると、対象となるデータが無い（ただし関連データは存在する）場合が多いため、新たな発想で推計方法を見つけざるをえないこともある。この場合には、いかなるアプローチを採るべきであろうか。もっとも代表的な方法は、類似の新資料を発見することであるが、現状ではきわめて困難な場合が多い。これに代わる方法として、既存の資料を新たな視点から再活用する方法が考えられる。様々な方法があろうが、例えば（a）母集団の一部を形成する特定地域・特定階層または店舗・集団等のデータを入手する方法［代表事例法］、（b）密接な関係とはいかないまでも、貨幣鋳造・輸入高、株仲間店舗数などの動きのように、間接的に当該経済活動に影響を与える数量データ等を入手する方法［代理事例法］、（c）時系列で編集された資料中より「増えた」、「減った」などの文字情報や、特定項目の掲載数を集計する方法［文字情報集計法］、などが考えられる。

　このうち（a）の代表事例法としては、例えば高島（2017）の第2章で東寺領の荘園において、散用状を使用して中世の農業生産量を推計した事例などがあげられる。ここでは膨大な量の古文書を擁した東寺百合文書を複雑な制度に従い分析しているが、マディソンの方法と比べれば遥かに慎重すぎるように思われる。高島が指摘するように、中世文書では総生産量または土地生産性が容易にわかるような事例は存在しないが、少なくとも代表的な荘園の年貢高だけでも時系列でフォローすべきであった[30]。そのうえで、大胆な仮定に従って生産量の推計をおこなう勇気も必要であった。同書の表2－3（85頁）で1反当たり米生産量（生産高ベース）の21事例、表2－6（91頁）で15世紀前半の上久世荘の石高（年貢高ベース）が推定されるなど、全国石高に関連する重要な数字が示されている。これらに関する記述は混乱して難解であるが、もしマディソンが生きていれば、これらの情報を利用してもっと自由に全国石高を推計し、1600年の農業生産量問

題に大きな影響を与えただろう⁽³¹⁾。総じて同書の第2章の前半では、中世史研究者の研究姿勢に引っ張られて石高推計が非常に慎重になっていたのが残念である。

　（b）の代理事例法は、理論的な背景がしっかりとしていないと、なかなかうまく使いきれない。ただし因果関係が明らかとなるデータが一定量確保できれば、計測式の説明変数に利用することが可能となり新データを推計することができる。この方法の代表例として、貨幣流通量と物価動向の関係などがあげられる。高島（2017）では、先述の近世以前の非1次産業を推計する際に人口関連データ（人口密度、都市化率）を説明変数とした計測式を利用する方法が該当する。また第5章の3.2.で紹介する、攝津斉彦がおこなった商店就業者数のうち副業者数を求める計測式も、この事例とみなすことができる。ここでは商業サービス業以外の本業者数に占める商業サービス業の副業者数の割合を求めるために、人口密度、農林水産業比率を説明変数とした計測式が利用されている（後者の事例は、詳しくは第5章の3.2.を参照のこと）。

　さらに（c）の文字情報集計法は、高島（2017）でも近世の農業生産量の推計にあたって、土木学会編『明治以前日本土木史』等に掲載された土木工事件数を集計した事例（第3章）、古代における自然災害と飢饉・疫病を年表とした事例（第1章）が思い浮かぶ。このほか先行研究では、近世の百姓一揆や明治期の農民騒擾をくまなく収集した青木虹二（横浜市役所職員）による一連の年表・資料集である青木虹二『百姓一揆の年次的研究』1966年、同『明治農民騒擾の年次的研究』1967年などや、地震の記録を集めた文部省震災予防評議会編『大日本地震史料：増訂』全4巻、1941〜1951年なども、ＧＤＰと直接関係した資料ではないが参考になる部分が多い。特に青木の年表は、それまでの黒正巖による年表（1635件）を大幅に上回る3804件の一揆を収録しているため、かなり正確な資料である⁽³²⁾。これらの情報は、類似の発想にもとづき年表形式でまとめられているため、年次別集計を実施することが容易である。

　もっとも高島（2017）では、中世で同時期の資料がほとんど活用されていないなど、中世が資料面で"暗黒時代"のような印象を受けるが、かならずしもそうとはいえないだろう。例えば、『古今著聞集』のような中世の貴族文化で花開いた説話集に掲載されている特定の情報や、古代に限ると菅原道真編『類聚国史』などの記載内容も貴重かもしれない。筆者は、残念ながら前近代資料に明るくな

いが、推計値の信頼性を増すためのなんらかの傍証の積み上げに利用できるだろう。そのような古代から近世にかけて無数にある文献資料のなかから関連情報を見つけ出す作業は、同書の書名に含まれる「日本史」学的研究であり、高島の得意分野である文書資料の解読にかかっている。マディソンの推計値では、おそらくこれらの非数量情報が既存の数量情報の動きを微妙に修正させる際に大いに活用されたと思われる。

　次に関連データさえまったく入手できない場合は、フェルミ推定を使用することを考えるべきだろう[33]。フェルミ推定は、いわば各種事象の発生確率を繰り返し適用することによって対象を絞り込んでいく手法であるため、その確率を的確に決められるか否かが大きなポイントとなる。さらにマディソン（2001）では、古代のＧＤＰ推計にあたって世界を複数地域に分割し、それらの成長率や実質所得水準を決めた後に、その成長率等から逆算して１人当たりＧＤＰを推計する方法が使用されたほか、高島（2017）では消費理論にもとづき中世の食料生産を推計した方法が採用された。これらの方法は、いずれも生存水準を大きく上回る生産量は存在しないことを前提とした演繹的な考え方であり、フェルミ推定よりも大胆な方法である。

　なおデータ推計にあたっては、どれか一種類の方法・資料を適用すればよいというものではない。その推計値が頑強であるため、別の方法や資料を利用して検証することが求められよう。例えば1600年の石高推計では、徳川時代の農業生産量推計で使用された、地域別の石高補正率により得られる石高推計のほかに、中世の農業需要量を推計する際に使用した（2）式より得られる石高推計を入手していたが、それだけではかならずしも決着がつかなかった。この場合には、一橋学派が繰り返しおこなった複数方法比較法が必要となるが、高島（2017）ではそれが十分にはおこなわれなかった。そして第三の資料による検証をおこなわないまま、後者のデータを採用して、"②中世後半の経済発展の力強さ"という結論が導かれた。さらに「Ｔ．Ｒ．マルサスの人口論に代表される古典派経済学者の前近代の経済社会の評価、すなわち人口増加と経済発展が均衡状態となる結論を惹起しかねない。しかし、推計結果は生産が人口とのレースに勝利するという逆の結果をみせている」[34]と言い切っている。

　以上の各種方法を利用する際には、当然のことながら「大雑把に把握すること」に主眼を置き、あまり神経質にならないように心掛けたい。とはいえ、複数

のデータをそれぞれ加工した結果、同一の比率で60%と70%という異なる数字が得られた場合には、それぞれの数字が得られた状況にもとづき、中間の65%とするか、それとも60%か70%のどちらかに決めるなどの判断が求められる。いわば実務的な要請から求められる作業判断である。かつての一橋学派では、LTESの担当者間でいわゆる"5%ルール"が周知されていたようである[35]。このルールは、ある特定の推計値を異なる二つの推計方法で求める場合（例えば、生産面と支出面からGNPを確定する場合など）には、その誤差（＝統計的不突合）が5%以内に収まるまで推計作業を繰り返すものである[36]。

　LTESプロジェクトの担当者は、この基準によって暫定推計段階でも表3-4のように年次によりばらつきはあるものの、期間平均では不突合率を5%未満に抑えていた。このような状況と比較すると、近年の一橋学派ではこのようなルールを決めていないほか、基本的な推計作業の内容さえ隠す傾向にある。特に統計解析に慣れ親しんだ若手研究者ほど、これらデータの加工や記述を忌避する傾向にあるが、そのような態度は推計精度の向上にとっては障害となろう。もちろん上記の5%ルールを今回の超長期推計に直接適用することは困難であろうが、近世のデータ推計にあたっては複数の推計方法で求めたデータの検証（複数方法比較法）で10%ルール程度を設定してもよかっただろう。例えば、図3-1にお

表3-4　LTES（暫定推計）における5%ルールの適用

(単位：100万円、%)

西　暦	①総生産 （GDP）	②総支出 （GDE）	③不突合 （②-①）	不突合率 （③÷①）
1905	3,079	3,328	249	8.1
1910	3,964	4,293	329	8.3
1915	5,144	5,145	1	0.0
1920	15,888	16,618	730	4.6
1925	17,632	16,740	-892	-5.1
1930	14,186	15,099	913	6.4
1935	17,851	19,181	1,330	7.5
1940	41,898	44,396	2,498	6.0
上記8年の平均	14,955	15,600	645	4.5
（参考）1905-1940 年の毎年平均	13,847	14,243	397	2.5

(注) 1. いずれも名目値である。
　　 2. 上記の各数値は、暫定推計値であり、大川ほか編『国民所得』の確定値とは異なることに注意のこと。
(資料) 統計研究会編『長期経済統計整備改善に関する研究［Ⅲ］』の13頁の1-5表より谷沢が作成。

ける2系列のデータの検証でも、それらが生産面と支出面に相当するから同ルールを適用できるが、それをおこなっても筆者の主張に変更はない。

　なお推計値は、統計処理上からみると特定水準に落とし込むばかりではなく、一定区間で把握する「区間推定」という方法も考えられる。これは、ある特定の信頼度のもとで想定されるデータの範囲を統計学的に推測する方法である。たんなる標本の平均値を求めるよりも科学的な厳密性を得られるという点で優れていると言われる。高島（2017）では、第1章において古代の1郷当たり田地面積を確定する際に活用されている。同人は、区間推定を実施するにあたって「平均値や中央値などの具体的な数値を採用して1郷あたり田地面積を特定すれば議論は明確になるが、本章のように限定的なデータにもとづいた推計を試みる場合は、ある程度の範囲による推定値を採用することで議論に弾力性をもたせることが有効であると考えられる。」[37]と、その理由を説明している。管見の限りでは、代表的な歴史統計で当方法を導入したのは高島が初めてであるから、新たな方法の可能性を示したといえよう。たしかに信頼性を考慮する当方法を導入すれば、マディソンなどより正確な議論が可能となるし、そこまで正確な推計をおこなった努力も評価すべきである。

　しかし、この方法はそれほど簡単な方法とはいえない。なぜなら、①第1章以外の各種推計値ではなぜ区間推定が実施されていないのか（換言すると、不確実なデータ・情報が多い歴史統計で区間推計をおこなう基準はどこに置くべきか）、②耕地面積、土地生産性にそれぞれ信頼度95％を採用すると、それらを掛け合わせた生産量では信頼度が何％になるのだろうか、例えば90％（＝0.95の2乗）となるのか、などの疑問点が浮かんでくるからである。さらに推計値を利用する側では推計値の解釈が難しくなるなど、煩わしさを感じるのも事実である。高島本人がこれをいかに利用しているのかを確認すると、第1章で苦労して作成したにもかかわらず、まとめ部分の第7章では区間推定値の平均値を使用して議論しており、有効に活用されたとは思われない。

　区間推定がおこなわれる代表的な事例は、一般的に工業部門における生産工程上で母集団や標本集団が一定量存在している場合であるから、少数の標本数しか得られない歴史現象にこれを適用することは効果的とは言い難い。上記のように「高島が初めておこなった」と言えば聞こえは良いが、裏返すと従来は研究上で当方法を使用することを控えていたと考えられなくもない。そもそもＧＤＰ推計

のような特定の数値を求めることが最終的な目的である場合には、あえてその目的から遠ざかる区間推定は、研究上での後退を意味すると思われるかもしれない。よほど慎重におこなわないと、議論を混乱させるだけに終わる危険性があるほか、単なる自信の欠如や不安の表出と受け取られるかもしれない。超長期ＧＤＰ推計のように、その推計値を使用することが求められる事例では、地震予知のような大雑把な推計がかえって地元自治体に混乱をもたらす事例にも通じるように思われる。このため区間推定の採用は、高島の指摘した「議論に弾力性をもたせることが有効である」とは単純には言えない。とにかく区間推定値については、その作成と活用にあたって様々な工夫が求められよう。

　ところで文章の関連に話を転じると、使用する用語の概念を明記しておくことが求められよう。これは研究書として当然のことだが、必ずしも守られているとはかぎらない。例えば、高島（2017）の第２章に限ってみても、農業関連では農業生産物生産量・農業生産物消費量（93頁）、農業生産量・農業生産需要量（100頁）、収入関連では実質収入（94頁）、実質賃金（96・97頁）などが、明確な説明のないまま使用されている。定義に関する記述が不十分であるため、読者は内容の正確な理解に苦しむことになろう。少なくとも専門書における最低限のルールとして、用語の定義、その用語に対応する唯一の数字といった基本的な記述方法を順守してほしい。また類似の各推計値に対して、農業生産量（Ａ系列）、農業生産量（Ｂ系列）といった個別名称を付けることで、概念の相違を明確にすべきである。このような作業は、煩雑であるが手抜きができない重要なことだ。かつてＬＴＥＳの『物価』では、製造業の職種別賃金がＡ系列、Ｂ系列、Ｃ系列と丁寧に公表されており、読者側は安心して利用することができた(38)。これと比べると、高島（2017）では（もちろん統計集として作成されたわけでないことは承知しているが）残念ながらかかる配慮はなされていない。

　農業生産量の関連では、第３章のタイトルが「徳川時代・明治期初頭の農業生産量の推計」としつつも、そこで推計した表３−11のＡ（140頁）の「石高推計の補正」は農林水産物の生産量、つまり第１次部門の生産量であったのも気にかかる部分である。つまりタイトルと内容が一致していない。それでは、本当の農業生産量の推計値はどこにあるかというと、第７章の表７−１のＡ（261頁）に掲載されている。そうなると第１次部門生産量と農業生産量の関係に興味を持つだろうが、この点については同表の注書きで「徳川時代の農業生産量は第一次部門

の生産量に、明治期初頭の第一次部門における農業の占める割合84.36％を乗じて計算した」という、興味深い内容が書かれている。この微細な文字で書かれた内容を発見することで初めて、読者は農業生産量の推計方法が理解できるほか、第1次部門と農業の各生産量が数世紀にわたり同一比率で推計されていることを認識できる[39]。この第7章の記述にたどり着くまでは、1次産業総生産量を農業生産量として理解していたはずだ。

　もちろん一部には傾向値（＝変化率）でみると両者の差は大きくないという主張もあるかもしれないが、最終的には1人当たりＧＤＰといった実数が要求されるから、そのような大らかな理解はできないだろう。しかも84.36％で一律推計している操作は、石高補正率の事例と同様の問題を抱えて推計方法上では無視できないほか、読者が本文のみで推計方法を容易に理解することは不可能である。特に後者は、データの推計・加工方法を素直に追跡したいという読者側の要望に反することになり、推計値のブラックボックス化を進めることになる。このような事案の背景には、歴史統計に特有の度重なる加工作業を経て一つの推計値がようやく算出できる、といった事情があったのかもしれない。もしそうであるなら、箇条書きで作業内容を明確化するなどの工夫をしてほしかった。このほか水産業・林業を個別に推計するという作業は、第1章の第3節でも指摘したところであるが、今後の検討課題となろう。

　最後に、歴史統計で必然的に発生する度量衡変更問題についても付言しておきたい。わが国に限ってみると、枡の容積が太閤検地時に大きくなった事例に代表されるように、度量衡の変更はＧＤＰ推計（特に農業生産の石高換算）にあたって無視できない大きな問題である。この点について、高島（2017）では前章の付図2-1のように、末尾の付録で面積と容積の2点について要領を得た解説が付されている。これは当該分野の研究者にとっては当たり前の知識とはいえ、我々門外漢からみると便利なものである。一般的に研究者でも、上記の太閤検地に際して枡の大きさを統一した事実ぐらいしか知らないから、これらの情報を整理しておくことは重要なことである。ただしこれらの度量衡の変更は、今回の一連の推計では表1-10（57頁）の古代の農業生産量（石高）が表7-1（261頁）の近世のそれに接続する際に活用されたが、具体的な推計作業のプロセスが記述されていないのは残念なことである。そもそも第1章の本文や表1-10にもこの件はまったく記述されていないから、第7章で推計作業を記述することは期待すべくもな

いのだろう (以上の度量衡変更問題については、第4章の 2.2. で詳しく論ずる)。

3.2. 購買力平価問題の一解法

　最後に残った問題として、購買力平価問題があげなければならない。国際比較にあたって必要となる購買力平価の作成には、食料品のほか日常見回り品などの各種物価データ等が必要となるが、これを前近代に求めることは困難である。すでに前章の 2.2. で紹介した袁・深尾ほかの論文で、1935 年の朝鮮・台湾における購買力平価を計測できた理由は、両地域がわが国の植民地になっており、そこでは国内と同様の方法によって多数の物価調査が実施され、それが幸運にも現在まで保存されていたためである。このような特殊な事情によるきわめて稀なケースとして計測できたにすぎないから、一般論として考えれば個別物価データを必要とする購買力平価を歴史統計に導入することは、少なくとも 19 世紀以前の期間については不可能と考えるべきである。つまり購買力平価を推計時点ごとに作成することにこだわる限りは、国際比較用のデータを作成することができないことになる。

　それでは超長期推計をおこなう意味がないから、あくまで国際比較をおこなうことを最終目標とするならば、我々は①引き続き 1990 年国際ドルを使用し続けるか、②新たな方法を考えるか、のどちらかを選ぶ以外にないだろう。これは、グローバル・ヒストリーを研究しようとする際にどうしても回避できない問題である。この選択問題に対して斎藤や高島は、(おそらく大きな問題になっていないことから) マディソン推計と同様に 1990 年国際ドルを使用している。また高島 (2017) の前後で相次いで刊行されてきた以下のような研究書でも、この方法が踏襲されていることが確認できる。

　　Fukao *et al.* (2015) *Regional Inequality and Industrial Structure in Japan: 1874-2008*. Tokyo: Maruzen Publishing Co., Ltd.
　　深尾京司・牧野達治・徳井丞次 (2018)「日本の地域間経済格差：1874－2010 年」徳井丞次編『日本の地域別生産性と格差—Ｒ-ＪＩＰデータベースによる産業別分析』東京大学出版会。

　これらの研究成果は、いずれも一橋学派の深尾京司が参画しているため、同学派が一貫して 1990 年国際ドルを堅持していることがわかる。もちろん前章で指

摘したように、国際ドルと円表示の各推計値は一定の係数を掛けることで相互に変換できるから、さほど大きな問題ではないとみることもできる。従来と同じ日本に限定した分析をおこなっていることと同一であるからだ。しかし1990年国際ドルが多くの問題を含んでいることはすでに指摘したとおりであるから、選択肢としては新たな方法を考える必要性があろう。以下では、筆者が現在までに検討してきた一つの暫定的な方法を示しておきたい。筆者はこの方法に満足しているものではないが、あくまで今後活発になることを期待しつつ、議論のたたき台として提示するものであることに留意してほしい。また当方法は、先述の各種推計方法にかならずしも当てはまるものは見つからないが、強いて言えば代理事例法に類似した方法とみなすことができるかもしれない。

議論のスタートとして、まず前近世では消費者物価の対象となるような、多様な物価情報を入手することはもともと困難であるが、食料関連の物価情報は比較的容易に入手できることを確認しておきたい。この事実は、厳密な購買力平価を推計できないとしても、食料関連の情報にもとづき通貨価値を計測することが可能であることを意味する。以下では、この食料関連の物価情報に賃金情報を加味した「生存水準倍率法」を利用することで、通貨価値を計測する方法を紹介していきたい。

いま、数世紀にわたって安定的に国境を越えて行き来のできる財を探した場合、それにもっとも適している財は「不熟練労働力」であろう。すなわち入国禁止といった特別の措置を設置しないかぎり、不熟練労働力は出稼ぎという形で比較的容易に国境を越えて自由に移動ができ、しかも熟練労働力とは異なりマクロ労働市場で賃金水準が決定される。もし、それが自らの意思で移動できない、例えば奴隷という形態をとったとしても、そこには経済的な財としての価格が付けられているため、やはり古代まで遡って一つの財としての性質を備えているとみなすことができる。つまり各国において、（最低生存水準としての賃金であったとしても）不熟練であるがゆえに同質の労働力が一つの商品として売買され、それに一定の価格が付されているのである。そして一度国内で就労を開始して一定の賃金水準のもとで継続的に収入を稼得できれば、この不熟練労働力を国際比較上の価値尺度財（ニュメレール）とみなし、購買力平価の基礎データに利用することは可能となる。ちなみに経済史の分野では、この不熟練労働力の賃金水準データを数世紀にわたって収集・分析する研究が多数の国でおこなわれているため、これらの

情報を国際比較用のデータに利用できよう。

ただしこの数値をそのまま国際比較に利用することはできない。なぜなら賃金（正確には賃金率）情報のなかには、所属国の経済力のほか食料関連の物価構造・通貨の経済力（換言すると為替相場）などの情報が含まれているからである。そこで斎藤が斎藤修『比較経済発展論』2008年（以下、斎藤（2008）と略記）で"生活水準の異文化間比較"を目的として採用した、賃金の「生存水準倍率法」という考え方に注目したい[40]。この方法は、もともと前章で登場したR.C.アレンが複数国間の実質賃金の水準を比較するために考案した方法である。

ここでは、人間が1日生存するのに必要な総栄養摂取量を1940kcal、タンパク質摂取量を80gと設定する。その水準を摂取できる食料バスケット（食品の組み合わせ）の年間総支出額を算定し、それで1人当たり名目年間賃金収入（＝1日当たり賃金率×250日÷1世帯家族数3人）を割る。この数字は、必要最低限の収入の何倍を稼得しているかを示しており、斎藤（2008）では単位を「倍」と表示しているが、実際には「年分」とみなせる数字である。その発想の根底には、間接効用関数と似た考えがあるが、一種の貧困線（poverty line）を具体化したものと言い換えてもよかろう[41]。食文化の異なる地域圏、例えばアジアとヨーロッパを比較する際には、バスケットの中身を調整する必要があるが、これを丁寧におこなうことで、斎藤は北西欧・南欧・日本・中国などの実質賃金水準を比較することに成功した。

この生存水準倍率を実質賃金の比較だけにとどめておくのはもったいない。なぜなら購買力平価の物価情報は、以下のような特徴があるからである。購買力平価に使用する物価情報は、財・サービスとして国内外を移動するものすべてであるため、当然のことながら民間消費のほか、資本形成や政府最終消費支出の価格情報が必要となる。しかし多くの低開発国では、国内総支出に占める民間消費支出の割合が大きいため、国内総支出（つまりすべての財・サービス）で算出した購買力平価の近似値として、民間消費支出で計算した購買力平価を使用しても問題ないとみなされている[42]。この理由によって、本章でも以下では消費者物価に関する価格情報のみを対象として議論を進めていく。その際に消費者物価指数は、もとをただせば各国ごとに特定の消費バスケットを使用して作成している指数である。あわせて前近代のような食料支出に偏った家計経済を想定すれば、当時の消費バスケットと食料バスケットがパラレルに動くとみなすことも可能であろう。

なによりも生存水準倍率は、文化と時間の壁を取り払った実質賃金水準として数世紀にわたる洋の東西を比較することが可能となる。

　以上のように考えると、食料バスケットを使用する生存水準倍率を購買力平価の推計に利用することは、あながち的外れとはいえない。そこでいま、この生存水準倍率を２国間で比較（特に分母に主要国の生存倍率を採用）した数字を考えると、それは同時点における両国間の経済力（＝国力）、正確には通貨の購買力を反映した数値とみなすことができる。それゆえ1990年にはマディソンらが採用している1990年時点の購買力平価をそのまま利用するものの、それを遡る際には同年の購買力平価を「基準時のＰＰＰ」とし、この数字を生存水準倍率の比率で調整することを提案したい。ここで注意すべきことは、アメリカを生存水準倍率の基準には採用しないことである。なぜならアメリカは1776年に建国されたにすぎず、他国と比べて非常に歴史の浅い国であるがゆえに、物価等の各種データを長期にわたり遡及して入手できないからである。時代尺度としてアメリカは、残念ながら適していない。

　この問題を解決するには、時代を遡及して生存水準倍率に関連する各種データの入手しやすい西欧の特定国（例えば、イギリス・イタリア等）に目星をつけ、基準となる1990年時点の各国のＰＰＰを事前に計算しておくことが重要である。例えば一つの考え方として、アメリカより先行しかつ長期間にわたって国際経済上の覇権国となっていた、イギリスを基準とすることが考えられる。つまり購買力平価の計算方法における２国間比較を採用したうえで、換算通貨をドルからポンドに変更するのである。ちなみに前章の表２-２によると、1990年におけるＰＰＰをアメリカ基準でみると、アメリカ＝100、日本＝84.83、英国＝74.55であるから、これをイギリス基準に書き換えると、アメリカ＝134.14、日本＝113.79、イギリス＝100となる[43]。その場合の通貨の相対的な経済力の変化を想定すると、1990年時の生存水準倍率の比率に対して対象年次（ｔ年）の同比率の比率を計算して、それをＰＰＰ調整率とみなすことで、対象年次の購買力平価を推計することができる。

　この方法によれば、両国の名目賃金データ・食料関係の価格情報等が入手できるかぎり、過去に遡って購買力平価を代理した数値を計算することができよう。以上の考え方に従って、まずｔ年におけるＰＰＰ調整率を式に示せば、次のとおりとなる。

$$t \text{ 年のA国のＰＰＰ調整率} = \frac{\dfrac{t \text{ 年のA国(首都)の生存水準倍率}}{t \text{ 年のイギリス(ロンドン)の生存水準倍率}}}{\dfrac{1990 \text{ 年のA国(首都)の生存水準倍率}}{1990 \text{ 年のイギリス(ロンドン)の生存水準倍率}}} \quad (1)$$

　(1) 式の方法でA国・イギリス間の生存水準倍率を比べたのが、図3-2の(A)である。このＰＰＰ調整率とは、いわば各国の通貨による購買力の強弱を1990年時基準によって表現しており、国内の経済力・成長率とは関係なく不熟練労働力を国際的に再評価するものである。この (1) 式の右辺では、A国（首都）、イギリス（ロンドン）とそれぞれ代表的な都市名をあげているが、もしデータの入手が困難であれば適宜、入手の可能な都市に変更することも想定している。ここらの変更は、国内の都市が同一時期には価格構造が連動していると仮定して、新たな資料にもとづき弾力的に実施するものである。

　次に、A国の1人当たり実質ＧＤＰ（自国通貨表示、ただし1990年基準であることに注意）のt年と1990年の比率に1990年における1990年国際ポンド表示のA国の1人当たり実質ＧＤＰを掛けることによって、1990年国際ポンドに単位を変えたt年のA国の1人当たりＧＤＰを求め、それに上記の式で求めたt年のA国のＰＰＰ調整率を掛けることで、以下のような新たな購買力平価にもとづくt年のA国の1人当たり実質ＧＤＰ（国際比較ベース）が求められる。

$t \text{ 年のA国の1人当たり実質ＧＤＰ（国際比較ベース）}$
$= \dfrac{t \text{ 年のA国の1人当たり実質ＧＤＰ（自国通貨表示）}}{1990 \text{ 年のA国の1人当たり実質ＧＤＰ（自国通貨表示）}}$
$\times 1990 \text{ 年のA国の1人当たり実質ＧＤＰ（1990年国際ポンド表示）}$
$\times t \text{ 年のA国のＰＰＰ調整率} \quad (2)$

以上の方法を、とりあえず「生存倍率比較法」と呼んでおく。この (2) 式のうち、右辺の第1・2項が高島・マディソンの推計値に相当する部分であるが、イギリス=100に修正しているため、表示単位は便宜的にマディソンの1国際ドルから1国際ポンドに変更される点に注意してほしい。このような方法によって計算されたt年の新推計値をマディソンらの方法で推計した値（ただし国際ポンド表示）と比較すると、図3-2の (B) のようになる。従来のマディソン流による推計値と比べて、下方にシフトする点線のように描くことになる。いずれも概念図にすぎないが、基本的な考え方を理解できよう。

　一般的に、購買力平価の算定方法には絶対的ＰＰＰと相対的ＰＰＰがあるが、

図3-2 歴史統計における購買力平価の新推計方法（概念図）

(A) 生存水準倍率の推移

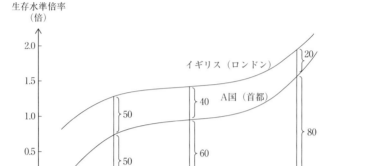

(B) A国の1人当たり実質GDP（国際比較ベース）の推移

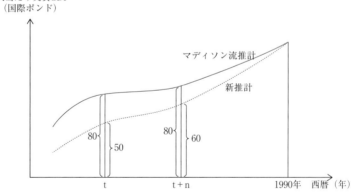

(注) 1. 図中の数字は、同一年次における比率を示す。このため異なる年次間では比較できない点に注意のこと。
2. マディソン流推計とは、本文(6)式の右辺第1・2項部分で計算した推計値であり、基本的にはマディソンと同様の方法で推計した数値（ただし国際ポンド表示）である。

(資料) 谷沢が作成。

　この方式は前者の方式に類似したものといえる。絶対的ＰＰＰを直感的に理解する指標として、イギリスの経済専門誌『エコノミスト』が1986年より毎年公表するビッグマック指数（the Big Mac Index）が有名である。この指数は、世界各国で同質の商品を販売しているマクドナルド・ハンバーガーの代表的な商品であるビッグマックの国別価格を比較したものである。もちろん当指数が各種の問題

を抱えていることは承知しているが、一つの考え方を象徴しているという意味でここに提示しておきたい[44]。今回の方法は、このハンバーガーの代わりに不熟練労働力という、各国で入手可能でしかも同質な財を扱っているが、その比較単位は販売価格ではなく生存水準で計測した実質賃金（倍）に置き換えている。家計経済に占める割合から判断すると、ビッグマック指数以上に実態を反映した指標であろう。データの作成上からみても、複数の価格を考慮しているほか、摂取栄養素量ベースで調整されている点などから、ビッグマック指数より遥かに正確な購買力平価が推計できる。非常に入手データが少なくなる前近代では、便宜的ではあるがもっとも簡便かつ確実な方法といえよう。

　なお、生存水準倍率を計算する際には、生存水準に相当する食料バスケットの個別価格情報を収集しなければならないため、これに関するイギリスと相手国との比率を求めて、それを1990年国際ドルに掛けたほうが、購買力平価（特に相対的ＰＰＰ）の算出には適していると考えることもできる。いわば食料関連の価格情報のみで購買力平価を計算する方法である。しかし食料バスケットは、あくまで平均的な消費支出用のバスケットではないため、それを基に購買力平価を計算することはかならずしも適切ではないと考えた。同様の理由は、今回提示した不熟練労働力の生存水準倍率でも当てはまるが、この指標は前述のとおり1990年時点のマディソン流推計値を、経済力・通貨力などを総合的に加味して調整した数値であり、食料バスケットの問題点が薄められると考えている。また価格変動の影響を排除できるという点でも優れたものであろう。

　もちろんこの方法にも問題がないわけではない。これに関して３点を指摘しておく。第一に、当方法は明確な理論的根拠にもとづき推計した数値ではなく、あくまで生存水準倍率の比率を通貨力の差に代理させた簡便法にすぎない。それゆえこの方法は、便宜的・近似的な方法と認識して使用すべきである。第二は、各国共通で１日当たりの賃金率にもとづく食料バスケットが推計できる保証はないことである。特に、食料バスケットにもとづき摂取栄養素量を正確に把握できる保証はない。それゆえ厳密に検討すると、これらの数値を入手することは困難であろうが、これらの数字はそれぞれ当該国の正確な数値をある程度代理したものであればよく、それほど神経質になる必要はない。第三は、マディソンの推計した多数の国を取り揃えることが困難であるため、その推計結果をマディソンの数値と厳密に比較できないかもしれない。この点は、今後における生存水準倍率の

国別研究の進捗を待つ以外にはない。この問題は国際比較にとって大きな障害となるが、だからといってマディソンの数値のほうが優れていることにはならない。当問題は解決するまでに長時間を要するだろう。

　以上のデータの入手可能性に関連して、イギリス・イタリア等の先進国であっても、せいぜい中世までしか入手できないことを指摘しておく。ちなみに斎藤(2008)では、イギリスではオックスフォード、オランダではアムステルダム、フランスではストラスブール、イタリアではミラノ、日本では銚子・京都・東京、中国では北京（都市部・農村部）・広東に関して、数世紀にわたる倍率が図示されている[45]。このような状況は、グローバル・ヒストリーの分析として期間を狭める問題である。もし、生存水準倍率の算出が困難で(1)式のＰＰＰ調整率が計算できなければ、無理に古代の購買力平価を計算する必要はなく、もっとも遡った時点の購買力平価水準をそのまま利用してもかまわないと割り切ることも必要である。このほか国ごとに算出することが理想であるが、マディソン(2001)で採用されていた、地域ブロック（西欧・東アジアなど）ごとに同一の数字を使用することも想定すべきである。さらに食料バスケット用の物価情報が入手できなければ、主食に関わる「米価」、「麦価」をそれに代えて使用することも検討すべきである。マディソン流の大胆な考え方から比べればまだまだ緻密な立論をしており、この程度の簡略化は認められてもよいだろう。

　ところでこの新方法を使用した場合には、新たな問題に直面することになる。それは、マディソンの推計値は国内ベースの実質値と同じ成長率となるが、今回の推計値は２国間の生存水準倍率の比率で修正したものであるため、両数値で異なった成長率かつトレンドとなる点である（ただし比較の基準となるイギリスでは、成長率等は一致する）。すなわち国内ベースの成長率がＡ国＞Ｂ国であったとしても、生存水準倍率の変化率がＡ国＜Ｂ国であったら、国際比較ベースでみた成長率もＡ国＜Ｂ国となる可能性がある。このような事例として、斎藤が指摘した不熟練労働力の生存水準倍率は、近世の西欧では低下傾向にあったが、東アジアでは停滞的であったことがあげられる[46]。このような状況では、西欧の成長率で国内ベース＞国際比較ベースとなる可能性を示唆するものである。もっともこのような現象は、相対的な購買力平価を適用する場合にも発生しているから驚くにはあたらない。むしろマディソン・高島のような事例で、国内ベース＝国際比較ベースとなることのほうが異例であることを強調しておきたい。

このような国内ベースと国際比較ベースといった二つデータが存在する状況は、分析する際には厄介なことである。それは、「いかなる場合にどちらの数値を使用するか」という、新たな問題が発生するからである。少なくとも国際比較をおこなう際には、国際比較ベースを採用すべきであろうが、それ以外のときにいずれのデータを使用すべきかは、分析の目的に合わせて慎重に判断していくべきであろう。比較経済発展論の視点からみると、経済成長の国際比較において、いわば内外の成長率の乖離問題（内外成長乖離問題）が新たに発生することに留意する必要がある。

第4節 終わりに

本章では、高島（2017）で提示された分析結果を検討しつつ、その改善に向けていくつかの提言をおこなった。まず高島が抽出した発見事実として、以下が導き出された。①古代末期から中世前半の経済停滞、②中世後半の経済発展の力強さ、③中世後半の成長が近世前半まで持続、④徳川時代前半と比べて、同後半の成長率は年0.23%と高くなった、⑤中世にはイタリア・中国の半分程度だが、エジプト・イラク（中東地域）には追い付きそうな水準、⑥17世紀初頭には首位オランダの約4分の1、西欧諸国の半分以下だが、中東地域を上回る水準、⑦英国は、産業革命以前の17世紀半ばより農業の生産性上昇によって日本との格差が拡大したが、⑧アジア・中東地域内では、15世紀頃までは日本がもっとも貧しかったが、近世に入ると日本はすべての旧文明国を追い抜いていった。

しかし超長期動向からみると、少なくとも3つの問題点が見受けられる。第一は、大半のデータで採用されている人口関連データ（人口数、人口密度、都市化率）にもとづきGDPを推計する方法は、関連資料の入手が困難ななかで優れた方法ではあるが、統治機構、租税制度・各種天災など非人口要因を適切に把握することが難しい。第二は、950年（平安中期）の1人当たりGDPが1450年（室町中期）よりも高い水準を示すが、古代にこれほど高生産性社会が成立していたかどうか疑義が持たれる。第三として、1600年における農業推計値について第三の資料によるデータチェックが不十分である。すなわち中世の農業生産量が農産物需要関数から推計しており、しかも長期間にわたって貨幣制度が混乱したという理由で特定時点の推計値のみ抽出する変則的なデータ処理をおこなっていたほか、近世の農業生産量で一律に3割ほど増額していたことがあげられる。

前章や本章に関する問題点を総合的に評価すると、ＧＤＰデータの推計精度は古代＜中世＜近世となり、特に1600年に大きな段差が発生しているように思われる。この原因の大半はおそらくＧＤＰによるが、まったく人口が関係ないとも言い切れないだろう。このため推計精度を向上させるには、先行事例であるＬＴＥＳで採用されたＧＤＰの推計方法が参考になる。ここでは篠原三代平らが執筆した単行本の記述にもとづき、原単位推計法、店舗積み上げ法、自家消費追加法、複数方法比較法、複数データ比較法（いずれも筆者が命名）などの方法を紹介した。さらに非１次部門の推計値や1600年の石高推計値を第三の資料で検証するため、(a) 母集団の一部を形成する特定地域・特定階層等のデータを入手する方法［代表事例法］、(b) 密接な関係とはいかないまでも、貨幣鋳造・輸入高、株仲間店舗数など、密接な関係はないが間接的に当該経済活動に影響を与える数量データ等を入手する方法［代理事例法］、(c) 時系列で編集された資料中より「増えた」、「減った」などの文字情報や、特定項目の掲載数を集計する方法［文字情報集計法］を新たに提示した。これらの方法は高島（2017）でも部分的に使用されているが、もっと積極的に活用することが望まれる。

　さらに、国際比較を適切におこなうために購買力平価問題を解決すべきだが、本章では新たに「生存倍率比較法」を提示した。当方法は、まず国・年次ごとに年間生存するのに必要な総支出額を計算し、それで不熟練労働力の年間名目賃金水準を割ることで生存水準倍率を求める。これを1990年時点の規準国（例えばイギリス）と比較しつつ、そのポンド換算による購買力平価で対象国とイギリスの比率を求める。さらに同比率で対象年次の対象国における生存水準倍率と同年次のイギリスの生存水準倍率の比率を割ることにより、対象年次における購買力平価の調整率（ＰＰＰ調整率）を求める。次に、対象国における対象年次のＧＤＰと1990年のＧＤＰ（いずれも自国通貨表示）の比率に、1990年のポンド換算の購買力平価によるＧＤＰとＰＰＰ調整率をそれぞれ掛けることで、国際比較用のＧＤＰを計算することができる。この方法は、生存水準倍率の比率を通貨力の差に代理させた簡便法であるほか、国によっては同倍率の関連データが入手できない問題があるが、現状ではマディソンの方法より優れていると考えられる。

　以上のように推計結果をベースとした検討でも、高島（2017）では多様な問題を含んでいるため、今後とも多角的な改訂作業が求められよう。

註

(1) マディソンが学術振興会の客員研究員として、1989年に一橋大学経済研究所に約6週間滞在したときの印象を、受け入れ人の一人であった尾高煌之助が以下のように第三者に語っていたことが、文章で残されている。「尾高によれば、初めてアンガスに会ったとき、経済成長論と経済史にまつわるさまざまなトピックに強い関心を持つ、いうなれば大川（一司）に非常によく似た人物という印象を持ったという。そして、それゆえに彼とアンガスはすぐに打ち解けあい、いつ終わるともしれない知的興奮に満ちた会話が続いたのだと。」（Harry Wu「博士の愛した日中数量経済史―アンガス・マディソン氏を偲んで」の3頁）
(2) 宮本常一『民俗学の旅』講談社学術文庫、1993年の37頁。
(3) 高島『経済成長の日本史』の266～267頁。
(4) 高島『経済成長の日本史』の252～253頁。
(5) 高島『経済成長の日本史』の251頁。
(6) 高島『経済成長の日本史』の276～281頁。
(7) 高島『経済成長の日本史』の159頁。
(8) 高島『経済成長の日本史』の159頁。
(9) 高島『経済成長の日本史』の160頁。
(10) 高島『経済成長の日本史』の161頁。
(11) 高島『経済成長の日本史』の285頁。
(12) 高島『経済成長の日本史』の161頁。
(13) 高島『経済成長の日本史』の66頁。なおマクニール『疫病と世界史』は、ウィリアム・マクニール『疫病と世界史』上下巻、中央公論新社、2007年を参照のこと。
(14) 具体的には、高島『経済成長の日本史』の158～159頁を参照。
(15) 高島『経済成長の日本史』の186頁。
(16) 高島『経済成長の日本史』の206～207頁。
(17) 高島『経済成長の日本史』の284頁。
(18) 高島『経済成長の日本史』の118頁。
(19) 詳しくは、高島『経済成長の日本史』の252～254頁を参照。
(20) 西川俊作による先行研究については、西川俊作『長州の経済構造―1840年代の見取り図』東洋経済新報社、2012年を参照のこと。
(21) 現在入手可能なＳＮＡ統計に関する概説書は、中村洋一『ＧＤＰ統計を知る』（財）日本統計協会、2017年があげられるが、そこで解説されている推計方法は、コモディティ・フロー法ぐらいである。
(22) ＬＴＥＳの改訂では、代表的な事例として攝津のほかに宇都宮浄人「個人消費支出からみた戦間期の景気変動：ＬＴＥＳ個人消費支出の再推計」日本銀行金融研究所編『金融研究』2009年3月があげられる。
(23) 詳しくは、篠原三代平「序章 長期経済統計の完結」篠原編『日本経済のダイナミズム―「長期経済統計」と私』東洋経済新報社、1991年を参照されたい。なお同書の著者は、篠原のほかに、梅村又次、中村隆英、速水佑次郎、江見康一、山澤逸平の5人であるが、このうち中村を除く4人はいずれも推計と編集をおこなった研究者である。このため今回の篠原以外の文章でも、様々な興味深い推計作業上や利用上の逸話が記述されており、歴史統計の推計作業にとっては示唆に富む内容となっている。
(24) ＬＴＥＳでは、多様な推計方法が使用されているが、それらが統一的な概念のもとで使用されているわけではないほか、各方法間での整合性チェックもおこなわれていない。これらはすでにＬＴＥＳの問題点として、尾高煌之助「ＬＴＥＳとは？」一橋大学経済研究所社会科学統計情報研究センター編『アジア長期経済統計データベースプロジェクト：ニュースレター』第1号、1996年3月（http://www.ier.hit-u.ac.jp/COE/Japanese/Newsletter/No.1.japanese/odaka 3.html）で指摘されている。
(25) 篠原「長期経済統計の完結」の5～6頁。豆腐の具体的な推計方法については、篠原三代平『長期経済統計6 個人消費支出』東洋経済新報社、1967年の76～77頁を参照。味噌・醬油

の具体的推計方法は、篠原『個人消費支出』の61〜64頁、酒類の推計方法は同書の77〜80頁を参照。
(26) 篠原「長期経済統計の完結」の7〜8頁。さらに詳しい解説は、篠原『個人消費支出』の第5章「推計方法一覧」を参照のこと。
(27) 篠原「長期経済統計の完結」の10頁。
(28) 篠原「長期経済統計の完結」の11〜12頁。
(29) これらの補間推計に関する方法については、梅村又次・山田三郎ほか編『長期経済統計9 農林業』東洋経済新報社、1966年の41〜44頁が詳しい。また川越俊彦「アジア諸国における農業長期経済統計の推計方法に関するノート」(一橋大学経済研究所アジア長期経済統計 Discussion Papers D96-9) 1996年10月 (一橋大学機関リポジトリ http://www.ier.hit-u.ac.jp/COE/Japanese/discussionpapers/DP96.9/1.htm) の10頁も参照のこと。
(30) 荘園資料に総生産量や土地生産性が掲載されていない点は、高島『経済成長の日本史』の76頁に記述されている。
(31) 1600年の農業生産量問題に関連して、高島自身も「人口推計をもとに算出した1人あたり生産量の情報からは、中世後半、上久世荘を含む畿内先進地域における高い農業生産性と、それを背景とした着実な経済成長があった可能性を見通すことができるのではなかろうか。」、「これ［＝年貢高ベースの推計値］は農業生産において先進地域であった京都近郊荘園の推計値であり、全国平均の農業生産力はこれより低い水準であったと考えられる。」(いずれも高島『経済成長の日本史』の92頁、なお傍点と［　］内は筆者）と記述している。これらの記述から推測すると、高島は凡その全国生産量水準を把握していたはずである。
(32) 津田秀夫「青木虹二著『百姓一揆の年次的研究』」『社会経済史学』第33巻第1号、1967年の93頁。
(33) フェルミ推定を取り入れた超長期経済データの代表例として、山室恭子『大江戸商い白書―数量分析が解き明かす商人の真実―』講談社メチエ、2015年があげられる。この書評として、谷沢弘毅「書評：山室恭子『大江戸商い白書―数量分析が解き明かす商人の真実―』」『社会経済史学』第82巻第4号、2017年2月があげられる。
(34) 高島『経済成長の日本史』の285頁。
(35) 5％ルールの存在について、当時の推計担当者であった石渡茂は、次のように述懐している。「(ＬＴＥＳプロジェクトは）羅針盤がなくて、海図がなくて航海をするようなものですから、そうすると、自分自身で2つの点を持たないと自分の位置がはっきりわかってこないという、そういうことだろうというふうに私自身は考えております。その例としましては、ＬＴＥＳにおきましては、国民所得という第1巻、これは最後のほうにまとめられて、大川先生が盛んに研究室でおやりになったことは、生産と支出と両方出てきて、一体何％の差があるか。その差の大きいものについてはどこに問題があるかということをチェックされて、5％ルールであったかどうか、そのあたりははっきりしませんが、できるだけそれを小さくするというふうに全体の作業の改定をする。」(カッコ内は筆者）。詳しくは、石渡茂「ＬＴＥＳのための国民経済計算」一橋大学経済研究所アジア長期経済統計『Discussion Papers』(1996年度 D96-5) を参照してほしい。
(36) このＧＮＰの事例については、大川一司「第1章　総括：推計結果の概要とその含意」統計研究会長期経済統計研究委員会編『長期経済統計整備改善に関する研究［Ⅲ］』経済企画庁経済研究所、1969年の10〜15頁が詳しい。
(37) 高島『経済成長の日本史』の31頁。
(38) 正確にいうと、大川一司ほか編『長期経済統計8　物価』東洋経済新報社、1967年の「第25表　職種別賃金（A系列）」(243〜245頁)、「第26表　製造業平均賃金（B系列）」(246頁)、「第27表　製造業中分類別職工賃金（C系列）」(247〜249頁) である。
(39) さらに高島は、この比率が古代・中世にも当てはまると仮定して、農業生産量から第1次部門の生産量を推計している。この部分の情報については、高島『経済成長の日本史』の262頁を参照のこと。
(40) 詳しくは、斎藤『比較経済発展論』の103〜104頁。

(41) 神林龍「書評論文　経済発展の実証と理論　斎藤修著『比較経済発展論―歴史的アプローチ』」『日本労働研究雑誌』第586号、2009年5月の79頁。
(42) 戦前期における購買力平価の算出で消費財のみを対象とした論文として、前出の袁・深尾ほか「長期統計における国際比較」があげられる。詳しくは同論文の47頁を参照のこと。
(43) 厳密にみると、第2章の表2−2はアメリカを基準としたパーシェ購買力平価方式で計算されているため、これをイギリス＝100に代えても正確な数値とはならない。このような問題点があるとはいえ、おおよそのＰＰＰは計算することができるはずである。
(44) ビッグマック指数の問題点として、商品仕様がかならずしも一致しているわけではないこと（例えば、重量・栄養価・サイズ等が国民性に合わせて変更されていること）、消費税を含んだ価格を調査していること、原材料のうち牛肉や小麦には各国の農産物補助金が含まれること、などが指摘されている。このため正確に比較するには、これらの問題点を解決する必要がある。
(45) 斎藤『比較経済発展論』の110〜114頁。
(46) 斎藤『比較経済発展論』の115頁。

第4章
超長期系列作成のためのデータ接続問題
―超長期推計における実質化と単位変換

第1節　問題の所在

　歴史統計の作成では、時代によって利用可能な資料類が異なるため、それに応じて推計方法も変える必要がある。このため各方法によって導かれた推計値を、最終的には1本の超長期データへ接続する作業が発生する。この作業にともなって発生する問題をとりあえず「データ接続問題」と呼べば、近世以前を部分的に前章までで検討してきたにすぎないため、本章では近代部分を中心として再度、当問題を扱っていく。

　ここではデータ接続を、以下のように横のデータ接続と縦のデータ接続の2点に分けて検討していく。すなわち高島（2017）では、基本的に産業別・時期別に実質GDPを推計して、それを合計して最終的に1人当たり実質GDPを推計する方法を採用している。第2章では、この方法を「準SNA法」と名付けたが、推計の手順からみると妥当な方法であろう。この手順に従って、同書の第4章では「徳川時代・明治期初頭の農業生産量の推計」がおこなわれ、最終的な推計結果が表3-11（140頁）に地域ブロックごとに掲載されている。この表の掲載データの単位が「1000石」であることからわかるように、推計値は実際に産出された農業生産量の容積データにすぎない（もちろん石を金額データとみなすこともできるが、そうするには不確定要素が多すぎるほか、同書の古代・中世の議論では現に容積データとして扱われている）。それゆえ農業部門の実質GDPの推計のためには、特定の基準年における価格データを掛けて金額に変換する作業が必要となるが、その作業はいっさい記述されていない。この事実にまず注目しておこう。

　そのうえで推計作業の最終段階である第7章をみると、そのタイトルを「前近代日本の超長期GDPの推計と国際比較」としたうえで、表4-1のようなデー

表 4-1　高島正憲著『経済成長の日本史』における部門別生産量の推計結果

	生産量（1000 石）				部門別生産比（％）		
	第一次部門	第二次部門	第三次部門	全部門	第一次部門	第二次部門	第三次部門
730	7,502	481	711	8,695	86.3	5.5	8.2
950	9,472	575	883	10,930	86.7	5.3	8.1
1150	10,711	677	998	12,386	86.5	5.5	8.1
1280	9,837	668	1,094	11,599	84.8	5.8	9.4
1450	16,616	1,382	2,221	20,219	82.2	6.8	11.0
1600	30,678	3,652	7,306	41,635	73.7	8.8	17.5
1721	48,808	8,434	20,361	77,603	62.9	10.9	26.2
1804	58,803	10,091	24,402	93,296	63.0	10.8	26.2
1846	67,062	11,698	28,140	106,900	62.7	10.9	26.3
1874	77,103	15,888	36,551	129,541	59.5	12.3	28.2

（資料）高島正憲『経済成長の日本史』2017 年の 265 頁の表 7-2 の一部（Aの系列 1）を谷沢が切り取ったもの（ただしデータ・表タイトルは原資料のまま）。なお系列 1 とは、古代の全国人口にファリス推計を使用して推計した系列のことである。このほかに同人口に鬼頭推計を用いた系列 2 もあるが、これは議論上で影響がないため削除した。

タが提示されている（原表は同書の 265 頁の表 7-2）。この表は、きわめて興味深い事実を示している。すなわち同表では、生産量の単位として第一次部門（すなわち第 1 次産業のこと。以下同様）のほかに、第二次・第三次部門（つまり全部門）までもが、「1000 石」という農業関連の容積データで示されているからである。この事実は、高島が実質ＧＤＰの価額尺度の代用単位として「石」を使用していたことを意味している。筆者は、「石」を使用した農業生産量の推計方法を第 2 章で「石高法」と名付けたが、この「石」を他部門まで拡張した使い方は、おそらく高島（2017）の試みが初めての事例であろう。このような非 1 次部門まで拡張した石高法によるＧＤＰデータの推計作業を、ひとまず「横のデータ接続」と呼んでおくと、この方法が本文中で明確に検討されていない問題が浮上する。

さらに同書は、一貫して単位に「石」を活用しているが、第 7 章の末尾に掲載されている表 7-4「各国の 1 人あたりＧＤＰ推計の比較、1-1874 年」（274〜275 頁）では、突如として国際比較をおこなうために「1990 年国際ドル」に変換されている。つまり第 7 章では、同一時点に関して「1000 石」から「1990 年国際ドル」へとＧＤＰの再計算をおこなうことによって、730 年から 1874 年までの超長期ＧＤＰのデータが国際比較用に加工されている。この事実は、きわめて重要な 3 つの作業を読者に示唆している。すなわち、(a) いままで「石」で表示していた推計データを国内価格（円表示）に再計算すること、(b) 1990 年時点と接続するために 1874 年以降の長期実質ＧＤＰ（円表示）を一本に接続すること、

(c) この超長期ＧＤＰ（円表示）を 1990 年国際ドル表示に再計算すること、の 3 点を意味するからである。それにもかかわらず、これらの推計作業に関する具体的な説明は、上記の表 7-4 に関連した本文でも掲載されていない。つまり完全に推計方法の説明が欠落しているのである。ここで (a) の事例は上記の「横のデータ接続問題」、(c) は第 3 章で解決済みであり、(b) の事例は長期間にわたる同一種類のデータの接続であるため、「縦のデータ接続問題」と呼ぶことができる[1]。

以上の問題意識に従って、本章では高島 (2017) でほとんど記述されていないデータ接続に関わる具体的な作業内容を限られた情報から推測するほか、超長期ＧＤＰ推計で発生する問題を解決するための情報を提供する。すなわち第 2 節では、データ接続方法の再現を試みるが、その際には使用したデータがいかなる特性を有しているのかを把握する際に、現行のＳＮＡ統計の作成方法と比べつつ実質化と単位変換の問題に注目する。第 3 節では、高島 (2017) では各種作業から得られたデータがかならずしもすべて公表されていないため、第三者が推計データを利用する視点から、公表可能な関連データを提示していきたい。そして第 4 節では、本章の検討結果とその含意を述べることとする。

第 2 節　データ接続法の再現

本節では、横と縦に分けてデータ接続の具体的方法を再現する作業を示していく。この作業にあたっては、部分的な情報を基に接続方法を推測するほか、その際に使用されたと思われる資料の特性もあわせて検討していきたい。

2.1.　横のデータ接続

まず横のデータ接続の問題から進めよう。これは、産業別の単位を統一する問題（産業別単位統一問題）であるため、特に非 1 次産業の推計作業と密接に関わっている。それゆえ高島 (2017) の第 6 章「徳川時代における非農業生産の推計」などで解説されるべき内容であるが、もちろんほとんど解説されていない。ただし同章では、この問題と若干関連した内容が数箇所記述されているため、その部分を紹介することから始めよう。もっとも重要なポイントは、利用したデータの特性を押さえておくことである。

同章では、徳川時代の非農業ＧＤＰの推計が直接おこなわれているわけではな

く、代わりに非農業生産を推計するとしている。ここで生産量や生産額ではなく、あえて生産としている点が気にかかるところである。この点に関して「2　資料とデータ」の最初の部分で、非農業生産を計量分析によって推計するために使用した明治期初頭の府県別データに関して、以下のような興味深い記述がおこなわれている。

　「回帰分析に入る前に、利用する明治期パネル・データについて説明する。（中略）府県別の生産量データは攝津・Bassino・深尾（2016）の最新の成果から、第一次、第二次、第三次の部門別データを利用する[8]。彼らのデータにおける明治期のベンチマーク年は、明治期初頭（1874年）、明治中期（1890年）、明治後期（1909年）の3時点となっているため、本章のベンチマーク年も同じ年となる。」[2]

　ちなみに攝津・Bassino・深尾（2016）とは、攝津斉彦・Jean-Pascal Bassino・深尾京司「明治期経済成長の再検討—産業構造、労働生産性と地域間格差—」『経済研究』第67巻第3号、2016年のことである。同論文は、一橋学派によって実施されている、ＬＴＥＳ推計の見直し作業の一環として公表されたものである。このため本章の議論に関連する重要な情報が多数含まれているとみなされるため、以下ではしばしば参照・引用することとしたい。

　この部分から、高島（2017）では攝津・Bassino・深尾（2016）による生産量に関する推計データ3時点分（1874年、1890年、1909年）を利用しており、それが3部門に分割されたデータであったことがわかる。上記の引用部分では、この3時点が"ベンチマーク年"であると記述しているが、これは通常の統計上の使用方法と異なっており意味が不明確である[3]。なぜなら一般的にベンチマーク年というのは、複数年次あるデータ系列のうち作業上・計測上での基準年としての特定の年次を指す用語である。しかし攝津・Bassino・深尾（2016）を読んだ限りは、この3時点以外にはデータを推計した可能性は低いから、これら3時点すべてをベンチマークと呼ぶ必要はなかろう。たんに計測年次と呼んでおけばすむ内容である。このため以下の議論では、"ベンチマーク年"という用語には特にこだわらないことにする。

　この推計データがいかなる特性を有しているのかについては、本文中では具体的な内容は記述されていない。ただしこの点に関連して、上記の引用部分の注

8）の説明部分である以下の文章に注目しておきたい。

> 「8）攝津・Bassino・深尾（2016）において推計された生産量とは、厳密にいえば「実質粗付加価値」である。この実質粗付加価値における「実質」とは価格変化の要因を除いた値で、「粗」とは固定資本損耗を除かない値のことである。経済全体の粗付加価値合計の値は総生産に等しくなる。」⁽⁴⁾

この引用箇所の最初の部分は、内容的に意味が混濁しているが、それを我慢して読み進めると、実は生産量データではなく生産額データであることがわかる（実際、元論文をみると、1990年国際ドルを単位とした金額データである）。そしてＳＮＡ統計上では、生産額＝（粗）付加価値とは中間投入額をゼロとみなすことになるため、通常ではありえない話である。このためなんらかの重要な内容が欠落していると推測され、この注書き8）は専門書としてみると中途半端な記述であり、かえって読者の理解を妨げる。またこの3時点データは、上記の元論文のなかでも公表されていないため、確認できないのは非常に残念なことである。いずれにしても後述のとおり高島らは一貫してＧＤＰを想定しているため、以下では攝津らの府県別データを府県別・産業別ＧＤＰと読み替えておく。

これらの問題点に関して、第6章内ではもはや情報は得られないが、幸運にも次の第7章では関連した情報を、思わぬ場所から入手することができる。それは同章にある図7-1である。この図は「前近代日本の1人あたりＧＤＰの推移、730-1874年」というタイトルが付けられているように、1人当たり実質ＧＤＰに関して高島推計とマディソン推計を比較する目的で、その長期動向が折れ線（実線、点線）で描かれている。いわば同書で推計した1人当たりＧＤＰの最終完成形が示された貴重な図であるが、この図の注）と資料）部分に、横のデータ接続問題を解明する注目すべき情報を確認することができる。ここでこれらを紹介しておこう。

> 「注）新推計の系列1は古代の全国人口をファリス推計にて推計したもの、系列2は鬼頭推計を利用して推計したもの。新推計の1人あたりＧＤＰ値（系列1）は、730年388ドル、950年596ドル、1150年572ドル、1280年531ドル、1280年531ドル、1450年548ドル、1600年667ドル、1721年676ドル、1804年828ドル、1846年904ドル、1874年1013ド

ル。系列 2 は 725 年 519 ドル、900 年 467 ドル、1150 年 496 ドル（1280 年以降は系列 1 と同様）（以下省略）。
　　資料）新推計は表 7－3 を攝津・Bassino・深尾（2016）の 1874 年のＧＤＰ値を石高に換算して接続、（以下省略）。」[(5)]

　このうち資料）の新推計とは、高島による新たな推計値という意味であり、マディソンを旧系列とみなすことで命名されたと思われる。そして表 7－3 とは、「前近代日本の 1 人あたり総生産の推計、730－1874 年」という表タイトルが示すように、図 7－1 で表示された 1990 年国際ドルに換算する以前の石表示のＧＤＰを提示した表のことである[(6)]。そして「攝津・Bassino・深尾（2016）の 1874 年のＧＤＰ値を石高に換算して接続」という記述から、石表示は 1874 年基準でＧＤＰから変換したことがようやく理解できる。つまり 1874 年における農業（第 1 次産業）のＧＤＰと石高の換算レート（具体的には 1 石当たりＧＤＰ）を利用して、高島が超長期間における産業別の石高とＧＤＰの両データを推計していたことがわかる。いわば石高法の拡大適用である。このようなデータとその加工・推計方法に関する説明部分は本来、データ推計上不可欠の内容であるため、是非とも第 6 章の「2　資料とデータ」等の本文中で明記すべきであった。それをなぜ他章の、しかも図の資料出所部分という中途半端な場所に入れたのかは、疑問に思わざるをえないことである。

　ただし話はこれだけでは終わらない。なぜなら上記の引用部分だけでは、データの説明として不十分である。ＧＤＰ値が実質値であることは先述のとおり確認できるが、実質値であるならその基準年がいつなのかが注目されるものの、それが明記されていないからである。データ接続問題（特に後述の縦のデータ接続問題）にとって、この基準年は決定的に重要な内容である。この情報は、驚くべきことに同書のなかにいっさい記述されていないため、とりあえずＧＤＰと石高の換算レートを計算した 1874 年を基準年とみなして、以下の議論を繋げていくこととしたい。このような推測は、高島自身に確認しないかぎり確定できないため、この基準年が実際の基準年と一致しなかった可能性もある。しかしもしそうだとしても、超長期ＧＤＰに関する推計方法の議論を暫定的に進めることはできるだろう。なぜなら重要なことは、1874 年で近世と近代の両方のデータ系列が揃えばデータの接続が可能となり、基本的な推計作業が推測できるからである。その後

で高島に直接、基準年を聞くしかなかろう。

　ところで英語の表現で、"ファインプリント"という言葉がある。これは、細かい文字で書かれることにより、あまり読まれないように細工した文章のことである。おもに保険の契約書や売買契約書などに挿入されている細目や但し書きであり、契約者に不利な条件が書かれている場合が一般的である。高島（2017）でも、上記のとおり第2・3次産業のGDP推計に石高法を使用した点を当該章の本文中に明記せず、別の章にある図の資料）部分で若干言及していたことは、まさにファインプリントと同様の事例とみなすことができる。このような事例は、第2章でもすでに数箇所で指摘したところである[7]。またマディソンが著した国際比較の専門書でも、1人当たりGDPの具体的な推計方法が公表されない事例があったことは周知の事実である。しかし読者の側からみると、このような記述では判断を攪乱させていると思わざるをえない。超長期GDPのように、トップレベルの推計難易度を持ちその使用価値が高いデータでは、いずれこのような記述方法は大きな問題となろう。序章の第3節でも指摘した"検証可能性"を低下させることにもなるため、書き方として好ましいものではない点を指摘したい。

　とにかく注目すべき点は、1874年を基準年とした円表示が可能であったにもかかわらず、その後も先述のとおり「石」にこだわっていたことである。このように円表示でなく石表示にこだわった理由は何であろうか。もちろんこの点について高島（2017）ではいっさい説明されていないが、理由として考えられる事由は二つあげられる。第一は、「円」表示は1871年の新貨条例によって導入された新しい通貨単位であるため、その単位を過去10世紀以上にわたって導入するとなれば、各年次の通貨単位との複雑な換算レートの計算が必要となること（通貨換算の要因）、第二は、あくまで古代から近世までの超長期の農業生産量に注目したいため、他産業も石表示のままとしたこと（いわば農業側の要因）、が想定される。このうち推計上の問題という意味では、前者の理由のほうが重要であっただろう。それにもかかわらずこの点が一切説明されていなかったのは、高島からするとあまりにも自明の話と考えたからかもしれない。ちなみに通貨単位は、徳川期には両でよいが、それ以前は永楽通宝や鐚銭の文、米による現物給与が併用されるから、徳川期以上に複雑な換算レートにもとづく計算が求められる。

　たしかに石表示では、貫高制のもとでの貫から石高制のもとでの両へといった面倒な通貨の換算作業をおこなわないで済むという長所があるため、推計作業の

単純化とデータの安定性に寄与しよう。これは非常に魅力のある点である。ただしこの点を厳密に考えると、通貨換算作業以前に名目値から実質値への変換作業を必要としないことこそ、魅力的であるというべきだ。すなわちLTESにおける生産面からのGDP推計をもっとも簡略的に示すと、各産業の名目生産額と名目中間投入額を計測し、それを各物価指数（デフレーター）を使って実質生産額と実質中間投入額を求める。さらに両者の差額として実質付加価値を計算して、その産業分を積み上げることで実質GDPを計算している（いわゆるダブルデフレーション方式による実質化）。名目値のほかデフレーターといった各種データを整備しないかぎり、実質GDP1つの推計値さえ望めないのである。高島の想定した石高法では、このような多段階に及ぶ煩雑な計算をまったくともなわないから、驚くべき省力化された推計方法である。推計作業としてはきわめて魅力的な方法であるといえよう。

　しかし「石」への変換は、一種の実質化ではあるものの当該年次（高島（2017）の場合には1874年）の価格構造に固定することを意味するため、価格構造（つまり相対価格）の変化にともなう実態経済の変化を適切に反映しない危険性を持つ。つまり過去に遡ったいつの時点でも同じ相対価格であるはずはないから、当方法は実態を反映していないことになる。ただしこの指摘に対して、ここで扱っているデータはすでに実質値であるから、このような価格構造の影響を除去していると反論するかもしれないが、この反論に対しては"除去"しているのではなく"固定"しているにすぎないと主張したい。このような価格構造の固定による推計誤差の発生に関する問題を、とりあえず「価格固定問題」と呼んでおこう。物価変動の大きな超長期の実質GDP推計で初めから実質値で推計されるとなれば、この問題は避けて通れないことである。

　いま、価格構造の急変した事例を徳川期に限ってみても、吉宗の時代に「諸色高の米価安」が発生してコメの相対価格が低下した事例や、幕末の開港にともなって綿製品の値崩れや生糸の暴騰などが同時に発生した事例など、枚挙にいとまがない[8]。特に前者の事例では、コメ以外の相対価格が上昇することによって当分野の供給行動が活発化したことが予想される。すなわち石表示に変換する際に、各産業の相対価格を1874年に固定しているため、非1次産業の推計値は実態よりも下方バイアスが生じていたかもしれない。そもそも同推計方法は、明治期3時点の府県別人口関連データ（人口密度、都市化率）のみを使用して計測式を確定

しており、価格構造を代理する説明変数が含まれていない。このため同推計方法による推計データは、使用した計測データから判断して明治期の価格構造や価格の交差弾力性に固定されていると考えるべきである。これは、高島（2017）で採用された非１次産業の推計方法の限界といえるが、価格構造を固定させるもう一つの要因にもなろう。

通常の消費者理論では、相対価格の変化は購入する財の組み合わせを変化させ、それが効用水準を変化させるなど、様々な影響を与える。このような需要側の変動にともなって供給側の行動も変化してくるはずである。つまり実質化されたデータであるから価格構造の変化が除去されていると安易に考えることはできない。石高法では、このような価格構造の歪みを一切無視することになるから、大きな問題であることが理解できよう。一般的にＳＮＡ統計では、10年ごとに基準年を変更するルールが採用されているため、それらを接続することで価格構造の変化分を自動的に取り込んでおり、このような問題を回避している[9]。しかも近年は、現行のＳＮＡ統計（特にＱＥ）でも実質値の推計が固定基準年方式から連鎖基準方式に移行し始めているなど、価格構造の変化に慎重な対応をしている点が無視できない[10]。

一方、高島（2017）で採用した特定時点に固定された石高法では、1874年における第１次産業の金額変換率（ＧＤＰ÷石）を他産業にも適用するほか、他の年次にもこの変換率を適用しているため、いわば横のデータ接続法を縦のデータ接続法としても援用している。このため高島推計では、価格構造の変化をまったく調整できない大きな問題点が内在している。先述のとおりＬＴＥＳでは、産業ごとに名目値を推計し、その後にデフレーター（物価指数）で実質化する方法が採用されている。このため同じ歴史統計ではあっても、ＬＴＥＳの場合にはこの問題が推計方法上から発生していない。つまり高島推計では、簡便法を採用したがゆえに同問題が発生したと言うことができる。あわせて第１章の第３節で指摘したように、12世紀にわたって付加価値率を1874年時点の水準に固定していることも大きな問題である。

いずれにしても、このような長短所を併せ持った石高法（正確には非１次産業の推計方法の影響を含む）を利用していることは、重大な推計上の作業特性であるため、是非とも本文のなかでこの特徴を具体的に説明すべきであった。もしかしたらこの点について、一橋学派内ではすでに周知の事実であり、あらためて論じる

までもないと考えていたのかもしれないが、研究者を対象とした専門書に分類される高島（2017）では、この部分に対する十分な見解の開陳が必要であったはずだ。またこのような問題を解消するためには、推計作業の一環として物価指数の推計や物価現象の分析をおこなうべきあったが、高島がそれをおこなった可能性は低いように思われる[11]。いますぐ連鎖方式にもとづく推計値に修正すべきであるとは言わないが、少なくともこの問題点を検討すべきであったことだけ指摘しておきたい。ちなみに筆者個人としては、初めから実質値で推計する高島のような方法はあくまで暫定的な措置とすべきであり、最終的には名目値とデフレーター（物価指数）から実質値を求めるＬＴＥＳ流の方法へ、と変更すべきと考えている。

2.2. 縦のデータ接続

　次に縦のデータ接続については、横のデータ接続以上に推計方法や利用したデータに関する説明はおこなわれていない。この問題は、（Ａ）古代・中世における度量衡（特に容積）の尺度が現在と大きく異なるため、それを考慮して石高を修正すること（度量衡変更問題）、（Ｂ）近世から1990年までの複数系列のデータの通貨単位を統一して、一本の超長期データとすること（通貨変換問題）、という二つの単位変換問題に分けて検討していく必要がある。このうち（Ｂ）には、石表示→円表示→国際ドル表示という異なる単位のみならず、同じ単位でも基準年の異なる複数の円表示を統一する作業を含んでいる。

　まず（Ａ）の度量衡変更問題は、その原因となる度量制の歴史的な変遷に関する説明が高島（2017）の巻末の「付録　度量制にかんする若干の解説」でおこなわれている。これは読者にとって便利な内容だが、それにもかかわらず第１章で推計された最終的な農業生産量の推計値と第７章の多時点間で接続された農業生産量を比べると、明らかに異なっている。それゆえ第１章では、度量衡が現在の単位（ただし戦前期に盛んに使われていた尺貫法：旧度量衡）に修正されていない修正前データであるのに対して、第７章ではその旧度量衡が現在の度量衡へと変換された修正後データであることはほぼ間違いない。ちなみにこのような表現を使わざるをえない理由は、このような事実が高島（2017）の本文でまったく記述されていないからである。いくら厳密な推計方法を採用したとしても、第１章の最終的な推計値が旧度量衡のままとしていることは、読者側からすると不満が残ろ

表4−2　農業生産量の推移；730−1600年

(単位：1000石)

年	①表1-10の田畠計	②①を新度量衡で調整	表2-8の農業生産量 ③低位値—高位値	表2-8の農業生産量 ④平均値	⑤③の単純平均値	⑥表7-1の農業生産量
730	15,995	6,494	3,830 — 8,966	(6,329)	6,398	6,329
950	22,705	9,218	4,133 — 14,130	(7,990)	9,132	7,990
1150	23,773	9,652	5,299 — 13,719	(9,035)	9,509	9,035
1280	—	—	7,950 — 8,647	(8,298)	8,299	8,298
1450	—	—	13,389 — 14,644	(14,016)	14,017	14,016
1600	—	—	25,879			25,879

(注) 1. ②は、①×0.406で計算した。
　　 2. ④の平均値は、下記資料の第1章の補論1の耕作地率を考慮して算出した数値である。
(資料) ①は高島正憲『経済成長の日本史』の57頁の表1-10、②は筆者の計算、③④は同書101頁の表2-8より入手、⑤は筆者の計算、⑥は同書261頁の表7-1より入手。なお②の度量衡で調整する場合の0.406は同書304頁の表付-3による。

う。ちなみにこれらの数字を比較した表を表4−2で示しておく(12)。

　この表のうち②の数字は、①の第1章の最後に提示された田畠計（農業生産量）を、同書の「付録　度量制にかんする若干の解説」における古代・中世と近世・近代の枡の換算率（0.406）を掛けて修正したものである。しかしこの数字は、第2章の中世の農業生産量の部分で提示された2種類の数字（具体的には③と④）のいずれとも一致していない。さらに最終的な全GDPの数字が公表される第7章で示された、農業生産量の数字⑥とも一致していない。このように各章の数字は一致していないが、おそらく⑥の数字が正しいと仮定するのが妥当なところであろう。

　この⑥の数字と一致した数字は、第2章に提示された④の平均値であるが、この数字の具体的な計算根拠は示されていない。すなわち表4−2の（注）2.で説明したように、この数字が「第1章の補論1の耕作地率を考慮して算出した数値である」という説明が原表の資料）に書かれているが、具体的にいかに計算したのかは不明である。そもそも補論1では、古代における耕作地のうち現実に耕作されている土地の割合（＝耕作地率）を個別資料から計算しているが、この割合を具体的にどのように利用したのかはまったく解説されていない。これらの加工方法が古代の農業生産を推計する際にきわめて重要な作業であることは多言を要しないだろう。このように同一データにもかかわらず関連する部分で登場するたびに異なっているほか、その推計方法が入手できないことは、読者としては困惑するばかりである。

次に（B）の通貨変換問題に移ろう。この問題を正確に説明すると、(a) 石表示から円表示への変換、(b) 円表示の実質値の間の変換、(c) 円表示から国際ドル表示への変換が考えられる。このうち (a) と (c) についてはすでに説明しているため、(b) に限定して解説していく。この問題を解決するために、まず表7-4の注）と資料）に記載された情報より入手する以外に方法はない。ここではとりあえずこの2箇所で、日本に関する部分のみを抽出して以下に示しておこう。なお注）、資料）とも冒頭の（前略）は、日本以外の国に関する情報を示しているため省略したことを意味する。

「注）（前略）日本の730-1300年の値は730-1250年；1300-1500年の値は1250-1450年；1500-1600年の値は1450-1600年；1600-1700年の値は1600-1721年；1700-1804年の値は1721-1804年；1800-1874年の値は1804-1874年となっている。

資料）（前略）日本：図7-1の系列1。以上より作成。」[13]

両箇所でも、大した情報は提供されていない。しかも資料）部分で提示された図7-1については、すでに先述のとおりであり、それを見るかぎりは特段の情報を入手することはできない。ただし同図の資料）部分で言及されている攝津・Bassino・深尾（2016）は、重要な情報を提供してくれる。同論文では、先述のとおり明治期初頭から明治後期にかけての3時点のデータを分析した各種の結果を入手できるが、残念ながら府県別の実質ＧＤＰ自体は公表されてはいない。つまり高島がしばしば言及する19世紀後半のデータを一般読者は入手できないわけである。そこで最後の手段として同論文の文章部分を仔細に検討すると、第2次大戦中・大戦後の混乱期のＧＤＰについて、次のような記述が見つけられた。高島（2017）の考え方と密接に関連すると推測されるため、しっかりと読んでほしい。

「補論3. Maddison（2001）における1940年と1955年の実質ＧＤＰ接続方法の再検討

Maddison（2001）は、太平洋戦争中・敗戦後の混乱期の前後を接続し、日本の実質ＧＤＰ長期系列（1990年国際ドル）を作成するにあたって、1940-50年はMizoguchi（1995）に収録された溝口・野島（1993）の英文短縮版の実質ＧＤＰ、1950-52年は経済企画庁『国民所得白書』（昭和38年版国民所

得白書の参考表第3表 pp.178-179 を参照）を暦年ベースに変換した実質ＧＤＰ、1952-55 年はＯＥＣＤの *National Accounts* に報告された実質ＧＤＰ、を用いている（Maddison 2001, p.204 および Maddison 1995, pp.81-82 参照）。*National Accounts* は日本の準公式統計にあたる国民所得白書の結果におそらく基づいているから、結局 Maddison は 1940-50 年は溝口・野島（1993）の推計、1950-55 年は国民所得白書の推計を採用していたことになる。しかし、もともと溝口・野島（1993）は国民所得白書を含む当時の既存統計を再吟味し、その改善を目指して 1940-55 年の実質ＧＤＰを再推計したわけだから、その結果の一部のみを採用した Maddison の接続法には疑問が残る。（中略）しかし我々は、（中略）1940-55 年全期間について溝口・野島（1993）の推計値を用いることとした。」[14]

　上記の引用部分は、1874 年の実質ＧＤＰを長期的視点のもとで国際比較するために、1990 年国際ドルを使用した国際比較用のＧＤＰを推計する作業内容を示している。あわせてマディソンの推計値と比較する作業をおこなっているが、その結果がマディソンの推計値と大きく異なったため、その理由を検証するために推計方法の相違を記述したものである。このなかで、Maddison（1995）とは Angus Maddison（1995）*Monitoring The World Economy 1820-1992*, OECD Development Centre. Paris,［政治経済研究所訳（2000）『世界経済の成長史　1820～1992：199ヶ国を対象とする分析と推計』東洋経済新報社］、Maddison（2001）とは Angus Maddison（2001）*The World Economy A Millennial Perspectives*,OECD Development Centre. Paris,［政治経済研究所訳（2004）『経済統計で見る世界経済 2000 年史』柏書房］である。これらの２書は、いずれも高島（2017）に先行して日本を含む世界主要国のＧＤＰの長期推計を実施した専門書であるため、高島（2017）でもその推計方法を検討していたと推測される[15]。また Mizoguchi（1995）とは、Mizoguchi, Toshiyuki（1995）*Reforms of Statistical System under Socio-Economic Change,* Maruzen.を指している。

　とにかく上記の引用部分は、第２次大戦中・大戦後の混乱期のＧＤＰが現在でも公的統計として作成されていないが、それが超長期ＧＤＰの国際比較にとって最大の問題点であることを示している。つまり同時期のデータを確定することが、1000 年以上の経済成長を誕生させることに繋がる。そのために溝口敏行・野島

教之といった一橋学派の先行研究に依存せざるをえないが、特に溝口はこの分野では、現在までのところ最高の研究成果をあげた研究者であるため、その代表的な文献に依拠するという、引用部分の最後の文章に示された判断は適切なものであろう。ちなみに引用文のなかで重要な位置づけにある溝口・野島（1993）とは以下の①、経済企画庁『国民所得白書』（昭和38年版国民所得白書）とは②の文献のことである。

① 溝口敏行・野島教之「1940-1955年における国民経済計算の吟味」溝口敏行編『第二次大戦下の日本経済の統計的分析』、1990-1992年科学研究補助金総合研究（A）研究成果報告書、1993年。

② 経済企画庁編『国民所得白書　昭和38年度版　1963』大蔵省印刷局、1965年2月。

ここで掲載年次をみると、①は1940～1955年、②は1930～1961年である。ただし①の関連では現在、おなじく溝口・野島「日本の国民経済計算：1940-55」『一橋論叢』1992年がネット上から入手できる。①が入手できないため正確な判断はできないが、おそらく発行年から判断すると①の初期バージョンであると考えられる[16]。さらに一橋大学経済研究所のディスカッションペーパー（DP）として溝口・野島「1940-1955年における日本の国民経済計算の吟味」1992年があるほか、その完成版と思しきほぼ同名の『日本統計学会誌』掲載論文、1993年が確認できる[17]。このうちDPについては、筆者が1990年代前半に一橋大学経済研究所の資料室より入手して長年所有していた。残念ながら、20年以上前に転居にともない廃棄してしまったが、いまとなっては悔やむばかりである。これら4論文がいかなる関係にあるかを検証することは困難だが、もしかしたら最後の『日本統計学会誌』掲載論文がそのまま①の一部となっていた可能性は高いだろう。とにかく一橋学派以外の研究者にとっては、高島推計で利用された基礎データを入手できる可能性は低いがゆえに、これらの資料についても高島（2017）で具体的に言及してほしかった。

次に1940年以前のGDP接続は、関連情報が多いとはいえない。先述のとおり高島（2017）で使用したと推測される近世以前のデータ（石表示）と、攝津・Bassino・深尾（2016）のデータ（円表示）を両データの重なる1874年で接続することで、一本のデータが導かれる。もっともそれは1890年以前の部分に限定さ

れており、同年以降から 1940 年までは別のデータが必要となる。この期間はＬＴＥＳの対象期間と完全に重なっているため、おそらく第一に以下のＬＴＥＳ文献を使用した可能性が高いだろう。この資料では、対象年次として 1885 年から 1940 年までの名目・実質の産業別ＧＮＰやその関連データが公表されている。特に実質値は、1934〜36 年を基準年としていることを確認しておきたい。ただしＳＮＡ統計の作成方法の点からみると、③は時期的にみて①、②と異なり「1968ＳＮＡ」、すなわち国連が 1968 年に取り決めたＳＮＡ統計の推計マニュアルにもとづいて作成されていることも確認しておきたい[18]。

 ③ 大川一司・高松信清・山本有造『国民所得』（長期経済統計　1）、東洋経済新報社、1984 年。

 一方、1955 年以降のデータの接続方法も、攝津・Bassino・深尾（2016）のなかで一言も触れられておらず、我々読者は使用データ・資料を既存情報から推測するしかない。その際に、第 2 次大戦後は経済企画庁がＧＤＰの推計作業を正式に開始しているため、それらの公的統計を利用するのが常道である。例えば溝口の先行研究によると、以下のように 1955〜1970 年は④、1970〜1990 年は⑤の、それぞれ公式統計に掲載されている遡及推計値を利用している。この二つの報告書は、サブタイトルからするといずれも昭和 30 年から推定値が掲載されているように思われようが、実はそのようにはなっていない。⑤は 1970 年までしか遡及推計がおこなわれていないため、それ以前の数値のために④の報告書を使用するものである[19]。

 ④ 経済企画庁経済研究所国民所得部編『長期遡及推計　国民経済計算報告（昭和 30 年―昭和 44 年）』大蔵省印刷局、1988 年。
 ⑤ 経済企画庁経済研究所国民所得部編『長期遡及主要系列　国民経済計算報告（昭和 30 年―平成元年）』大蔵省印刷局、1991 年。

 以上①〜⑤の各データは実質値であるため、当然のことながらそれぞれ基準年が異なっている。すなわち①と②は 1955 年、③は 1934〜1936 年、④は 1980 年、⑤は 1985 年である。さらにＳＮＡ統計の作成方法を確認すると、④と⑤はいずれも「1968ＳＮＡ」にもとづいて作成されている。このため正確にいうと、①、②、③と④、⑤では一部の概念が一致しない場合がでてくる。この問題点につい

て高島 (2017) ではもちろん言及されていないが、そこまで神経質になることはないとは思うものの、とりあえず留意しておく必要はある。

　以上の議論で一番問題なのは、⑤統計が1985年基準で作られているため、1990年国際ドルに直接変換できないことだ。国際ドルに繋げるためには、1990年基準の統計が必要となる。さいわい経済企画庁による実質ＧＤＰの長期遡及推計（1968ＳＮＡベース）は、その後も継続して作成されており、以下のとおり1990（平成2）年基準に変更された二つの統計が公表されている。

　　⑥ 経済企画庁経済研究所国民所得部編『長期遡及主要系列　国民経済計算報告─平成2年基準（昭和30年─平成6年）』大蔵省印刷局、1996年。
　　⑦ 経済企画庁経済研究所国民所得部編『長期遡及主要系列　国民経済計算報告─平成2年基準（昭和30年─平成6年）』大蔵省印刷局、2001年。

　実は両統計とも、⑤統計と同様に1970年までしか遡及されていないが、1996年版では1994年まで、2001年版では1998年までのデータが公表されている。このため高島（2017）では、④統計とともに⑥か⑦のいずれかの統計を使用したはずである。なお両統計の解説文によると、その接続方法は1990年基準で「一貫型」の方法（一つの基準年で一貫的に実質化する方法）が採用されているため、接続方法は一橋学派と同一であった。

　これらの各資料を接続することによって、一本の超長期ＧＤＰデータを導出することとなる。そしてこの接続ＧＤＰを各年次の人口で割って1人当たりＧＤＰを計算するが、初めから1人当たりＧＤＰデータを直接接続することも考えられる。しかし人口データの改訂がときどきおこなわれるため、以下ではその影響を排除するためにＧＤＰデータの長期接続を考えてみる。この目的のために作成した図4-1をみてほしい。この図のうち、Ⅲ～Ⅵの部分については同一年次で基準年の異なった二つのデータが得られるため、これを接続することによって点線のような1874年基準の接続指数に加工し直す作業が可能となる。これらの点線と高島推計（Ⅰ）・攝津他推計（Ⅱ）のデータを繋げることで、どうにか古代から1990年までの一貫した超長期データが推計できる。

　各系列のデータを接続する際には、現行の消費者物価指数の接続などで使用される方法、すなわち接続係数（別名、リンク係数）を算出して、それで各系列のデータを新系列の超長期データに変換する方法を採用すべきである[20]。ただしこ

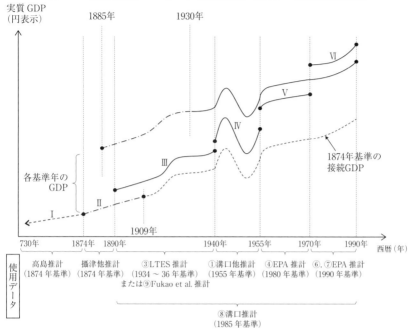

図4-1 超長期実質ＧＤＰデータの接続方法（縦のデータ接続の概念図）

（注）1. 上図は、ＧＤＰ接続に関する基本的な考え方を示したものにすぎず、一部は理解しやすいように誇張して作成されている。詳細は本文を参照のこと。
2. 図中の曲線は推計データの範囲であり、●━━● は年別データ、●┅┅● は数年別データを示す。
3. 横軸下部は、接続にあたり利用した資料とその基準年を示す。最初の番号は、本文中の資料番号を示す。
4. 高島推計は本来、「石」で計測されたデータだが、上図では攝津ほか（2016）の1874年のＧＤＰ（円表示）で円換算された数字を使用している。

（資料）谷沢が作成した。

　れらの超長期データは、あくまで1874年基準のデータ（石表示、円表示）にすぎないため、国際比較をおこなう場合にはさらに一工夫が必要となる。すなわち1874年基準の1990年ＧＤＰと1990年基準の1990年ＧＤＰから接続係数を求め、それによって1874年基準の超長期データを1990年基準の超長期データ（円表示）にいっきに修正する。さらに1990年基準の超長期データ（円表示）と1990年時点の購買力平価（国際ドル表示）を使用して、1990年基準の超長期データ（国際ドル表示）を推計していくこととなる。このように国際比較をおこなうまでには、4段階のデータ変換が必要となる。

　以上のうち最後の1990年時点の購買力平価（国際ドル表示）を利用する方法は、マディソンが開発した伝統的な方法である。それが超長期にわたって通貨の経済

価値を1990年の1時点に固定するという大きな問題（いわゆる購買力平価問題）を抱えているために、筆者は第3章で「生存倍率比較法」という新たな方法を提示したが、ここではこの点を改めて蒸し返すつもりはない。たんに高島が実施したであろう推計方法を再現するだけにとどめておく[21]。もちろん以上の各推計作業が、高島（2017）で間違いなく実施されていたと確信を持てるわけではなく、可能性の高い作業を提示したにすぎない点をお断りしておく。

このように段階的に各系列データを推計していくことによって、よくやく目的の国際比較データを作成することができるという方法では、そのうちの一つでもデータの改訂がおこなわれれば、その影響が超長期データ全体に敏感に反映することを意味している。筆者の経験からすると、おそらく小規模な改訂前後でも、10〜20％程度の誤差が発生する可能性は否定できないと思われるが、この種のデータ推計を目的とした論文では、先行研究の推計結果と10％以内の誤差が確認できただけでも、自らの推計値が正しいと主張するようなものが多い。またＳＮＡ統計は、戦後に限っても大規模な概念・集計方法の変更（いわゆる「基準改定」）を繰り返してきたため、そのたびにＧＤＰの長期遡及データも改訂しなければならないが、実際にはそれが部分的におこなわれているにすぎない[22]。このようにＧＤＰ推計に内在する各種の問題は、現在のところいずれの研究者も認識しているはずだが、それを論文上で明記することは控えているように思われる。

この関連で重要な点は、上記の各データでその概念が若干異なっていることである。すなわち③のＬＴＥＳでは国民概念（つまりＧＮＰ）を中心に使用しているのに対して、④以降は基本的に国内概念（ＧＤＰ）を使用している。ちなみに国内概念と国民概念の関係を生産面で示すと、国内総生産＋（海外からの要素所得－海外への要素所得）＝国民総生産となる[23]。繰り返すが、ＬＴＥＳでは主要項目が国民概念で推計・分析されており、上記の式に従って国内概念に修正した数値が資料編のほうに掲載されている。この点はきわめて重要な作業項目である。その他の資料のうち①は、原論文を読んでいないため明確に決めることはできないが、先述の『日本統計学会誌』掲載論文では国内概念を使用していたため、同概念を使用していた可能性が高い。また攝津・Bassino・深尾（2016）は、先述のとおり国内概念を使っていると推測されるが、これはあくまで高島（2017）の記述から推測したにすぎず、原データで確認したわけではない。

実は、この国民概念から国内概念への変更が、1990年代に入ってＳＮＡ統計

の速報段階で取り入れられるなど活発化したのであり、それ以前に推計されたＬＴＥＳは国民概念を中心に作成されていた（国内概念がまったく使用されていないわけではない点に注意）。このようにすべての資料が同一概念を使用しているわけではないため、ＬＴＥＳなどを新たなＧＤＰ統計と接続する際には注意が必要である[24]。ここでＬＴＥＳの国民所得データの特徴を確認しておこう。

　いま、表4-3によってＬＴＥＳにおける国民概念と国内概念の推計状況を確認してみたい。この表で、純国民生産・粗国民生産・純国内生産・粗国内生産は聞き慣れない用語であろうが、これらは大川一司ら一橋学派が独自に使用している用語であり、一般的にはＳＮＡ統計の国民純生産・国民総生産・国内純生産・国内総生産に相当する。まずこの表で掲げられたデータからＬＴＥＳの特徴を整理しておくと、(a) 名目値では粗国内生産（つまりＧＤＰ）が公表されておらず、純国内生産（ＮＤＰ）しかないこと、(b) 実質値ではＧＤＰ、ＧＮＰ（現在のＧＮＩ）とも公表されていること、(c) 以上2点から粗（グロス）概念のデフレーターはＧＮＰしか入手できないこと、(d) 国内概念による支出面（従来の国内総支出だが、現在は国内総生産（支出側））の内訳データが公表されていないこと、があげられる。

　さらに表4-3（A）の名目値をみると、純生産ベースの乖離率Ⅰは最大と最小で2%程度の幅ができている。(B) の実質値では、純生産ベースの乖離率Ⅱはやはり2%程度であるが、粗生産ベースの乖離率Ⅲは10%近くなっており、かなり大きくなっている。この計測結果から推測すると、ＬＴＥＳでは国内概念の実質ＧＤＰ・ＮＤＰが公表されているが、その国内概念と国民概念とは大きな乖離が発生している。また（C）のデフレーターでは、乖離率Ⅳより両概念でデフレーターの乖離はほとんどない。そのデフレーターが純生産ベースしか入手できないことは、超長期ＧＤＰの推計にあたっても作業上で不便さを感じることが予想される。この点は、国内概念による支出面データが公表されていないこととともに、ＬＴＥＳの使い勝手の悪さが確認できる。ただし考え様によっては、乖離がほとんどないことから、粗国民生産のデフレーターに乖離率Ⅳを掛けることで、暫定的な粗国内生産のデフレーターを推計しても問題ないと思われる。

　高島（2017）では、攝津・Bassino・深尾（2016）のデータを使用していたため国内概念なのかもしれないが、同書でこの概念調整がどこまで厳密に検討されていたのかは正直なところ不明である。この観点では、むしろ①の論文の後に発表

表 4-3　LTES における国内概念と国民概念の乖離

(A) 名目値　　　　　　　　　　　　　　　　　　　　　　　　　（単位：100 万円、％）

暦年	国民概念 ①純国民生産	国民概念 ②粗国民生産	③純国内生産	乖離率 I (③／①)
1885	788	806	789	100.13
1890	1,074	1,139	1,077	100.28
1895	1,391	1,552	1,392	100.07
1900	2,266	2,414	2,274	100.35
1905	2,761	3,084	2,787	100.94
1910	3,568	3,925	3,628	101.68
1915	4,585	4,991	4,640	101.20
1920	13,702	15,896	13,671	99.77
1925	15,632	16,265	15,575	99.64
1930	13,105	14,698	13,062	99.67
1935	16,502	18,298	16,432	99.58
1940	35,848	36,851	35,641	99.42

（注）1. 粗国民生産と純国民生産の差額には、減価償却のほかに統計的不突合を含む。
　　　2. 価格は、市場価格表示である。（B）、（C）も同様。
（資料）大川一司『国民所得』の 200 頁の第 8 表より入手。

(B) 実質値（1934～36 年価格）　　　　　　　　　　　　　　　　　（単位：100 万円、％）

暦年	国民概念 ①純国民生産	国民概念 ②粗国民生産	国内概念 ③純国内生産	国内概念 ④粗国内生産	乖離率 II (③／①)	乖離率 III (④／②)
1885	3,901	3,852	3,906	4,104	100.13	106.54
1890	4,817	4,583	4,825	4,984	100.17	108.75
1895	5,539	5,798	5,545	5,752	100.11	99.21
1900	6,108	6,232	6,121	6,367	100.21	102.17
1905	6,303	6,769	6,350	6,651	100.75	98.26
1910	7,455	7,834	7,559	7,956	101.40	101.56
1915	8,515	8,527	8,609	9,132	101.10	107.10
1920	10,683	11,422	10,662	11,455	99.80	100.29
1925	12,800	12,332	12,757	13,744	99.66	111.45
1930	13,329	13,882	13,287	14,476	99.68	104.28
1935	16,412	18,366	16,342	17,755	99.57	96.67
1940	23,446	22,848	23,306	25,210	99.40	110.34

（注）1. 粗国民生産と純国民生産の差額には、減価償却のほかに統計的不突合を含む。
　　　2. いずれも帰属家賃を含む数字である。
（資料）①～③は大川一司『国民所得』の 225 頁の第 23 表、④は同書の 227 頁の第 25 表の粗国内生産 (6)（帰属家賃を除く）に 226 頁の第 24 表の帰属家賃を追加した数字である。

(C) デフレーター（1934～36 年＝100）　　　（単位：100 万円、％）

暦年	国民概念 ①純国民生産	国民概念 ②粗国民生産	③純国内生産	乖離率 IV (③／①)
1885	20.20	20.92	20.20	100.00
1890	22.30	24.85	22.32	100.11
1895	25.11	26.77	25.10	99.96
1900	37.10	38.74	37.15	100.14
1905	43.80	45.56	43.89	100.19
1910	47.86	50.10	48.00	100.28
1915	53.85	58.53	53.90	100.09
1920	128.26	139.17	128.22	99.97
1925	122.13	131.89	122.09	99.97
1930	98.32	105.88	98.31	99.99
1935	100.55	99.63	100.55	100.00
1940	152.90	161.29	152.93	100.02

（資料）①～④は、上記の（A）÷（B）により谷沢が作成。

された、以下の溝口による単著論文に注目しておきたい。この論文では、これらの概念調整がおこなわれていたと考えられるからである。

⑧ 溝口敏行「長期国民経済計算からみた1940年代の日本経済」一橋大学経済研究所編『経済研究』第47巻第2号、岩波書店、1996年。

当論文は、①と異なる科学研究費補助金で実施された研究の成果であるが、ここでは1885～1990年までの名目での国内総支出・国民総支出、実質での国民総支出（1985年基準）、名目・実質での国民総生産など貴重なデータが多数掲載されているため、この分野では必読文献といえよう[25]。これらの数字は、溝口が従来実施してきた一連の第2次大戦時・大戦後のGDP推計と比べても遜色がないように思われる。溝口自身が「比較的推計方法が類似している「国民経済計算遡及推計」と「長期経済統計」の系列を、15年間（戦時・戦後の1940～55年）の補完推計によってできるだけ合理的に接続すること（は、中略）概ね目的が達成されたように思われる。」（丸カッコ内は筆者）[26]と記述していることからも、同論文の完成度を推察できる。

ただし1885年から1930年までは5～10年おきに推計されているため、図4-1では最上部に一点鎖線で示されているが、少なくとも近代に限定してもこれだけ長期にわたる整合的なデータは、現在でも最高水準の研究成果である。また専門家が1世紀以上にわたるデータを一本に接続しているため、素人によって多数のデータを接続するリスクを回避しているはずである。このような第2次大戦前・大戦中・大戦後を継続する長期系列の推計は、一橋学派にとって大きな課題となっていたため、とりあえず⑧論文によって1人当たりGDPに限ってみると解決したことを、あわせて指摘しておきたい[27]。

話をもとに戻そう。国内・国民両概念の差について、明治期初頭以前にはほとんど無視できるから問題視する必要はないという議論もあろう。たしかに現在よりも小規模の国民経済であるから、このような議論も可能かもしれないが、無碍にはできない。そこで⑧論文中に掲載されている粗国民総支出（＝国民総支出）と粗国内総支出（＝国内総支出）の乖離の程度をみると、表4-4のようになる。この検証のために本来は、粗国民総生産（＝国民総生産）と粗国内総生産（＝国内総生産）を使うべきだが、同論文で粗国内総生産が公表されていないため、代わりに支出データを使用している[28]。この表によると、たしかに1885・90・95年

の3ヵ年は両者がほぼ一致しているが，1900（明治33）年には94.53％となって粗国内総支出が粗国民総支出より6％も少なくなっているため，無視することは危険である(29)。これが一時的な現象であったとはいえ，注意を要するだろう。

　なによりも溝口が，表4-4のように1885年時点から国民概念と国内概念の二つの支出項目を明確に分けて推計している，という事実に素直に注目すべきだろう。そしていままで繰り返し提示してきた非1次産業のGDP推計にあたって，被説明変数として府県別・産業別GDPデータを使用していたことを思い出してほしい。そのデータのうち，非1次産業の構成比の大きな東京，大阪などの都市圏では，地方圏以上にGDPとGNPの差が大きくなると推測されるため，国内概念と国民概念の区別は無視できないはずだ。それゆえ表4-4のように，全国計で比較しただけでは実態を見誤ることとなる。これらの事例を考慮すると，やはり国民概念と国内概念を意識しつつ誠実に推計すべきである。また⑧論文の粗国内総支出に，表4-3（C）から求めた粗国内生産のデフレーターで実質化すれば，実質GNPデータから実質GDPデータが推計できよう。

　このように有用な情報が含まれているにもかかわらず，攝津・Bassino・深尾（2016）やマディソンの一連の著作では，この⑧論文がまったく言及されていな

表4-4　溝口論文における国内概念と国民概念（いずれも名目値）の乖離

（単位：100万円，％）

暦　年	①粗国民総支出	②粗国内総支出	乖離率（②／①）
1885	806	807	100.12
1890	1,056	1,059	100.28
1895	1,552	1,553	100.06
1900	2,414	2,282	94.53
1905	3,084	3,110	100.84
1910	3,925	3,985	101.53
1915	4,991	5,056	101.30
1920	15,896	15,865	99.80
1930	14,671	14,628	99.71
1940	36,851	36,644	99.44

（注）1．原資料の単位（10億円）を100万円に変更した。
　　　2．粗国民総支出とは国民総支出，粗国内総支出とは国内総支出のことを意味する。通常の「SNA統計」の用語と異なる点に留意してほしい。

（資料）溝口敏行「長期国民経済計算からみた1940年代の日本経済」『経済研究』第47巻第2号の101頁の表1より谷沢が作成。

い。もちろん高島（2017）でも触れられていない。この背景には、いかなる事情があったのだろうか。もしかしたら、攝津・Bassino・深尾（2016）が、あくまでマディソンの一連の推計値と比較することに主眼を置いていたため、両者とも使用していた①のデータを使用し続けたのかもしれない。筆者は、⑧のデータをもとに国内・国民概念を周到に調整すれば、接続回数を減らして古代から1990年までを通じた推計作業をおこなうことができると思うが、攝津らが同論文を使用しない理由は不明である。このような情報を考慮すると、高島（2017）では⑧を使用した可能性は低いように推察される。とにかく一橋学派のなかで⑧論文がいかなる位置づけにあるのか、筆者は個人的に関心を持っている。

　それでは以上の①～⑧の資料は、高島（2017）のなかでいかなる位置づけにあったのであろうか。この点について、すでにしばしば記述しているようにまったく言及されておらず、それゆえ縦のデータ接続は新たに実施された作業にもかかわらず、本文中では一言も解説されなかった。また同書の末尾「参考文献」でも、上記のうち③のＬＴＥＳ『国民所得』以外は掲載されていない。これらの事実から、高島（2017）のなかではデータ接続問題については重要性が低かったと推測される。特に参考文献で関連資料類が掲載されていなかった背景には、おそらくこれらの基礎データ類がすでに攝津・Bassino・深尾（2016）で使用されていたため、掲載の重複を避けて削除していたのかもしれない。しかし一般的に考えれば、接続作業の概要がまったく記述されていない状況が推計データのブラックボックス化を進めていると言わざるをえない。

　さらにもう一点の重要な事項を追加しておきたい。それは、攝津・Bassino・深尾（2016）の**「補論１．ＬＴＥＳと比較した Fukao et al. 推計の特徴と Fukao et al. 推計に本論文で加えた改訂の概要」**において、以下のような記述があることである。

> 「Fukao et al.（2015）は、1874年、1890年、1909年、1925年、1935年、1940年の６つのベンチマーク年についてのみ推計を行っている。本論文［攝津・Bassino・深尾（2016）のこと］では、この結果に以下のような改訂を施した上で、1874年、1890年、1909年の３つの年次のデータを利用し、分析をおこなった。」[30]（［　］内は筆者が補足）。

　この引用文によると、ＬＴＥＳの対象時期とほぼ同時期の新たなＧＤＰ推計値

第４章　超長期系列作成のためのデータ接続問題　*157*

として、以下のような Fukao et al. (2015) が存在していたことがわかる。
　⑨ Fukao et al. (2015) *Regional Inequality and Industrial Structure in Japan: 1874-2008*. Tokyo: Maruzen Publishing Co., Ltd.

　この推計値は、「長期経済統計シリーズ（ＬＴＥＳ）の改訂と過去への遡及を」[31]おこなうことを目的として作成されたが、攝津が共著者として加わっていたため、おそらく同人によって推計された府県別ＧＤＰデータが使用されていたことはほぼ間違いなかろう。このため一橋学派のなかでは、ＧＤＰ推計の担当者に関して近代は攝津、近世以前は高島といった役割分担がおこなわれていたことがわかる。また時間的な流れからすると、同じ府県別データを攝津・Bassino・深尾（2016）でも使用している。ただし Fukao et al. (2015) は、わずか6時点の推計にすぎなかったほか、2016年時点でもすでに改訂されていた事実が、別の文献から入手できる[32]。

　なぜ以上のような事実経過に固執するかというと、Fukao et al. (2015) のどこをみても府県別ＧＤＰデータやそれを合計した全国計のＧＤＰデータの内訳を示した表が、まったく掲載されていないからである。悉く分析結果のみが掲載されているだけであるため、一橋学派はよほどデータの公開が嫌なのかもしれない。このような事情を考慮しつつ、実際の作業では学派内でデータの使い回しがおこなわれていた可能性も十分に考えられるから、図4－1でも当資料を追加している。これらのデータのほか、データ接続にあたっては先述のとおりＬＴＥＳを利用した可能性も高いが、クドイようだが Fukao et al. (2015) がまったく使用されなかったとは断定できない。

　最後に、超長期データの接続問題を記述する際の留意点を示しておこう。すなわち一般論として言えば、接続のために複数のデータが存在する場合には、各系列がいかなる方法で作成され、それらの基準年が何年であり、それらは何年から何年まで入手できるか、それらを使用して接続データを作成する際には何年と何年で接続しているのか、各系列の単位はいかに変換していったのか、を慎重に記述していくべきである。さらに使用した国民概念（ＧＮＰ）が、いかに国内概念（ＧＤＰ）へ修正されていったのか、ネット概念とグロス概念がいかに調整されているか、にも注意しなければならない。残念ながら、高島（2017）ではこのような視点がほとんど欠落していたと言わざるをえない。

第3節　関連データの追加公表

　以上のようなデータ接続方法に関する問題のほかに、推計作業で入手できた関連データの公表という面でも無視できない問題を持っているように思われる。この事実は、髙島（2017）で提示された推計データの量と質が、その推計作業量のわりにかなり少ないことで直感できるはずである。この点は、序章の（3）で明記した使用者側の視点にも通じる話であり、すでに第2章でも指摘していたが、本節ではさらに具体的に説明しておきたい。

　その前に、筆者がデータの公表にこだわる理由を説明しておかなければならない。そもそも歴史統計では、利用できる公表データ・資料類が少ないのみならず、適切な統計手法が採用されていなかったため、全般的にそれらの信頼性が低いこと、きわめて近接した時期に複数の異なる数値のデータが存在すること、を特徴としている。また調査によって採用されている項目・現象が異なるため、「特定の一つが正しく、その他が間違い」というわけでもない。例えば明治初頭の人口統計などは、その代表例であろう[33]。このような特徴ゆえに、しばしば研究者によって採用するデータ・資料類が異なるといった現象が発生している。このような状況は、場合によっては研究を後退させることにもなりかねないため、それをできるだけ回避する必要がある。このような事例は、常にデータベースの共有が当然と考える理系分野の研究者に不思議がられる事態であるが、現に発生する大きな問題である。それゆえ、このような状況を極力避けるためには、先行研究者が使用したデータ・資料類の出所のみならず、その加工方法までこまめに公表することが求められるのである。これは、研究者にとっての道義上の責任と言っても良いかもしれない。

　同書では、本文304頁（ただし「参考文献」、「あとがき」、「索引」などを除外する）に対して、我々の利用できるデータはわずかに10頁にも満たない。この事実より、いわばデータ公表が抑制的であることがわかる。読者側からすると、本来は当然公表されるべきデータが公表されていないために、わずかに公表されたデータ（代表例は、国際比較用の1人当たり実質ＧＤＰ）のみでは、各推計段階の信頼性チェックをおこなうことができない、いわばブラックボックスの状態にある。また新たな研究をおこなう際に基礎データとして利用したいデータが公表されていないため、その研究を断念せざるをえない場合もでてくるだろう。このような状

表4-5 高島正憲著『経済成長の日本史』におけるデータの公表状況

本表・付表別	内容	公表の有無	高島本の関連箇所
本表	1874年基準の産業別実質ＧＤＰデータ（石表示、度量衡調整済み）	●	表7-2
	1874年基準の1人当たり産業別実質ＧＤＰデータ（石表示、度量衡調整済み）	●	表7-3
	1874年基準の産業別実質ＧＤＰデータ（円表示）		表7-4
	1874年基準の1人当たり産業別実質ＧＤＰデータ（円表示）		
	1990年基準の産業別実質ＧＤＰデータ（円表示）		
	1990年基準の1人当たり産業別実質ＧＤＰデータ（円表示）		⎱表7-4
	1990年基準の産業別実質ＧＤＰデータ（国際ドル表示）		
	1990年基準の1人当たり産業別実質ＧＤＰデータ（国際ドル表示）		
	人口データ（鬼頭・ファリス系列）	●	表4-5のA
	人口密度データ		表7-2
	都市化率データ	●	表5-11
	1721年、1804年、1846年、1874年（以下、近世4年分と略記）の地域別にみた1874年基準の産業別実質ＧＤＰデータ（石表示、度量衡調整済み）		表6-5のA①
	近世4年分の地域別にみた1874年基準の1人当たり産業別実質ＧＤＰデータ（石表示、度量衡調整済み）		表6-5のA②
付表	『和名抄』諸本による古代（平安前期）の旧国別田積数	●	⎱表1-3
	『拾芥抄』諸本による古代（平安後期）の旧国別田積数	●	
	古代の農業生産額（石表示、度量衡調整前）		表1-10
	古代・中世と近世との具体的な度量衡換算率		表付-3
	中世の都市別人口（推計）の推移	●	表5-5
	中世・近世の京都・大坂における非熟練労働者の実質賃金データ（原データ）		
	中世・近世の京都・大坂における非熟練労働者の実質賃金データ（接続指数などの修正データ）		図2-1、表2-7
	中世・近世の京都・大坂における非熟練労働者の名目賃金データ		
	中世・近世の京都・大坂における物価（米価）指数データ		
	1598年、1605年、1644年、1697年、1831年、1873年（以下、近世6年分と略記）の旧国別の公表石高データ	●	表3-3
	1598～1643年、1644～1696年、1697～1830年、1831～1874年（以下、近世4期間と略記）の地域別の耕地開発関係土木工事件数	●	表3-4
	近世期間（1644‐1874年）の土木工事1件当たり増加実収高	●	表3-5のB
	近世4期間の地域別の増加実収高	●	表3-5のC
	1600年、1721年、1804年、1846年、1874年（以下、近世5年分と略記）の旧国別の実収石高データ	●	表3-5のD
	近世5年分の旧国別の実態石高データ	●	表3-10のA
	1721年、1804年、1846年、1874年（以下、近世4年分と略記）における地域別人口データ		表4-4
	近世4年分における府県別人口データ		
	1874年、1890年、1909年（以下、明治3年分と略記）の府県別都市化率データ		⎱表6-3
	明治3年分の府県別人口密度データ		
	明治初頭の府県別面積データ（人口密度の計算用）		表7-2
	近世4年分における1874年基準の府県別・産業別実質ＧＤＰデータ（石表示）		表6-5のA②
	明治3年分の府県別人口密度・都市化率		図6-3ほか
	攝津・Bassino・深尾（2016）で使用された1874年基準の府県別・産業別実質ＧＤＰデータ（石表示）、明治3年分		
	攝津・Bassino・深尾（2016）で使用された1874年基準の1人当たり実質ＧＤＰデータ（石表示）、明治3年分		⎱表6-2
	攝津・Bassino・深尾（2016）で使用された1874年基準の府県別・産業別実質ＧＤＰデータ（円表示）、明治3年分		
	攝津・Bassino・深尾（2016）で使用された1874年基準の1人当たり実質ＧＤＰデータ（円表示）、明治3年分		
	ＬＴＥＳにおける1934～36年基準の実質ＧＤＰデータ（円表示）、1890～1940年分		
	ＬＴＥＳにおける1934～36年基準の1人当たり実質ＧＤＰデータ（円表示）、1890～1940年分		
	溝口・野島による1955年基準の産業別実質ＧＤＰデータ（円表示）、1940～1955年分		
	溝口・野島による1955年基準の1人当たり実質ＧＤＰデータ（円表示）、1940～1955年分		⎱表7-4
	経済企画庁による1980年基準の産業別実質ＧＤＰデータ（円表示）、1955～1970年分		
	経済企画庁による1980年基準の1人当たり実質ＧＤＰデータ（円表示）、1955～1970年分		
	経済企画庁による1990年基準の産業別実質ＧＤＰデータ（円表示）、1970～1990年分		
	経済企画庁による1990年基準の1人当たり実質ＧＤＰデータ（円表示）、1970～1990年分		
	1990年基準の購買力平価（国際ドル表示）		

（注）1. 高島本の関連箇所とは、データの公表されている場所か、未公表の場合には同データを使用して作成している代表的な図表を示す。
　　　2. 付表のデータのうち、表7-4と関連するデータ系列については、本文を参照のこと。
（資料）谷沢が高島正憲『経済成長の日本史』より作成。

況を払拭するために、高島（2017）のなかで当然に公表されるべきであったデータを表4−5に示しておく。

　この表では、高島推計に関わった各種データの全体像を把握するため、できるだけ高島推計の作業手順に忠実に書き出すことに努めた。この表のうち「公表の有無」で丸印のついているデータが本文中で公表されたことを示している。また「本表」とは、高島推計の一環として入手できる主要系列であり、基本的に全国計の年次別データである。できれば本文のしかるべき部分に解説付きで提示しておくべき重要度の高い表である。一方、「付表」とは、高島推計を実施するにあたって利用した先行研究関連のデータや加工途中のデータであり、同書の末尾に一括して掲載しておくべき表を指している。おもに特定時点のデータや地域別・府県別データなどが該当する。このような統計表の使い分けは、ＬＴＥＳ全14巻でも、本文（正確には、「第1部　分析」と「第2部　推計」）中に掲載される基本表と「第3部　資料」に掲載される付属表という2段階形式で関連データが公表されているから、特段、筆者のみが要求しているわけではない。むしろ統計表・データベースとしての性格が強い高島（2017）では当然の形式と言わざるをえない[34]。

　まず「本表」のデータは、石表示、円表示・国際ドル表示とも730年から1990年までの時系列データを示している。高島（2017）では、実質ＧＤＰデータが先述のように石表示と1990年国際ドル表示では公表されているが、円表示では公表されていない。具体的には、円表示では1874年価格と1990年価格の実質値が考えられるが、このうち1874年価格の実質値は図4−1の長期接続データに相当するものである。石表示や1990年国際ドル表示では、実感として推計値の大きさを把握しづらいため、どうしても1990年基準円表示の推計データが公表されるべきだ。そして各データが、いかに1874年基準の石表示→同基準の円表示→1990年基準の円表示→同基準の国際ドル表示と変換されたのかを、本文のなかで個別に解説しなければならなかった。別の言い方をすると、推計方法の具体的な記述がおこなわれていれば、その流れのなかで必然的にこれらの多様なデータも本文中で公表されていたであろう。

　とにかくこれらのデータは、(a) わが国に関して現在と数世紀前の非1次産業の経済規模（1人当たり規模、総額）を比較する場合、(b) 現在の低開発国と数世紀前のわが国の非1次産業の経済規模（1人当たり規模、総額）を比較する場合、

といった基礎研究にとって重要なデータであるため、是非とも公表してほしかった。ちなみに同書で非1次産業の推計方法として参考にしていたマラニマによる先行研究では、近代イタリアにおける非1次産業の割合が提示されていたから、高島の推計結果と比較できたはずである。陳腐な言い方をすると、ペティー＝クラークの法則を塗り替えるような研究成果を導いていたかもしれない。そのほか研究者であれば、これらのデータは各自が進めている研究のなかでかならず使用したがる魅力的なものであろう。ちなみに高島（2017）では、先述のとおり第2・3次産業のＧＤＰを明治前半期の人口密度と都市化率という二つの人口現象データを利用した計測式で推計していた。それゆえこの推計方法には政治体制や各種経済制度の変更が反映されていないはずだが、それにもかかわらず中世のデータの動きを説明する際に貫高制の導入、社会的分業・貨幣流通の発展などを理由としてあげている[35]。このような要因と推計値の動きを結びつけることは、慎重におこなうべきであり、少なくともこのような解釈をおこなう前に、上記の（ｂ）のような国際比較などを検証すべきであった。

　このほか古代の農業生産額に限ると、新旧度量衡による修正前・修正後の両系列が必要となる。このため本表では、度量衡の具体的な換算率と度量衡調整済みのデータをセットで公表すべきであるが、そのようにはなっていない。また表4－5の本表の最後には、近世4年分の地域別にみた産業別ＧＤＰデータ（石表示）が計上されているが、これも重要なデータ系列であるため、是非とも本文中で表を掲載してほしかった（誤解のないように正確に言うと、この関連では高島（2017）の表6-5（248頁）で全産業分のＧＤＰデータが公表されているが、ここで議論しているデータはその産業別内訳となるデータのことである）。このように本表部分では、この地域別ＧＤＰデータを除くと、ほぼ全国ベースのデータを想定している。

　他方、「付表」では、おもに高島の推計作業で使用した原データや先行研究のデータであるが、これらは原データのまま開示することを求めている。その理由は、これらのデータの多くが入手困難であるほか、たとえ入手できたとしても、統計書中にある多数のデータのうちどのデータを入手したのか、かならずしも判然としないために、あえて公表を求めるものである。もちろん今回の高島推計の再検証にとっても重要であるからだ。このうち古代の田積数に関する最初の二つのデータは、第2章でも指摘したように、高島（2017）では第1章で古代（特に平安前期・後期）の田積数に関して8頁に及ぶきわめて大きな表（表1-3のＡ、Ｂ、

C）が掲載されており、他の章と比べて突出した情報提供がおこなわれていたものの一部である。高島（2017）の本文を読む限り、この表1－3のC（諸本記載の田積数）4頁分はまったく使用されない部分であり、残りの部分もあえて本文のなかに入れる必要はないように思われる。もし表1－3のA、Bを情報公開したいのなら、付表のなかで古代の旧国別田畠面積として掲載しておくべきと判断した（なお以上の関連では、本章末尾の［付記］も参照のこと）。以上の理由によって、あえて付表に移動すべきと考えたため取り上げたものである。

また非熟練労働者の実質賃金データは、中世の農業生産量を推計する数少ない基礎資料である。第2章の2.2.で指摘したように、このデータの信頼性が揺らいでいる点でも、それを検証するためデータそのものの掲載のほか、具体的な作成方法なども該当データ部分で記述しておいてほしい。ここで厳密に議論すると、このデータ系列は以下の二つの論文から高島が作成した事実を記述しておかなければならない[36]。

> Bassino, J.-P., K. Fukao, and M. Takashima（2010）'Grain Wages of Carpenters and Skill Premium in Kyoto, c.1240-1600: A Comparison with Florence, London, Constantinople-Istanbul and Cairo', Paper presented at Economic History Society Conference, University of Durham, UK, 28 March.
>
> Bassino, J.-P. and D. Ma（2005）'Japanese Unskilled Wages in International Perspective, 1741-1913', *Research in Economic History*, 23, pp.229-248.

これらの論文のうち、一つ目の論文は1260～1600年の京都のデータ、二つ目の論文は1600～1860年の京都と大阪のデータが掲載されている。このうち推計対象の中世のデータに該当する一つ目の論文は、国際会議に提出されたペーパーであり公刊されていないため、我々としてはもはや入手ができない。これらの状況から判断しても、データの公表という点ではかなり高島（2017）は消極的であることがわかる。

このように各データが、推計（または入手）済みであったにもかかわらず公表されなかったのは、いかなる理由からであろうか。その理由としては、①高島がこれらのデータの信頼性が低いと思っていたこと、②産業別データには興味がなかったこと、③高島が今後とも多様なデータを推計していく際に、自分たちのスケジュールに沿ってこの作業をおこなうため、競合する研究者に情報提供をする

ことを控えたこと、のいずれかであったかもしれない。これは高島本人に聞いてみないとわからないが、①は一橋学派の研究者によってその信頼性はチェックされていたはずだし、②の興味がなかったということも考えづらい。このような消去法で考えると、③の理由が高いかもしれない。この関連では、近年は社会科学分野でも検証可能性・再現性の担保に向けて使用データ等の保存が求められているが、高島（2017）ではそのような動向と逆行する行動がとられたように思われる[37]。

　このようなデータの未公表に対して、読者の立場から批判することは容易であるが、それだけでは個人的な感情にすぎないと片づけられる可能性が高い。そこで過去に実施されたＬＴＥＳがこの問題に関していかに対処していたかを紹介することで、同問題に関する解決策を提示しておきたい。ＬＴＥＳプロジェクトでは、大川一司を会長とする国民所得推計研究会が組織され、各種の基礎作業が積み上げられ、最終的に刊行物として『長期経済統計』全14巻が出版された[38]。このような一連の作業スケジュールのなかでは、推計作業の途中で各種の重要な統計情報が入手できるものである。これらのデータの扱いを説明するため、以下ではデータ推計にともない発生する一連の各種データから解説していく。

　筆者は情報科学分野に疎いため、データ推計の構造体系を把握していないが、おそらく図4-2のように図示することができよう。この図で、左端の原データは基本的に数値情報で入手できるが、場合によっては文字情報を数値化することもある。とにかくそれを他の資料などを利用して加工することで、次にプロセス・データが算出できる。このデータは、いわば半製品（または仕掛品）としてのデータであるが、現状では歴史統計などの研究分野においてこの種のデータの重要性が認識されず、特段名称が付けられていないため、筆者があえてプロセス・データと命名した。このデータでも実態を反映していないため、さらに他の資料などを利用して、数段階の加工をほどこし最終的に目的の推計データを完成させる。このような関係を近世の農業生産量推計で示すと、原データが石高調査の掲載データ（公表石高データ）、プロセス・データが実収石高データ、推計データが実態石高データとなる。もちろんこれらのデータは各名称が一義的に決まるものではなく、最終的な推計目的に応じてプロセス・データになったり、推計データになったりする。実態石高が、近世のＧＤＰ推計にとってプロセス・データとなるようなものである。

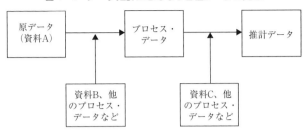

図4-2 データ推計にともなう各種データの発生

(注) データ保存・公表の視点からみた、データ推計の考え方を示しており、場合によってはこのとおりでないこともある。
(資料) 谷沢が作成。

　一般的にプロセス・データは、推計担当の研究者のほか後続の研究者にとっても重要な研究上の資産となる。例えば、第5章で扱う第3次産業所得の推計にあたって使用した、高松信清の推計した従業地位別の有業者数があげられる。このデータが残っていたことが、攝津ら次世代の研究者による再推計を可能とした。またLTESの推計作業上で入手した金融関連データをもとに、2000年に藤野正三郎・寺西重郎が『日本金融の数量分析』を出版し、その巻末に多数の金融関連データを掲載したことも、そのプラスの影響といえよう。けっしてプロセス・データを疎かにすることはできない。このため筆者が上記で記述してきた内容は、「本表」に推計データ、「付表」に原データやプロセス・データを想定していることになる。またLTESでは、これらの原データやプロセス・データが「第3部資料」の部分で多数公表されていたが、これらのデータがいかに研究者に貴重であったかは、いまさら説明するまでもなかろう。

　しかし今回の推計では、プロセス・データ等の公表を重視していなかった。おそらくこれらのデータは、一橋学派内では担当者が秘蔵していたのであろう。LTESの場合には、上記のように最終報告書に掲載されていたほか、1954～64年までに作成された国民所得推計研究会の資料類が一橋大学経済研究所社会科学統計情報研究センター内に「国民所得推計研究会資料：原稿及びワークシート」などの資料名で数十編ほど保管され、外部の研究者にも貸し出されている。ちなみに最近の貸出状況をみると、そのうちかなりの割合が2018年3月末までの貸出期間であったにもかかわらず、同年6月現在でも返却されていなかった（これらの返却期限を過ぎた借入者は、おそらく一橋大学の関係者であろう）。これらの状況から判断すると、過去の推計作業の遺産が現在でも有効に活用されている事実を確

認することができる。つまり上記のようなプロセス・データ等の保存・公開は、後続研究の発展にとって非常に重要な資源になっていることを示唆している。この事実は、今回の高島がおこなった一連の超長期ＧＤＰ推計の事例にも適用できるはずだ。

　なお、高島が推計作業で使用した明治期の府県別総生産データと類似のデータが現在、一橋大学経済研究所のＨＰの「データベース」上で、「戦前期日本県内総生産データベース」として公表されている(39)。このデータベースは、「府県別の産業別粗付加価値額（1890、1909、1925、1935、1940）」、「農業に関する府県別の粗付加価値額（1883-1940）」、製造業に関する産業中分類別（9分類）の粗付加価値額（1874、1890、1909、1925、1935、1940）」、府県別の産業別（8分類）有業人口（1906、1909、1925、1935、1940）」である。筆者は詳細な検討をおこなっていないが、1874年の全産業粗付加価値額が含まれていないため、これらのデータベースが高島の使用した数値そのものとは考えづらく、おそらく時間の前後関係から判断して、高島推計にとってはプロセス・データであると推測される(40)。

　このような事情から判断すると、府県別総生産データという特定データ系列が複数の論文や著作物で使用されているにもかかわらず、そのバージョンが論文ごとに異なるほか、良くてもこのうちどれか一つのデータ系列しか公表されていないことになる。このような状況は、各論文の再現可能性が極端に制限されることを意味している。もちろん一橋学派のなかでは、このような再現実験は必要性がないため問題とならないだろうが、同一分野の研究者にとってみると、彼らの再現性に関する論文作成を阻止されることになる。またデータの安定性が低い（＝データの寿命が短い）ため、論文の作成を大きく制限されることをも意味する。もし、かつてのＬＴＥＳのように特定時点でデータが自己完結した形で出版されているなら、同分野の研究者はそれを安心して使うことができるが、近年の一橋学派のデータ公表のスタイルは、これが守られていない。このような問題点は、どうしてもユーザー側が問題視しないかぎり変更されないだろう。

　筆者は、論文の再現可能性という視点を重視しているが、この点にそれほど神経質になる必要はないという反論があるかもしれない。しかしたんなる個人研究者の一論文の話ではなく、公共財としての「統計」に関連した話であるから、そのような安易な考えは慎むべきである。ちなみに東京大学では平成28年1月28日付け「国立大学法人東京大学における研究活動上の不正行為の防止に関する規

則」の第5条の3で、「研究者は、研究活動の正当性の証明手段を確保するとともに、第三者による・検・証・可・能・性を担保するため、文書、数値データ、画像等の研究資料及び実験試料、標本等の有体物及び相当性が認められる場合には、これを開示するものとする。」(傍点は筆者)と規定している[41]。ここで引用している事例は、けっして自然科学系に限定されたものではなく、社会科学系でも適用されることが知られている。このような個別事例をあげれば、少しは納得してもらえるのではなかろうか。

とにかくこのような推計方法・データの未開示あるいは不完全な公表は、推計データの信頼性を低めることにはなっても高めることにはならない。しかも高島(2017)の第7章にある「将来的な研究の見通し」に掲げている多様な新規データが、このような態度のまま今後も推計され続けるとしたら、我々はこれらのデータをいかに扱えばよいのだろうか。このままだと利用する側の我々の不信感が増すばかりのように思われる。ただし読者側からすると、これは高島(2017)だけの問題ではなく、そこで使用された関連データの公表やその推計方法に関する適切な解説等も含めて、一橋学派全体としての研究スケジュールや成果公表のタイミングなど、緻密なスケジュール管理とも関連する話のように思われる。研究成果の公表とはこのような周辺事項にまで及ぶため、論文公表が速いことが一概に良いとはいえない。

以上のように、高島の推計方法がパネル・データ分析を加えるなど高度化している部分は確認できるが、本章で扱ったデータ接続方法の記述面や推計データの公表面ではＬＴＥＳの場合と比べて消極化しているなど、時代の流れのなかで一橋学派の伝統が変質しつつあることを実感した。

第4節　終わりに

本章では、超長期ＧＤＰの推計作業できわめて重要な工程の一つである近代部分のデータ接続を中心として、高島正憲著『経済成長の日本史』のなかで実施されたと思われる方法を再現してみた。このような議論は本来、同書のなかで説明されるべきであり、第三者が論じるものではないが、残念ながら具体的な説明がいっさいなかったため、関連する研究を踏まえてその推計方法を独自に再現したほか、それにともなって得られる推計データの追加公表をあわせて提言した。溝口敏行・篠原三代平らの先行研究者の論文・報告書などと比較すると、推計方法

に関する記述が極端に省略されており、およそ当該分野の専門家でないかぎり同結果の経済的含意を正確に理解することは困難である。このような記述スタイルは、経済史研究の国際化のなかで選択されたのかもしれないが、筆者は一種の参入障壁のように感じた。なぜこれほど重要な部分を記述しなかったのかその理由は不明であるが、とりあえず以下では本章の検討結果を要約しておこう。

　まずデータ接続問題は、横のデータ接続問題と縦のデータ接続問題に分けて検討した。横のデータ接続問題（産業別単位統一問題）では、攝津斉彦らの先行研究より得られた1874年時点における1次産業の石数と円表示の実質ＧＤＰを使用して換算レートを計算し、それを使用して過去に遡って非1次産業のデータを1次産業のデータと石数で接続する方法を適用した。このような方法は筆者が第2章で「石高法」と命名した推計方法を活用した手法であり、高島によって初めて全産業に適用されたのは興味深い。ただし通貨単位の複雑な換算を回避して産業別データの接続を容易にする反面、特定年次の価格構造に固定された実質値であるため、超長期ＧＤＰの推計誤差を発生させる問題（価格固定問題）を抱えていることを指摘した。

　一方、縦のデータ接続問題は、度量衡変更問題と通貨変換問題という二つの単位変換問題を検討した。まず前者は、古代・中世の農業データを近世以降のそれに接続する際に発生する問題であるが、この具体的な方法は残念ながら再現することができなかった。後者は通貨単位の異なる複数のデータを接続する問題であるが、先行研究であるＬＴＥＳのほか溝口敏行、野島教之、攝津斉彦などの新規推計、経済企画庁の長期遡及推計などの各データを使用して、1990年までの超長期接続データを作成した可能性を提示した。ただし一部のデータでは、採用された資料やその基準年を確定できなかった。そして国際比較データを作成するまでには、1874年基準の石表示→同基準の円表示→1990年基準の円表示→同基準の国際ドル表示と、4段階の単位変換という複雑な手続が必要であることを示した。

　次に高島『経済成長の日本史』では、推計されたデータがすべて公表されていたわけではなく、重要なデータが未公表の状況にあったことを指摘した。そのうえで本章では、追加して公表すべき関連データ類を、本表と付表に分けて個別に提示した。本表では、もっとも重要なデータとして、1874年基準の産業別実質ＧＤＰデータや1人当たりＧＤＰデータがあげられる。いずれも石表示、円表示

による730年から1990年に及んだ超長期データである。また古代・中世の農業生産にかぎると、新旧度量衡による両系列が必要であることも指摘した。これらのデータは、いずれも現在と数世紀前の（産業別）経済規模を比較するといった基礎的な研究にとって必要不可欠であるため、是非とも公表すべきであったが残念なことに公表されていなかった。一方、付表では、いずれも超長期データ推計の原材料や加工途中のデータ（いわゆるプロセス・データ等）が該当するが、ほとんど公表されていなかった。高島（2017）の分析結果と直接関係ない場合でも、他の研究者にとっては多様な使い方が想定されるため、是非とも公表を望むものである。

近年の超長期ＧＤＰ推計プロジェクトは、かつてのＬＴＥＳと比べるときわめて少数の研究者たちによって支えられていたがゆえに、第２・３章や本章で示したように推計方法や推計データの開示に関して多くの問題点を抱えていた。これは、推計データの信頼性のみならず今後の推計プロジェクトの作業内容にとっても無視できないため、もう一度関係者間で推計作業全体の作業内容を見直す必要があるように思われる（この点は、終章でもう一度検討することになる）。

註
(1) ここで③の円表示から1990年国際ドル表示への変換作業は、完全に解明されているわけではないが、おそらく1990年円表示と1990年国際ドル表示の比率で各年次を調整するだけである。この点については、第２章の2.1.で解説している。
(2) 高島『経済成長の日本史』の236頁。
(3) ちなみに高島『経済成長の日本史』で"ベンチマーク年"という用語がもっとも頻繁に使用される箇所は、意外なことに第７章の「１　データと推計の基本的な方針」の1）ベンチマーク年の部分である。このように同書の最終段階になって、なぜかベンチマーク年を改めて設定する議論が古代に遡っておこなわれているが、すでに古代については第１章の「古代の農業生産量の推計」部分で年次が特定化されているため、このように最終段階になって同議論を蒸し返す理由が理解できない。またこの部分で記述しているベンチマーク年とは、たんに「計測年次」のことにすぎないが、わざわざベンチマーク年と表現する根拠は不明である。
(4) 高島『経済成長の日本史』の236頁の下部の注書き。
(5) 高島『経済成長の日本史』の271頁。
(6) 表７-３は、高島『経済成長の日本史』の268頁に掲載されている。
(7) 代表的な事例として、第２章の2.1.にある1846年のＱ／Ｎ（１人当たり農業生産量）の1.76石、同じ項目の明治期初頭の全石高に占める農業石高の割合である84.36％があげられる。これらは、いずれも高島『経済成長の日本史』の推計方法を説明する本文中には存在せず、別の場所にある図表の注書き等で示された内容である。
(8) このうち「諸色高の米価安」については、谷沢弘毅『近現代日本の経済発展』上巻、八千代出版、2014年の22頁、幕末の開港にともなう価格体系の激変については同書の65頁を参

照のこと。
(9) このような長期遡及データの作成方法については、経済企画庁編『長期遡及主要系列　国民経済計算報告―平成２年基準―（昭和30～平成６年）』大蔵省印刷局、1996年の609～610頁の「解説：生産面の実質長期系列について」を参照のこと。同報告書では、1965年、1975年、1985年、1990年を基準年とした４系列の原データを使用して、1990年基準の長期遡及データ（実質値）を作成している。
(10) 近年におけるＳＮＡ統計の実質化で連鎖基準方式が採用されている事情については、内閣府ＨＰの「国民経済計算（ＧＤＰ統計）」の「よくある質問」における解説文書（http://www.esri.cao.go.jp/jp/sna/data/data_list/kakuhou/files/about_old_kaku/about_old_kaku.html#c4）と、内閣府経済社会総合研究所国民経済計算部による2004年11月18日付け通達「国民経済計算の実質化手法の連鎖方式への移行について」を参照のこと。
(11) 高島（2017）の292頁でも、今後の研究計画の５番目として「5）物価・賃金・所得」の研究をあげているが、ここで物価をあげた理由は「実質賃金の数量経済史的な研究を目指す」といった一般論にすぎず、本章のように石高法の問題点を解消するためというわけではない。この点は強調しておく必要があろう。
(12) 表４-２と類似の表が、第３章の表５として掲載されている。こちらの表は、あくまで高島『経済成長の日本史』のなかに"農業生産高"という名称で複数のデータが掲載されていることを指摘するために作成されたものであるため、本章のように度量衡の変更にともなう石高修正の話とは異なる目的で使用されている。このように上記の表とは使用目的が異なる点に注意してほしい。
(13) 高島『経済成長の日本史』の274～275頁の表７-４。
(14) 攝津斉彦・Jean-Pascal Bassino・深尾京司「明治期経済成長の再検討―産業構造、労働生産性と地域間格差―」『経済研究』第67巻第３号、2016年の209～210頁。
(15) Maddison（1995）、Maddison（2001）に関するデータ推計などの詳しい情報については、第３章の第３節を参照のこと。
(16) 溝口敏行・野島教之「日本の国民経済計算：1940-55」『一橋論叢』第107巻第６号、1992年。
(17) 溝口敏行・野島教之「1940-1955年における日本の国民経済計算の吟味」一橋大学経済研究所ディスカッションペーパーB11、1992年は、一橋大学経済研究所のＨＰの「刊行物：ディスカッションペーパー　1990年―1994年」（http://www.ier.hit-u.ac.jp/Japanese/publication/dp1990.html）でその存在を確認したが、入手することはできなかった。また溝口敏行・野島教之「1940-1955年における国民経済計算の吟味」『日本統計学会誌』第23巻第１号、1993年は、ネット上から入手が可能である。ちなみに同論文は、溝口・野島による『一橋論叢』掲載論文（註（16））が要旨を発表しただけで統計作業の詳細が示されておらず、利用者に不便なものであったため、作業の全容を示すために作成されたものであるという（詳細は、同論文の107頁を参照）。1940～1955年までの名目・実質国内総生産が１年ごとに掲載されている。

　このように溝口による1940-1955年における国民経済計算の関連データは多数の著作で発表されているが、おそらく最後に掲げた『日本統計学会誌』と『経済研究』の掲載論文が、もっとも精巧な推計値かもしれない。これに対して攝津・Bassino・深尾「明治期経済成長の再検討」では、おそらく『日本統計学会誌』掲載論文のデータを利用していると推測されるため、若干の誤差が発生しているだろう。
(18) 本来、この情報は、大川一司ほか編『長期経済統計１　国民所得』東洋経済新報社、1974年のなかに記述されているはずであるが、筆者は残念ながらそれを見つけ出すことができなかった。その代わり袁堂軍・攝津斉彦・ジャンパスカルバッシーノ・深尾京司「戦前期日本の県内総生産と産業構造」（Global COE Hi-Stat Discussion Paper Series 071）の４頁で「ＬＴＥＳの生産側の推計は、国際連合の1968年国民経済計算体系（1968ＳＮＡ）に基づき、市場価格表示の国内総生産¥文字サイズ（8p）（または純生産）ベースで行われている。」と記述されていたためである。

(19) この資料情報は、溝口敏行「長期国民経済計算からみた1940年代の日本経済」一橋大学経済研究所編『経済研究』第47巻第2号、岩波書店、1996年の107頁の注5）より入手した。なお正確に言うと、⑤の報告書では1989年までのデータしか入手できず、1990年データは当時の『国民経済計算年報』から入手していたと推測されるが、煩雑になるため同報告書の存在は省略した。
(20) 接続係数の計算・利用方法については、例えば総務省統計局のＨＰ「平成22年基準　消費者物価指数の解説」（http://www.stat.go.jp/data/cpi/2010/kaisetsu/index.html）のⅢ「消費者物価指数の作成方法」を参照してほしい。
(21) 詳しくは、第3章の3.2.を参照。
(22) 戦後のＳＮＡ統計の基準改定については、内閣府経済社会総合研究所国民経済計算部編『国民経済計算について（平成23年基準版）』平成28年11月30日初版（http://www.esri.cao.go.jp/jp/sna/seibi/2008sna/pdf/20161130_2008sna.pdf）が詳しい。なお「基準改定」という用語では"基準年の変更"を想像するため、名称としては適切とは言い難い。むしろ素直に「概念変更」と名付けたほうが良かったように思われる。
(23) この関係は、大川ほか編『国民所得』の200頁の第8表をもとに導いている。またこの関係は支出面から、国内総支出＝国民総支出－（海外からの要素所得－海外への要素所得）と書き替えることもできる。この点は、谷沢弘毅『コア・テキスト　経済統計』新世社、2006年の54頁を参照のこと。
(24) 国連統計委員会によるＳＮＡ統計の推計マニュアルの改訂は、「1953ＳＮＡ」、「1968ＳＮＡ」の後も、「1993ＳＮＡ」、「2008ＳＮＡ」へと順次実施されているほか、それに対応して現在、わが国では「2008ＳＮＡ」への移行作業が進められている。しかし内閣府経済社会研究所では、過去の各遡及推計値を接続するための概念・定義の調整やそれにもとづく改訂作業はおこなっていないため、我々が厳密に同一定義のもとでデータを修正させることは不可能であろう。
(25) この科学研究費補助金とは、平成5-7年度科学研究補助金「21世紀の世界経済における日本型経済システムの役割と現状」（特定研究　代表者寺西重郎）である。
(26) 溝口「長期国民経済計算からみた1940年代の日本経済」の107頁。
(27) このような一橋学派による課題は、尾高煌之助「ＬＴＥＳとは？」アジア長期経済統計データベースプロジェクト編『ニューズレター』No.1、1996年の「ＬＴＥＳの課題」で記述されている。
(28) 溝口「長期国民経済計算からみた1940年代の日本経済」では、総支出については国民・国内概念のデータが表1で公表されているが、総生産については表3で国民概念のデータしか公表していない。このため何らかの理由によって、総生産では国内概念のデータが推計できない可能性もあるが、同表において実質国民総支出が第1次産業、第2次産業、第3次産業、調整項目の合計として提示されているため実質粗国民総生産のことと考えられるから、少なくとも三面等価を仮定していることが確認できる。ちなみに大川ほか編『国民所得』の11頁にある第1章の注1）では、「この章ならびに後段の諸章では、特記しないかぎり粗国民支出、ＧＮＥの推計値をＧＮＰの値として用いる。いうまでもなくＧＮＰ＝ＧＮＥの前提による。第4章で述べるように実際には両者の推計値の間には統計的不突合が存在する。」という記述があるから、このような考え方はすでに一橋学派にとっても一般的であったことがわかる。以上の事実から、上記の溝口論文でも名目粗国内総生産＝名目国内総支出、名目粗国民総生産＝名目国民総支出とみなして差し支えなかろう。
(29) もちろんこの議論の前提には、生産・支出の各デフレーターが完全にパラレルに動くということを想定している。この前提を取り払うと、より乖離度が増す可能性も否定できない。
(30) 攝津・Bassino・深尾「明治期経済成長の再検討」の206頁。
(31) 攝津・Bassino・深尾「明治期経済成長の再検討」の206頁。
(32) 攝津・Bassino・深尾「明治期経済成長の再検討」で使用したデータがFukao et al.（2015）を改訂したデータであることは、高島『経済成長の日本史』の236頁の欄外にある注）7でも指摘されている。

(33) 明治初頭の人口統計については、ありがたいことに原書房から『国勢調査以前日本人口統計集成』というタイトルで、本編18巻、別巻4巻として復刻されているため、是非参照してほしい。一口に人口統計と言っても、きわめて多様な内容の各種統計があることに驚くはずである。
(34) 最近における経済史分野のデータベースに関する事例研究として、とりあえず谷沢弘毅「『小売業経営調査』のデータベース作成上の留意点—満薗勇論文を手掛かりとして（3）」神奈川大学経済学会編『商経論叢』第52巻第1-2号、2017年1月をあげておこう。当論文から、時代を遡った数字をデータベースとするために、概念の構築・調整やデータの修正など、かなり煩雑な作業をおこなわなければならないことが理解できるはずである。
(35) この問題点は、第3章の第1節でも言及している。またこの関連では、高島『経済成長の日本史』の266〜267頁を参照のこと。
(36) この二つの論文の存在は、高島『経済成長の日本史』の96頁にある図2−1の資料）より入手することができた。
(37) 社会科学分野における検証可能性・再現性の担保に向けた原データの開示については、残念ながら各学会でも統一的な基準が作成されていない点も、あわせて留意する必要があるかもしれない。このような事情を考慮すると、ＬＴＥＳの各巻で詳細なデータが公表されている事実はかなり評価できるだろう。
(38) この事実は、一橋大学経済研究所のＨＰ上の「経済研究所の沿革」(http://www.ier.hit-u.ac.jp/Japanese/introduction/tables1.html) より入手した。
(39) このデータベースは、一橋大学経済研究所のＨＰ上の「データベース」(http://www.ier.hit-u.ac.jp/Japanese/databases/index.html#09) より入手できる。
(40) 一橋大学経済研究所のＨＰの「データベース」上にある「戦前期日本県内総生産データベース」が高島『経済成長の日本史』で使用した府県別データでない理由は、このデータベースが「袁堂軍・攝津斉彦・ジャンパスカルバッシーノ・深尾京司「戦前期日本の県内総生産と産業構造」（『経済研究』Vol.60, No.2, 2009年4月）、ならびにその増訂版であるGlobal COE Hi-Stat Discussion Paper No.71で推計・分析した「戦前期日本の府県別粗付加価値額に関するデータ」であると解説しているため、高島の本で使用した攝津・Bassino・深尾「明治期経済成長の再検討」のデータよりも古いバージョンと考えられるからである。
(41) 詳しくは、東京大学のＨＰ（https://www.u-tokyo.ac.jp/content/400068402.pdf）を参照してほしい。

第5章

『長期経済統計』における第3次産業所得の再推計問題
―攝津推計に関する論点整理

第1節　問題の所在

　すでに第2章で説明したように、高島『経済成長の日本史』（以下、高島（2017）と略記）の第6章では近世の非1次産業のＧＤＰを推計するために、攝津斉彦ほかが推計した明治期の府県別ＧＤＰのデータを使用して、非1次産業ＧＤＰを求める関数式を計測していた。このためわが国の超長期ＧＤＰ推計の推計精度は、つまるところ部分的には明治期の府県別ＧＤＰの推計精度に依拠していることとなる。

　しかしこの府県別ＧＤＰの推計値は、いままで数例の先行事例があったものの、いずれも暫定的なものにすぎず、いかに正確に推計するかが大きな課題であった[1]。そこで攝津らは、従来の『長期経済統計』（ＬＴＥＳ）で採用された方法を踏襲しつつ、一部では独自に開発した新たな推計方法を加える冒険を試みることで、ＬＴＥＳ推計値の改訂も実施しながら本格的な府県別推計値を公表した。このうち後者の新たな推計方法は、ほぼ同時期に公表された攝津斉彦「第三次産業所得の再推計―『長期経済統計』改訂の試み―」2009年（以下、攝津（2009）と呼ぶ）で紹介されている[2]。この論文は、従来の『長期経済統計１　国民所得』（以下、『国民所得』と略記）の国内純生産（Net Domestic Product：ＮＤＰ）を、第3次産業部分に絞って改訂することを目的としたものである（以下では、ＧＤＰ、ＮＤＰなどの概念を使い分けることが煩雑であるため、すべてＧＤＰまたは所得として表記する。また本章での第3次産業とは、従来の範囲より運輸通信業を除いており、以下では『国民所得』に倣って商業サービス業Ａと表記する場合がある）。ちなみに国内純生産の全産業に占める第3次産業のシェアは、戦前期にはおおむね1／3強を占めており、そのうちいわゆる商店部分（以下では商業サービス業Ｂと略記）は1／5前後で

あったから、そのシェアからみても重視すべき部門である。

ただし第3次産業は、そのシェアが注目されるだけではない。同部門（特に商店）は、個人企業が圧倒的に大きな割合を占めており、資料類がきわめて少ないためその経営実態を把握できなかったほか、そこでは本業者のほか副業者が雇用されるなど就業構造が複雑でその有業者数の把握も難しかった。特に最後の現象は、戦後のサラリーマン社会とは異なり、1人の労働者が複数の職業に就く就業環境にあったことを意味する点で、戦前期特有のものといえよう。このためGDPの推計にあたっては、多くの仮定にもとづきこれらの人々の所得を合算する困難な作業をともなっており、従来からしばしばその推計精度が低い問題が指摘され、特にLTESを作成した一橋学派のなかでは、同産業の改訂が大きな目標となっていた[3]。もちろん本格的な改訂に向けて、過去に有業者数の推計見直しなど関連作業が部分的に実施されていたが、近年になって発表された攝津（2009）でようやくその到達点が見えてきた。

以上のように高島らの超長期GDP推計を検討する際には、元をたどると攝津（2009）の改訂内容を検討する作業をおこなわなくてはならない。さらにこの作業は、『国民所得』のGDP推計方法の問題点を解明することにも繋がる点を指摘しておきたい。このように攝津（2009）は、現状ではもっともGDP推計の核心を理解するために最適の素材であるといえよう。このため本章では、同論文における第3次産業（特に商業サービス業部門）の所得（正確には総付加価値）の推計方法について、論点を整理することを目的とする。この作業は、あくまで攝津（2009）の推計（以下、攝津推計という）に代わる新方法を確立することではなく、攝津（2009）の問題点、見落とされた論点、別の見方をすべき部分を提示して、さらに精度の高い新推計を達成するための基本的考え方を整理することを意図するものである。

以下では、第2節で攝津推計に至るまでの経緯を整理し、第3節では対象を商業サービス業Bにおける所得推計に絞って、それがいかに実施されていたかを本業・副業者の実態に即して検討したうえで、特に副業者数に関して攝津推計とは異なる推計法を提示する。さらに第4節では、本稿の検討結果とその含意を述べていくこととしたい。

第2節　攝津推計までの経緯

　議論のはじめとして、攝津推計に至るまでの商業サービス業Bの所得推計に関連する各種推計の概要を簡単に説明しておこう。なぜなら攝津は、摂津（2009）のなかで『国民所得』のＧＤＰ推計値のうち、第3次産業の主要部門である商業サービス業A（＝公務＋自由業＋家事使用人等＋商業サービス業B）で推計誤差が発生しており、そのなかでも商業サービス業B（いわゆる商店形態で営業する物品販売業と各種サービス業）の推計精度が低いと主張するからである[4]。

　第3次産業の所得推計は、いずれも有業者数×1単位当たり所得でおこなっているが、そのうち有業者数は『国民所得』が公表された後も数回にわたって改訂され、数値が大幅に変更されたことを指摘しなければならない。まず『国民所得』の推計で使用された有業者数系列として、梅村又次が当初に推計した数値（旧梅村推計）があげられる。ただしこの旧梅村推計では、残念ながら商業サービス業Bにおける従業上の地位別内訳（法人営業者、個人営業者［納税者、免税点以下］、家族従業者、雇用者）が推計されていなかったため、この部分を高松信清（一橋大学経済研究所所属の経済統計研究者）が独自に推計した。このように従業地位別の有業者数を推計する理由は、商業サービス業Bでは従業地位別に異なる所得を把握する必要があるからである。とりあえずこの内訳を含む系列を、攝津（2009）では梅村＝高松推計Ｉと呼んでいる。それゆえに『国民所得』における第3次産業所得の推計では、梅村＝高松推計Ｉの有業者数に単位当たり所得を掛けるという、きわめて面倒な作業をおこなっていた。

　ところがここで新たな問題が発生する。それは『国民所得』が公表される直前に、梅村が新たな有業者数の推計値（新梅村推計）を改訂して公表したことである。このため高松は再びこの系列をもとに商業サービス業Bの従業地位別内訳を推計したが、これらの新たな推計系列は梅村＝高松推計Ⅱと呼ばれている。しかしそれは『国民所得』の第3次産業所得に反映されなかったほか、後に高松が他界したこともあって商業サービス業A部門の所得推計は残念ながら改訂されなかった。そして高松の再推計した商業サービス業Bの有業者数のみが、数年後に公表された『長期経済統計2　労働力』（以下、『労働力』と略記）のなかに掲載されることになった[5]。以上の経緯からＬＴＥＳに関する書評では、しばしば『国民所得』の第3次産業所得はいわば旧式の有業者数で推計された「旧系列の推計

値」であるから精度が低い、という批判がおこなわれた[6]（なお以上の議論から明らかなように、ここでの所得は名目値である点に注意のこと）。

　ここで以上の各推計について、現状での入手可能性について整理しておきたい。この種のデータ推計では往々にして非公表データで論文を作成する場合があるため、本章でもこの点を確認しておくことは重要なことである。いま、商業サービス業Ｂに限ってその主要推計値を整理した表5-1によると、梅村＝高松推計Ｉは『国民所得』で、同Ⅱは『労働力』で、それぞれ所得の推計に必要な有業者数の従業地位別人数が公表されている。ただしその基になった梅村の新旧推計値では、関連資料のなかでも従業地位別内訳が推計されていない。このような事実経緯から、いまとなっては旧梅村推計、梅村＝高松推計Ｉの推計方法の概要は、とりあえず梅村や高松の関連資料から入手できるものの、その後の新梅村推計、梅

表5-1　商業サービス業Ｂの有業者数の主要推計値一覧（公表時期順）

	旧梅村推計	新梅村推計	梅村＝高松推計Ｉ	梅村＝高松推計Ⅱ
公表年次	1969年	1973年	1974年	1988年
掲載資料名	［研究報告書］統計研究会長期経済統計研究委員会編『長期経済統計整備改善に関する研究［Ⅲ］』	［学術雑誌］梅村又次「産業別雇用の変動：1880-1940年」『経済研究』第24巻第2号	［経済統計書］大川一司他編『長期経済統計1 国民所得』	［経済統計書］梅村又次他編『長期経済統計2 労働力』
資料の所在	配布資料（一部の図書館で保管）	市中販売	市中販売	市中販売
推計方法の開示	上記の報告書の120～125頁	上記の論文には未掲載	上記の統計書の129～142頁	上記の統計書の131～141頁（ただし高松の未定稿）
推計データの入手可能性（資料出所）	1906～1930年の男女別有業者数（2-4表(1)）。※1920年国勢調査をベースとしているが、(A)系列と(B)系列がある。	1906～1940年の産業別有業者数（付表1、付表2）。1880～1906年の商業サービス業Aの有業者数（第1表）	1885～1940年の従業地位別有業者数（第2部推計の表8-3）	1885～1940年の従業地位別有業者数（第3部資料の第20表）

（注）1. 資料によって商業サービス業Ｂを「商業」としているものがあるが、すべて商業サービス業Ｂと表記した。
　　　2. 上記以外にも商業サービス業Ｂに関する推計があるが、本稿の目的に照らして主要な4点に限定した。
　　　3. 旧梅村推計の関連論文に、梅村「有業者数の新推計：1871-1920年」『経済研究』第19巻第4号、1968年がある。
　　　4. 旧梅村推計の（A）（B）系列に関する説明は当該資料中にないが、新梅村推計の掲載されている論文中には、「A系列は内地在住の内地人に関する年央現在の計数であり、外地人や外国人を含まない。B系列は内地在住の全人口に関する10月1日現在の計数であり、両系列は1920年で接続されている。」（107頁）という記述がある。

（資料）攝津斉彦「第三次所得の再推計」『経済研究』第60巻第2号、2009年4月などより谷沢が作成。

村＝高松推計Ⅱへの変更内容はまったく公表されていない。このため攝津（2009）で利用される主要系列を評価しようにも、部外者ではそれが実質的に不可能である[7]。

これらの資料類を検討して、有業者数の推計方法を探ってみる。梅村＝高松推計Ⅱで採用された方法は『労働力』の第2部「推計」で詳述されているため、梅村＝高松推計Ⅰで採用された方法を関連資料から入手する必要がある。とりあえずその基本的捉え方は、就業分類として対象人口＝有業者＋無業者として考えてきたことから指摘しておきたい。すなわち『国民所得』のベースとなった梅村＝高松推計Ⅰ、攝津推計のベースになった梅村＝高松推計Ⅱのいずれも、基本的には上記の考え方に従っており、本業・副業者別の有業者推計はおこなわれてこなかった。そして有業者数は、実質的には本業者数に相当する概念であったことも指摘しておく。この背景には、もちろん国勢調査で本業・副業別の集計が1920年調査のみであり、その後は有業者のみに統一されたという基礎資料上の問題があったことがあげられる。余談ながら、現在までのところ戦前期の公的統計における有業者・無業者や本業・副業などの就業状態に関するもっとも包括的な研究は、筆者の研究であろう[8]。以下では、その情報も加味して検討していく。

それでは産業別有業者の推計はいかにおこなわれたのであろうか。この関連情報として、旧梅村推計の前年に公表された論文をみると、その概略を知ることができる。この論文では、推計方法について以下のような記述が確認できる。

「今回のわれわれの推計はいわば労働供給側からの接近とでもいうべき方法によるもので、次のようなステップが踏まれている。(1) 男女および年令階級別人口の推計。(2) これに対応するグループごとの有業率の推計。(3) その積和としての有業者数の算出。」[9]

ただしこの部分のみでは、商業サービス業Aやその業種別内訳の有業者数の推計方法まではわからない。この点に関する具体的な記述を、上記の資料の翌年に公表された旧梅村推計に関する報告書のなかから取り出しておこう。

「(前略) 1920年および1930年の国勢調査のデータによる有業者の産業別分布を前節と同様の手法で前後に延長して、1906～1936年の期間について男女別有業者の産業分布を推計する。これを前節の男女別有業者数に乗じて、男女および産業別有業者数を得る。」[10] (カッコ内は筆者)。

ここでの「男女別有業者の産業分布」とは、おそらく男女別に推計した有業者数の産業別構成比のことと考えられる。また『国勢調査』の対象年次以外の年次の補間推計にあたっては、『帝国死因統計』などの情報を利用していたことが記述されている[11]。ただしこれをおこなっても商業サービス業Bのなかの従業地位別人数は不明のままである。これを推計するために、高松個人による別途推計がおこなわれた。この作業を解説した高松による別の資料では、以下の文章がその概要について示唆を与えてくれる。

　「（商業サービス業Bの）有業者数の地位をまず業主、家族従業者および雇用者の３種に分ける。業主についてはさらに法人と個人とに区分し、なお個人を納税業主と免税点以下業主に細分する。雇用者と家族従業者について、業主の区分に対応した分割はデータ不足により行なえない。

　地位別構成のデータは1920、1940年の『国勢調査』であり、この調査をベンチ・マークとし、他の年は補間あるいは補外推計した。」[12]（カッコ内は筆者）。

　これら３つの引用部分より、①性別・年齢別に有業者数＝10歳以上の対象人口×有業率で算出する、②性別・産業別有業者数＝性別有業者数×産業別構成比で計算する、③さらに商業サービス業Bの従業地位別有業者数は『国勢調査』を基準として細分する、④以上より高松でさえ産業別有業者数（つまり本業者数）まで推計し、産業別副業者数は推計していなかった、ことがわかる。これらの考え方は基本的に『労働力』に掲載されている方法でも採用されたと考えられるため、梅村＝高松Ⅰと同Ⅱの乖離は使用データの入れ替えや再計算であったと推測される。ここで①の方法による有業者数の推計は、推計値の安定性が良いと思われる。また④の事実は、第３次産業所得を推計する目的のために、初めて商業サービス業Bのみ副業者数を推計していたことが浮かび上がる。つまり本業・副業者数に関する知見は当初、梅村＝高松の作業上でまったく蓄積されていなかったことがわかる。

　以上の推計方法から判断すると、商業サービス業Aに関する梅村＝高松推計Ⅰと同Ⅱの乖離は、おもに作業上から性別・年齢別有業率の変更と産業別有業者数の構成比の変更、従業地位別人数の変更、の３つに分解して考えることができる。ちなみに商業サービス業Bに限ってみると、攝津（2009）の図１「商業・サービ

ス業B有業人口にかんする二つの梅村＝高松推計の比較」では、梅村＝高松推計Ⅰと同Ⅱにおける商業サービス業Bの有業者数を比較して、以下のように記述している。「1910年代末を境に、それ以前では梅村＝高松推計Ⅱが若干小さく、それ以降、特に1920年代後半から1930年代後半にかけて、梅村＝高松推計Ⅱの有業者数が、同Ⅰの値を大きく上まわっていることがわかる。」[13] この内容は、あくまで乖離の状況を記述しているにすぎず、残念ながらここに改訂理由を見つけることはできない。このほか『労働力』のなかに、高松が書き留めた商業サービス業Bの有業者数についての推計方法に関する文章が掲載されている[14]。残念ながら、高松が亡くなった後にその遺稿を同書の担当者が一部修正のうえ同書に掲載したものにすぎないため、実質的に未定稿でありその内容は推敲されたものとは程遠い。以上の経緯より、我々の目的である梅村＝高松推計Ⅰから同Ⅱへ改訂した理由は、残念ながら明確には把握できない。

ただしここで注目すべき指摘がある。それは、攝津（2009）の注書きで「（前略）大胆に推測すると、梅村＝高松推計Ⅰは、戦前における商業サービス業B有業者数は1940年に最大となるという前提のもとに推計されたのではないだろうか。」[15] と書かれていることだ。この点は、たしかに攝津（2009）の図1をみると、梅村＝高松推計Ⅰではおおむね1940年まで緩やかに増加傾向にあるのに対して、梅村＝高松推計Ⅱでは1936年にピークとなった後、37・38年に大きく低下している。特に梅村＝高松推計Ⅱでは、1930年と1940年の2時点で8.2％もの低下率となっており、かなり大きな減少幅である。1940年には国勢調査が実施されて、さほど両者の推計値に差は発生していないため、同期間の減少については1936年の水準をいかに考えるかということになる[16]。それは1936～40年における労働市場をいかに把握するかという点にも繋がる。つまり1936年よりも1940年のほうが商業サービス業Bの有業人口が減少していたのか、増加していたのか（または1937年の労働市場が1940年よりも緩和していたか、逼迫していたか）を検証する必要がある。

この点を厳密に検証するには、当時の各種統計データを見直す必要があるが、現状ではそれを実施するだけの余裕はない。ただし総じて1930年代は、景気拡大局面にあったことが知られている。例えば、藤野正三郎の作成した戦前期の累積ディフュージョン・インデックス（ＤＩ）を引き合いにだしておく。この指標は、景気循環の山と谷の確定がおこなえるコンポジット・インデックスの近似手

法である（戦前期の累積ＤＩの動向については、後述の図5−1（Ｂ）を参照）[17]。藤野の考案した累積ＤＩは、おそらく戦前期の景気変動を総合的に判断できるもっとも優れた指標であるため、筆者もすでに概説書で使用している[18]。この累積ＤＩによると、1930年を谷としてほぼ上昇傾向にあるため、1930年代は景気拡大局面にあったことは間違いない。このほか1937年の日中戦争開始後に転失業問題が徐々に発生していたとはいえ、1939年7月に公布された国民徴用令によって強制的な労働移動が本格化していったため、それ以前には本格的な労働移動は発生していなかった。また中小商工業の企業整備が本格化したのは、国民更生金庫が創業した1940年10月以降であった。そして1943年3月に公布された戦力増強企業整備要綱によって、強制的な商店の廃業政策が加速していった[19]。

　以上の事実経過から判断すると、1930年代後半は景気拡大に合わせて商業部門の有業人口は増加していたと想定することが自然である。このように考えれば、むしろ梅村＝高松推計Ⅰのほうが同Ⅱよりも実態にあった数値であり、同期間に8％減少となった梅村＝高松推計Ⅱは実態と異なる動きのように思われる。もちろん両系列の具体的な推計方法が入手できていないため断言することはできないが、攝津（2009）とは異なる見方も可能である点を提示しておきたい。

　しかし攝津（2009）では、「新たな有業者推計値である梅村＝高松推計Ⅱが公表されているにもかかわらず、それをＧＤＰ推計に利用していなから利用すべきだ」と言うのみで、なぜ梅村＝高松推計Ⅱが同Ⅰよりも優れているかについて解説していない。この関連の内容を記述しておくことは、攝津自身にとってもプラスになるはずだが、このような事情説明はいっさいおこなわれていない。一橋学派では、長年にわたってＬＴＥＳプロジェクトの推進に腐心した高松・梅村の二人が推計したデータであるから信頼に足るデータである、梅村＝高松推計Ⅰから同Ⅱへの改訂には必然的な理由があった、その信頼性は梅村＝高松推計Ⅰより同Ⅱのほうが増しているはずだ、という共通した意識が醸成されたのだろう。筆者が同じことを主張したとしても認められるものではないし、とたんに"データ解釈の強引さ"などと批判されよう。あわせて同学派内では、このような信頼関係のもとで攝津（2009）のような記述方法が許される点も、一般的には違和感を持つものである。

　ところで改訂作業は、新有業者数を使うだけではなかった。実は攝津は、商業サービス業Ａ所得の改訂にあたって最新系列である梅村＝高松推計Ⅱを使用する

ほかに、副業者数の再推計と1単位当たり所得の再計算の二つを実施した。まず前者の副業者数とは、ある有業者1人を想定した場合に、同人は本業のみ従事しているのではなく、副業にも従事している場合が多々あったため、その副業所得部分をＧＤＰ推計に追加する必要がある。『国民所得』でも、このような事例を想定して商業サービス業Ｂで副業者数を推計したうえで当該所得を推計していたが、その副業者数の年次別動き・・に満足できなかったため、新たにこの副業者数の再推計作業も追加する必要があると考えた。このため攝津は、後述のように副業者数の数値を独自に改訂する仮説を立てることから始めている。さらに後者については、商業サービス業Ｂの単位当たり所得額でも、その推計値に不信な部分があるとして、新たに従業地位別（すなわち法人、個人営業者（免税点以上）、同（免税点以下）、家族従業者、雇用者）に見直し作業をおこなった。このほか自由業、家事使用人等でもおもに梅村＝高松推計Ⅱを使用して改訂作業をおこなう一方、単位当たり所得額の見直しをおこなうなど、有業者数と所得に関して全般的に見直す改訂作業をおこなった。なお攝津（2009）では特段、本業・副業を各推計でいかに規定しているかが明記されておらず、議論のスタート時からすでに躓いている点も付記しておきたい。

　これらの煩雑な作業を実施した攝津の苦労は想像に難くないが、それを攝津（2009）の後半では、逆算系列と再推計系列という二つの推計結果に集約化している。両系列の正確な定義が同論文中で明示されていないため、とりあえず筆者が推測しておこう。おそらく両系列とも有業者数には梅村＝高松推計Ⅱの本業者数と新たに推計した副業者数を使用するが、単位当たりの所得はあくまで『国民所得』から逆算した金額とする場合を逆算系列、もう一度資料にあたって見直した場合を再推計系列と考えているようである。攝津（2009）によると、両系列の推計結果とも1920年代以降にＬＴＥＳより大きく上回っているが、両系列同士も大きな乖離を発生させているため、最終的には「どちらの推計値がより実態を反映しているのかについては、今後、これらの推計値を用いた分析がなされていくなかで明らかになることであり、現時点では明確な答えを出すことは難しい。［中略］今後、分析と推計の両面からさらなる検討を加えていくことにしたい。」（鍵カッコ内は筆者）[20]として、結論を先送りしている。

　とはいえ両改訂値とＬＴＥＳの乖離が、おもに所得要因で発生したのか、それとも有業者要因で発生したのかを確認する必要があるが、残念ながら攝津

(2009) ではその件に関して明確に記述していない。そこで表5-2では、再推計系列を取り上げて1910、1920、1930年の3時点についてこの二つの要因に分解することで、どちらの要因が大きな影響を与えているかを数値（すなわち寄与度）で確認した。これら3時点は、1910・1920年はＬＴＥＳ推計が攝津の再推計系列よりも若干上回る程度であるが、1930年は攝津の再推計系列がＬＴＥＳ推計よりも大きく上回るといった、象徴的な年次である。ここで有業者要因とは、梅村＝高松推計Ⅰから同Ⅱに有業者数（本業者数と副業者数の合計）がどの程度変化したかを示した寄与度であり、他方、所得要因は総所得の変化率から有業者数の変化率を引くことで、単位当たり所得の影響を概算で把握した寄与度である。商業サービス業Ｂのように、従業地位別に有業者数と1単位当たりの所得が異なる場合を含むため厳密な分析は困難であるが、概略として有業者要因と所得要因に分割することは可能であろう。

　この表によると、1910年では改訂によってマイナス3.3％の変化が発生したが、それは主に所得の低下と有業者数の低下の両方で発生していた。業種別にみると、商業サービス業Ｂの有業者要因がマイナス7.2％となり、これが第3次産業所得の改訂数字を引き下げる要因となっていた。1920年は引き続きマイナス2.0％の減少となったが、これはおもに有業者要因によって発生していた。業種別にみると、やはり商業サービス業Ｂがマイナス2.7％と大きな影響を与えている。また1910年に変化率がプラスであった家事使用人等がマイナス11％となっている点は興味深い。1930年になると、一転して7.3％に増加している。これはおもに有業者要因によって達成されたものであり、業種別にみても商業サービス業Ｂで有業者要因が19％とかなり高い水準となった。以上のように改訂にともなう第3次産業所得の変化は、業種別には商業サービス業Ｂによって、要因別には有業者要因によって発生していたことが確認できる。

　なお、攝津（2009）では、改訂議論がすべて名目値でおこなわれており、実質値でおこなわれていない。たしかに以上のような各作業をおこなうことは、多くの困難をともなうことは理解できるが、そのサブタイト「『長期経済統計』改訂の試み」からみて、目的の半分が達成されていないように思われる。また先述のとおり、逆算系列と再推計系列の決着もついていない。これらの点では、攝津（2009）の後に改訂作業の後半部分を引き継いだ論文が作成されるほか、最終的には『国民所得』と類似の統計書が発表されると考えることが順当であろう。そ

表 5-2　商業サービス業 A 所得の LTES 推計と攝津推計の比較（当年価格：1910、1920、1930 年）

1910 年	LTES 推計 (100万円)	攝津推計（100万円）		変化率（%）		要因分解（再推計系列）（%）	
		逆算系列	再推計系列	逆算系列	再推計系列	所得要因	有業者要因
商業サービス業 A	1,201	1,194	1,163	−0.6	−3.2	−1.8	−1.4
商業サービス業 B	717	687	656	−4.2	−8.5	−1.3	−7.2
自由業	68	78	78	14.7	14.7	0.0	14.7
家事使用人等	92	105	105	14.1	14.1	0.0	14.1
その他（公務）	120	120	120	0.0	0.0	0.0	0.0
調整額	204	204	204	0.0	0.0	0.0	0.0

1920 年	LTES 推計 (100万円)	攝津推計（100万円）		変化率（%）		要因分解（再推計系列）（%）	
		逆算系列	再推計系列	逆算系列	再推計系列	所得要因	有業者要因
商業サービス業 A	4,373	4,408	4,287	0.8	−2.0	1.1	−3.0
商業サービス業 B	2,721	2,785	2,664	2.4	−2.1	0.6	−2.7
自由業	359	376	376	4.7	4.7	0.0	4.7
家事使用人等	386	340	340	−11.9	−11.9	0.0	−11.9
その他（公務）	337	337	337	0.0	0.0	0.0	0.0
調整額	570	570	570	0.0	0.0	0.0	0.0

1930 年	LTES 推計 (100万円)	攝津推計（100万円）		変化率（%）		要因分解（再推計系列）（%）	
		逆算系列	再推計系列	逆算系列	再推計系列	所得要因	有業者要因
商業サービス業 A	4,659	5,340	4,999	14.6	7.3	−2.4	9.7
商業サービス業 B	2,544	3,287	2,946	29.2	15.8	−3.2	19.0
自由業	541	517	517	−4.4	−4.4	0.0	−4.4
家事使用人等	313	275	275	−12.1	−12.1	0.0	−12.1
その他（公務）	589	589	589	0.0	0.0	0.0	0.0
調整額	672	672	672	0.0	0.0	0.0	0.0

（注）1. 調整額とは、間接税―補助金の数字であり、産業別に分割できるはずだが、LTES 推計・攝津推計とも一括して計上されているため、上表でもそれに準拠した。
2. 変化率のうちその他（公務）と調整項は、攝津（2009）の 104 頁で「調整しない」と解釈できるためゼロとした。
3. 要因分解のうち、商業サービス業 B は以下のとおり。まず有業者要因は『国民所得』の本業者数＋副業者数、『労働力』の本業者数＋攝津推計の副業者数より計算した。所得要因は、変化率－有業者要因で計算した。
4. 要因分解のうち自由業と家事使用人等は、所得要因はゼロ、有業者要因は変化率と同水準とした。その他（公務）は、所得要因、有業者要因ともゼロとした。
5. 要因分解のうち商業サービス業 A は以下のとおり。まず有業者要因を上記の（注）3、4 の方法で計算した公務・家事使用人・商業サービス業 B の有業者数、『国民所得』より求めた公務の有業者数を合計して、同業種のLTES 推計と攝津推計の各有業者数を求め、それから有業者要因を計算した。所得要因は変化率－有業者要因とした。

（資料）
1. LTES 推計は大川他編『国民所得』の 207 頁の第 13 表、攝津推計は逆算系列、再推計系列とも攝津「第三次産業所得の再推計」の 6 月 20 日改訂時の表より入手した。
2. 要因分解で必要となる有業者数のうち、LTES の有業者数は以下のとおり。まず本業者数が『国民所得』の 129 頁の表 8-2、商業サービス業 B の副業者数は本業者数に『国民所得』の 142 頁の本文にある本業副業者比率を掛けて計算した。
3. 要因分解で必要となる有業者数のうち、攝津推計の有業者数は以下のとおり。まず商業サービス業 A は攝津「第三次産業所得の再推計」2009 年に記載されている方法によって、谷沢が以下の内訳業種の数字を合計した。商業サービス業 B は本業者数が『労働力』の 257-258 頁の第 20 表。副業者数が攝津（2009）の 104 頁の図 2 より谷沢が計測（長さから換算）した。自由業＋家事使用人等の本業者数は、変化率並みと仮定して谷沢が推計した。

れにもかかわらず、その後の同人の研究業績をみるとそのようにはならなかった。細かな経緯は省略するが、現在までのところこれらの作業はおこなわれていない模様である。

むしろ攝津は、ほぼ同時期に他の研究者とともに別の論文において、1890、1909、1925、1935、1940年の5ヵ年に限って、名目・実質両方の府県別ＧＤＰを推計している。この推計値は、高島（2017）でも利用されるなど、超長期ＧＤＰ推計と密接に結びついている。時期的にみて、第3次産業の推計方法については攝津（2009）の方法が採用されたことは、同論文中に、例えば「このようにしてもとめた［商業サービス業Ｂの］有業者数ならびに1人あたり所得額を用いて、各年の府県別所得額を算出し、全国計が攝津（2009）の値に一致するように調整した。」、「このため、［公務・自由業・家事使用人等の］1890年の府県別所得は、1906年の同産業の府県別有業人口構成比をつかって、攝津（2009）で推計された1890年の同部門の全国総所得を府県別に分割して算出した。」（いずれも鍵カッコ内は筆者）[21]といった記述から明らかである。それにもかかわらず、この推計値が逆算系列なのかそれとも再推計系列なのか、それともまったく新しい系列なのか、は判断が付きかねる。同時期に書かれたものである以上は当然、明記すべきであったが、それがおこなわれていないため、同一人物が書いた複数の論文上で内容の整合性が取れていない。

とにかく攝津は、今回の改訂作業で複数の作業を実施しているが、実質ＧＤＰの改訂まではおこなっていない。しかも実施した作業内容に限っても、攝津（2009）では適宜省略されて記述しているほか、記述されている場合でも錯綜している。同様の状況は、同時期に書かれた府県別ＧＤＰの論文でも発生しており、例えば商業サービス業Ｂの副業者数の推計方法も、いかなるデータを使用しているかに推計したのか不詳である。このため現状では、筆者はすべての内容を把握できていないが、本章では筆者が過去に研究してきた戦前期東京の小売商研究の成果にもとづいて、商業サービス業Ｂの副業者所得の推計部分（特にその本業・副業者数部分）に絞り内容を検討していく。もちろん当該部分の所得額は、攝津による1930年の逆算系列でさえ192百万円にすぎず、商業サービス業Ａに占める割合も3.6％でしかないため、大幅な推計値の変更をともなうものではない。しかし町場の商店での就業行動を象徴する点では無視できない議論であるため、あえて本章で取り上げるものである。

第3節　商業サービス業Bの就業問題
3.1. 本業・副業者の実態

　前節で紹介したように、攝津（2009）では様々な改訂作業を実施しているため、そのすべてを検討することは困難である。ここでは、同論文のなかで独自の推計方法を開発してもっとも個性が現れている、商業サービス業Bの本業・副業者数に焦点を絞ることとしたい。当内容は、（A）本業・副業の実態、（B）副業者数の推計方法、の二つに分けて検討することが効果的である。

　まず（A）の本業・副業者の実態については、戦前期の有業者数の研究をおこなうにあたって常に問題になる部分である。しかしいずれの研究でも、本業・副業の定義や把握方法が本格的に検討されないまま、非常に紆余曲折を経て論じられてきた。ましてこれらの就業形態がいかに機能していたかについても具体的な研究はほとんどおこなわれてこなかった。攝津（2009）でも、全体的に本業・副業という用語が散りばめられているが、その箇所を読んでも具体的なイメージを捉えることはできない。これでは商業サービス業Bの副業所得を改訂するにも、きわめて危険なことである。本業・副業の定義や把握方法に限った内容は、とりあえず筆者が過去におこなってきた一連の論文を参照してもらうこととし、以下では本業・副業者の基本的な捉え方とその実態に関する断片的だが貴重な情報を検討していこう[22]。

　先述のとおり、本業・副業別有業者数については高松がなんらかの考え方や新たな仮説を整理したはずだが、具体的な記述が残っていないため攝津や筆者にとって当然心細い状態にある。例えば何をもって本業・副業とみなすかという疑問に対しては、攝津（2009）では『甲斐国現在人別調』や『大正十四年国勢調査並職業調査結果報告』の本業・副業規定を引き合いに出した後に、最終的には伊藤繁による国勢調査の基準に関する判断、すなわち「2種類以上の職業がある場合、まず上の基準に照らして本業を決め、次に本業以外の職業の中から同様に副業を一つ決めていたとみてよい」[23]と考えることにした。ちなみに引用文中に出てくる「上の基準」とは「職業二種以上アル者ハ主ナ職業及地位ヲ本業ノ欄ニ記入シ、其ノ次ノ重ナ職業及地位ヲ副業ノ欄ニ記入スルコト」、「主ナ職業トハ主トシテ一身ヲ委ネルモノヲイヒ、其ノ区別ヲ為シ難キトキハ収入ノ最モ多イモノヲイフ」[24]のことである。

ただしこのような基準を設けても、そのとおりにいかないのが統計調査の常である。そのような事例として、以下のように興味深い内容を記述している。この引用文は、商業サービス業Bの副業者数を示した図5−1（A）で、LTES推計と攝津推計の乖離について記述している部分である。なお図5−1（A）の攝津推計は、攝津（2009）にデータが公表されていなかったため、同論文の図2（104頁）から読み取った概算値にすぎない（以下同様）。ちなみにこの図で、LTES1とは副業者数の推計にあたって『国民所得』より入手した梅村＝高松推計Ⅰを使用した場合、LTES2とは『労働力』より入手した梅村＝高松推計Ⅱを使用した場合を示している。

> 「両者（LTES1推計と攝津推計）の間で最も差が大きいのは1920年前後の年次であり、1920年時点での両者の差は20万1千人となっている（ただし、本推計には交通通信業の副業者も含む）。これは、『国民所得』で用いられた1920年の商業部門の本業者・副業者比率（0.24）を算出する際に、副業者のなかに「本業なき従属者」の副業、いわゆる「本業なき副業者」が含まれていることが多分に影響していると考えられる（1920年国勢調査において商業部門に属する「本業なき副業者」の数は、15万8千人）。（中略）1920年国勢調査の「本業なき副業者」をどのように取り扱うかについては、商業サービス業本業者数、ひいては有業人口全体の推計にも影響を与える大きな問題であり、本章の範囲を超える。ただ、本推計では「本業なき副業者」が本業者からも副業者からも欠落しているということは明記しておくべきであろう。」[25]

　いま、1920年の商業部門における本業なき副業者を有業者総数（318万8千人）で割ると5％に達するから、同年の本業副業者比率（＝副業者数÷本業者数）24％と比べても無視できない大きさであることがわかる。この比率を見ると、本業なき副業者をいかに解釈するかがまさに"大きな問題"であるとみなすべきである。それにもかかわらず、「本稿の範囲を超える」として検討を中断している点は気にかかるところだ。

　この点について筆者はかつて、1920年代初頭に東京府などで実施された家計調査を使用して、いかなる属性を持った人物が本業なき副業者となっているかを検討したことがあるため、その概要を紹介しておく。ここで利用する家計調査は、家族属性、就業内容、収支内訳など多様な項目が調査されていたため、就業状態

図5-1 商業サービス業Bの副業者数の推移

(A) LTES1推計、LTES2推計、攝津推計の副業者数の推移
(1000人)

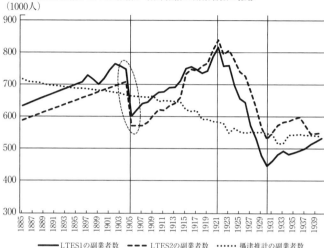

―――― LTES1の副業者数　－－－－ LTES2の副業者数　……… 攝津推計の副業者数

(注) 1. 縦線は本業副業者比率の主要変更時点、点線内は本業副業者比率の変更による大幅な下落を示す。
　　 2. LTES1の原資料は梅村＝高松推計Ⅰ、LTES2の原資料は梅村＝高松推計Ⅱである。
(資料) LTES1は『国民所得』の131頁の表8-3（本業者数）と同書142頁の本文より谷沢が計算。LTES2は『労働力』の257～258頁の第20表（本業者数）と『国民所得』の142頁の本文より谷沢が計算。攝津推計は末尾の付表5-2を参照。

(B) 景気変動と副業者の短期循環数の推移
(1000人)

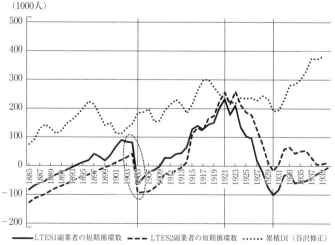

―――― LTES1副業者の短期循環数　－－－－ LTES2副業者の短期循環数　……… 累積DI（谷沢修正）

(注) 副業者の短期循環数は、各副業者数－攝津推計の副業者数で計算した。
(資料) 詳しくは上図を参照。

のみを調査したいわゆる職業調査よりも興味深い分析が可能となる。実は、わが国では本業・副業別の職業調査が1880年代前半より実施されてきたが、調査ごとに統計表式や対象地域・階層が異なるため、その本格的な分析は未だに実施されていない[26]。筆者は、いまから10年以上前に1920年代初頭の家計調査でも、就業内容に関して本業・副業別に分類された興味深い情報が含まれていることを発見したため、以下ではそのときの分析を中心として副業関連の情報を提示していく[27]。この情報は、いまのところ筆者以外には注目していない労働供給側の情報であるため、読者にとっては新鮮な感じを持つであろう。

　当時の家族構成は、ほぼ4人（夫婦＋子供2人）の世帯であったが、1922年11月に東京府社会課が実施した『中等階級調査』にもとづき、非世帯主の就業状態を本業・副業別に分類すると、表5－3のようになった（世帯人員は4.3人である）。ここで非世帯主に注目した理由は、世帯主は収入の9割以上が本業収入であるため、就業面でも本業が圧倒的に多いと想定されるからである[28]。まず表5－3（A）では、非世帯主のなかに10歳未満の児童や高齢者が含まれているため有業率は12.8％と低くなっているが、有業者数に限ってみると全有業者数の54％が副業を持っていることがわかる（ちなみに14歳以下の児女1711人をみると、無業者は1697人を占めている）。これは、本業なしで副業ありが205人（全有業者の48％）もいたことが影響しているから、副業者の大半は片手間の就業状態にあったといえよう。これ以上の情報は入手できないため、これらの人物がいかなる属性を有していたのかは残念ながら明らかにならない。

　この表は、少なくとも1920年代初頭の都市居住者の中所得階層でさえ、副業がかなり積極的におこなわれていたことを示している。これは世帯地位別に本業・副業情報を整理した貴重な情報である。とにかく攝津（2009）で問題視していた本業なき副業者の属性について、さらに掘り下げる必要がある。具体的に言うと、ここでの属性とは当人に関して、①世帯内での地位、②所属業種または所属組織の状況、③世帯主の就業状態・所得階層、などを明らかにすることである。これらの3点は、同一人物についてそれぞれ情報が得られることが望ましいが、なかなかそこまでわかる資料類は得られない。このうち①に関連して職業別・地位別の有業率をみると、表5－3（B）のようにいずれの職業でも世帯主はほぼ全員が就業しているが、妻では平均して3割、児女は7％程度、卑属（甥、姪などの傍系卑属）は3割であった。このため副業者（特に本業なき副業者）は、人数的

表5-3 中所得階層における非世帯主の就業状態（1922年）

(A) 本業・副業別内訳

（単位：人、％）

		本業あり	本業なし	計
副業	あり	28 0.8	205 6.1	233 6.9
	なし	200 5.9	2,951 87.2	3,151 93.1
	計	228 6.7	3,156 93.3	3,384 100.0

（注）1. 上段は人数（人）、下段は全人数に占める構成比（％）を示す。
　　　2. 非世帯主とは、配偶者、児女、尊属、卑属、僕卑、同居人の合計である。
（資料）谷沢弘毅『近代日常生活の再発見』の138頁の表2-4（原資料は、東京府社会課編『中等階級調査（統計篇）』の32〜37頁のデータより谷沢が作成）。

(B) 世帯地位別の有業率

（単位：％）

	世帯主	配偶者	児女	尊属	卑属	同居人	(参考)調査世帯数(戸)
官吏	100.0	24.8	2.7	4.3	10.5	0.0	121
公吏	100.0	26.1	2.8	4.3	12.5	40.0	92
警察官	100.0	25.2	3.0	7.7	80.0	—	166
小中学校教員	100.0	32.2	2.8	7.9	9.3	0.0	126
銀行会社員	100.0	17.6	3.5	8.3	17.4	—	153
電車従業員	100.0	42.2	3.7	0.0	80.0	—	103
職工	100.0	31.3	7.1	3.9	66.7	16.7	185
雑	98.8	41.3	11.4	18.2	40.0	0.0	81
合計	99.9	29.0	4.6	6.9	29.7	17.6	1,027
(参考)人数	1,027	983	1,922	217	138	17	—

（注）1. 上表では、本業・副業に関わりなく、なんらかの就業状態にある者を有業者とみなしている。
　　　2. 有業率の分母は、当該集団の人口である。
（資料）東京府社会課編『中等階級調査（統計篇）』の32〜33頁のデータより谷沢が作成。

に圧倒的に多かった妻で発生していたことが推測される。(参考)の人数から推測しても、非世帯主全体の30％を占める妻で本業なき副業者が多く発生していることがわかろう。

　そこで表5-4は、低所得階層の細民世帯、中所得階層の職工・俸給世帯別に、妻に限定して就業状態を本業・副業別に分類している。この表では、『中等階級調査』のほかに1921年に協調会が実施した『俸給職工調査』の情報を加えて、

表5-4 細民・職工・俸給世帯の妻の就業状態（1921年）

（単位：％）

	細民世帯	職工世帯	俸給世帯
有業者	44.3	36.5	24.7
本業・副業ある者	0.9		
本業のみの者	4.4	5.3	13.0
副業のみの者	39.0	31.2	11.7
無業者	55.7	63.5	75.3
合　　計	100.0	100.0	100.0
有業者に占める副業のみの者の割合	88.0	85.5	47.4

（資料）谷沢『近代日常生活の再発見』の190頁の表2-10より谷沢が作成。

筆者が妻の就業内容を独自に推計したものである。この表によると、妻の有業率は細民世帯44.3％、職工世帯36.5％、俸給世帯24.7％となり、所得が増加するに従って有業率が低下する現象（つまりダグラス＝有沢の第一法則）が確認できる。ただし有業者数に占める本業なき副業者数の割合は、細民世帯88.0％、職工世帯85.5％、俸給世帯47.4％となり、同じく所得の増加が本業なき副業者の割合を低下させ、特に俸給世帯では大きく低下していることがわかる。最後に、これら二つの表から明らかになる情報は、現在にいたるまで攝津以外に注目する研究者がいない点も指摘しておきたい。すなわち攝津は、攝津（2009）が公表された直後に当表を掲載した筆者の専門書の書評を執筆していたが、そこでは都市部の副業の重要性について筆者の主張に同意している[29]。

次に、この本業なき副業者はいかなる就業内容にあったのか、つまり②の所属業種の問題である。この点については、筆者の入手した資料からは実態を把握できないが、佐藤正広の研究が参考になる[30]。佐藤は、1920年の国勢調査にあたって、広島県件下の2ヵ村で実施された予習調査の個票を集計した結果として、本業なき副業に分類されていた事例は、基本的には女性の内職が圧倒的に多かった。ちなみに同年の国調実施前に臨時国勢調査局に寄せられた質問のなかには、「問　本業なき者の内職は副業の欄に記入するとあるも其の内職の標準は如何にすへきや（兵庫県）」に対して、「答　片手間に営む仕事にして職業と称する程度に至らさるものを内職とす」としている。もっとも農家における養蚕等のような本業に類似した職業もあったから、このような"片手間"の仕事だけには限らなかったという。

これらの事例は地方農村部の一事例にすぎないから、これが本章で紹介した1920年代初頭の東京市域の中所得階層でも当てはまると断言するには、もう少し事例を収集する必要がある。ただし佐藤が、「当時の人々が、「家業」即ち家長の職業を本業と意識し、それ以外は副業と認識していたと考えれば理解できよう」[31]と指摘していた点は、都市部の職工・俸給世帯でも適用可能かもしれない。すなわち商店主世帯で、その家族が週の数日あるいは"大売出し"などの繁忙期のみ他の商店・工場などを手伝っている場合などは、十分に想定される状況であろう。

　以上より攝津の引用文にある本業なき副業者は、おもに世帯属性上では家事と就業を同時におこなわなければならなかった妻において、その回答者が多いことが推測できる。残念ながら彼女たちの所属産業は確定できないが、都市部では当然ながら非1次産業で多様な労働需要が発生していたはずであるから、攝津（2009）などで想定していたような商店や工場が想定される。なお本業副業者比率の計算にあたって、先述のＬＴＥＳ１推計では本業なき副業者が副業者に含まれているのに対して、攝津推計ではこれが本業・副業の両方から除外されているという[32]。このように副業者の定義が異なっていたのであれば、そもそも図５－１（Ａ）でＬＴＥＳ１推計と攝津推計を比較することは意味がないとの意見も出ようが、とりあえず攝津推計が過小推計の可能性を持っていることだけ指摘しておく（この理由は、本文末尾の補論を参照のこと）。この点で攝津推計は、当時の統計調査の実務面を素直に反映したとはいいがたい。

　さらに攝津が問題視している副業者に若干関連する、労働需要側の数値を示しておこう。本業・副業別の就業分類は、上記のとおり1920年代初頭に盛んに世帯調査などで導入されたが、その動きは続かなかった。すなわち1930年の国勢調査では、有業者・無業者といった分類のみに変更されたため、われわれの目的を統計数値から検証することは不可能となった。おそらくこの背景には、調査上で個人別の就業状態を本業・副業別に分類する明確な基準が確定できなかったため、調査の実施上で混乱をもたらすと考えられたからではなかろうか。このような状況にもかかわらず、同時期でも商業部門（＝物品販売業）に限定すると、本業・副業に近似したデータを入手することができる。

　すなわち1930年に東京市域の商店を対象として実施された『東京市商業調査書』（以下、『商業調査書』と略記）のデータが残っている。この調査では、製造・

修繕・請負等をおこなっていても主に物品販売業を営んでいれば対象となったが、その一方では露店または行商は対象外としていた[33]。そして同調査は、1930年11月15日現在の東京市内の商店を対象とした全数調査であったほか、業態、対象商品、営業時間、従業員内訳のほか、損益・財政状況、資金調達内訳など広範囲の調査項目であったこと、それらを集計した統計表が1300頁以上であることなど、当時としては東京市内の物品販売業者の実態を把握できる非常に重要な調査であった。

　この調査項目のうち従業員についてみると、産業小分類別に性別従業員数が集計されているが、この従業員数とは実際に就業していた人数であるため、いわば本業・副業別人数の合計数であると考えられる。この点は、かならずしも明確に規定されているわけではない。ただし同調査の「東京市商業調査用紙」の従業員数に関する説明では、「一．人員は昭和六年六月三十日現在の状態を御記入下さい。特別の事情でその時特に従業員に増減ある所は平常の時の人数を御記入下さい。」（傍点は原文どおり）と記述されている。また「調査用紙記入心得――一般的記入心得」によると、「営業費、従業員数、営業費の記入に際しては純然たる営業費と家計とを混同せざること。（中略）従業員中「其の他の従業員」中には営業と没交渉な純然たる家事従業員を含めざること。尚業主にして営業に従事する者は之を家族従業員として算入のこと。」[34]と書かれている。この注書きから判断すると、『商業調査書』の従業員数は実態ベース（つまり本業・副業の区別なく）で業主も含めた総数を把握しているとみて間違いなかろう。

　一方、1930年10月1日に実施された国勢調査の東京府版である『国勢調査（東京府編）』には、産業小分類・職業小分類別に有業人口が集計されている[35]。すでに筆者が過去に実施した研究によると、当調査では調査票で本業・副業別に記載させているが、報告書にはその分類がない。その代わり有業者数＋無業者数＝人口となっているほか、本業者が有業者とみなされていた[36]。そして産業分類では、物品販売業に相当する173「穀類粉類販売」から209「百貨店―其ノ他」までのなかに、各産業とも職業分類上の「物品販売業主」と「露店（屋台店を含む）行商人呼売商人」が含まれているため、『商業調査書』の従業員と定義を一致させるためには、有業者総数から「露店（屋台店を含む）行商人呼売商人」を除外すればよいことになる[37]。また正確な店舗数は残念ながら入手できないが、『商業調査書』によると2店舗以上（つまり支店を持つ商店）が全体の3％

未満にすぎないため、「物品販売業主」数＝店舗数とみなしても差し支えないと考えられる。

　以上の事情より、『商業調査書』の総従業員数から『国勢調査（東京府編）』の総従業員数を引くことによって副業者数を推測することによって、最終的には本業副業者比率を計算することが可能となるはずである。つまり、いままでの分析は労働供給側の資料を使っていたが、これは労働需要側の資料を使った分析とみなすことができる。そこで表5－5の右端の（参考）のように、両データの誤差を店舗数の『商業調査書』÷『国勢調査』で検討すると、ほぼ同時期に実施された調査であるにもかかわらず、92％で若干誤差が大きくなっている。産業別には、豆腐、菓子麺麹類、履物雨具で突出して高い反面、新聞図書、肥料、機械車輛、木材竹材、織物被服類などで4割程度と大幅に低い。この理由は『国勢調査』側の店舗数が不明なことが原因であった可能性があるが、水準自体でまったく異質なデータではないといえよう。

　従業員数の総計を比較すると、副業者数は8.5万人に及び、本業副業者比率は34％に達している。全国の本業副業者比率は、梅村＝高松推計Ⅰで11％、攝津推計で13％程度であると推測できるため、3倍近くの大きさであった。もちろん東京市では、商業活動の活発さを反映して地方圏よりも比率が高くなる可能性があるが、それを考慮してもやや高めの水準であるように思われる。この観察結果は、この方法自体の不正確性によるのか、それともＬＴＥＳや攝津の想定した比率が実態を反映していないと考えるべきなのか。判断に迷うところだが、当時は第1次大戦後に発生したデフレ不況の末期にあたったから、都市部で本業副業者比率が3割台にあった可能性は否定できず、やはりＬＴＥＳや攝津の全国推計値が過小であった可能性もある。産業別にみると、電気機械器具、百貨店、皮革、紙製品などで副業者数が本業者を越したか近い水準となっている。

　ちなみにこのような産業小分類では全体像を把握しづらいため、表5－6では品目別の5大分類に集約してみた。この表によると、本業副業者比率は品目によって大きくバラつきが現れており、最大は住料品の68％、最小は保存食料品の13％である。副業者数の割合をみても、住料品の37％が一番大きくなっている。住料品で副業者比率が大きかった理由として、燃料・畳で大量の副業者を雇用していたことがあげられる。特に燃料では、当時の東京市内で家庭燃料が薪炭類から電気へと変更されていた時期であるが、そのなかでも依然として冬期間に集中

表5-5　東京市における商店の本業副業者比率（1930年）

		『昭和5年国勢調査』		『東京市商業調査書』				副業者数(人)(B)-(A)	本業副業者比率(B-A)/(A)	(参考)店舗数の誤差率(%)
		店舗数(店)	1店当たり有業者数	有業者数(人)(A)	店舗数(店)	1店当たり従業員数	総従業員数(人)(B)			
173	穀類粉類販売	3,776	2.6	9,689	3,689	2.5	9,295	-394	-4.1	97.7
174	蔬菜果物類販売	4,374	2.5	10,908	2,995	2.8	8,304	-2,604	-23.9	68.5
175	豆腐類販売	511	2.9	1,473	1,011	3.0	3,009	1,536	104.3	197.8
176	魚介藻類販売	4,244	3.1	12,998	3,829	3.8	14,649	1,651	12.7	90.2
177	鳥獣肉類販売	1,292	3.2	4,109	1,245	3.4	4,295	186	4.5	96.4
178	酒類調味料清涼飲料販売	4,525	3.0	13,427	4,170	3.7	15,429	2,002	14.9	92.2
179	菓子麺麹類販売	7,092	2.0	14,134	10,097	2.8	28,597	14,463	102.3	142.4
180	茶販売	616	2.1	1,294	556	2.6	1,424	130	10.0	90.3
181～182	その他飲食料品販売	6,853	2.2	14,971	7,366	2.5	18,193	3,222	21.5	107.5
183	肥料販売	135	4.3	575	59	67.1	3,961	3,386	588.9	43.7
184	燃料販売	2,942	2.3	6,863	2,638	6.0	15,878	9,015	131.4	89.7
185	木材竹材販売	2,238	3.2	7,126	1,274	4.4	5,551	-1,575	-22.1	56.9
186	石材煉瓦瓦土管セメント土石販売	684	3.6	2,472	486	6.7	3,245	773	31.3	71.1
187	建具家具指物類販売	1,450	2.7	3,848	1,540	3.2	4,964	1,116	29.0	106.2
188	畳表筵荒物類販売	1,869	2.1	3,930	2,178	2.6	5,755	1,825	46.4	116.5
189	陶磁器硝子品類販売	1,468	2.6	3,836	1,365	3.8	5,189	1,353	35.3	93.0
190	金属材料金属具販売	3,299	2.9	9,431	2,724	4.8	12,954	3,523	37.4	82.6
191	皮革擬革其ノ製品販売	619	2.9	1,775	575	5.3	3,056	1,281	72.2	92.9
192	織物被服類販売	7,408	3.5	25,748	4,389	5.3	23,095	-2,653	-10.3	59.2
193	綿糸編物組物類販売	1,278	2.5	3,216	1,227	5.6	6,905	3,689	114.7	96.0
194	紙紙製品文房具販売	2,716	3.0	8,061	2,687	5.2	13,947	5,886	73.0	98.9
195	玩具運動用具遊戯品販売	1,072	2.8	3,004	1,121	4.1	4,608	1,604	53.4	104.6
196	小間物洋品類販売	3,283	2.7	8,989	2,884	3.8	11,032	2,043	22.7	87.8
197	履物雨具類販売	3,842	2.3	8,702	5,140	2.8	14,241	5,539	63.7	133.8
198	薬品染料顔料化粧品類販売	2,820	3.5	9,898	3,013	5.3	16,022	6,124	61.9	106.8
199	度量衡科学的機械楽器時計貴金属類販売	2,429	3.2	7,737	1,938	5.2	10,174	2,437	31.5	79.8
200	電気機械器具類販売	1,427	2.7	3,855	1,439	9.0	12,993	9,138	237.0	100.8
201	機械車輛農具類販売	3,145	3.2	10,143	2,860	5.8	16,603	6,460	63.7	90.9
202	古物商	2,129	1.3	2,718	1,168	2.1	2,469	-249	-9.2	54.9
203	新聞図書雑誌其ノ他ノ出版物ノ発行販売	3,139	5.7	17,737	1,237	9.3	11,492	-6,245	-35.2	39.4
204	其ノ他ノ物品販売	5,121	2.4	12,535	3,395	4.6	15,616	3,081	24.6	66.3
205～209	百貨店	22	290.0	6,381	18	784.9	14,128	7,747	121.4	81.8
	総　計	87,814	2.9	251,583	80,313	4.2	337,073	85,490	34.0	91.5
	総　計（百貨店を除く）	87,792	2.8	245,202	80,295	4.1	322,945	77,743	31.7	91.5

(注) 1. 『昭和5年国勢調査』の店舗数は、「物品販売業主」（職業分類番号：263）の人数を実際の店舗数とみなした。
2. 対象職業は、『東京市商業調査書』で露店商等を除外しているため、『昭和5年国勢調査』の各産業とも「露店行商人呼売商人」（同：271）の人数を控除した。
3. 『国勢調査』では、物品販売業（産業分類番号：25）として上記のほかに「各種物品販売」（同：210）、貿易業（同：211）が含まれているが、『東京市商業調査書』ではこれらが除外されていると考えられるため、上表でもそのようにした。
4. 「その他飲食料品販売」とは、『昭和5年国勢調査』は「其ノ他ノ飲食料品販売」と「各種飲食料品販売」、『東京市商業調査書』は「其他ノ飲食料品」と「氷」を、それぞれ合わせた数字である。
5. 『昭和5年国勢調査』の「百貨店」とは、「百貨店―呉服洋服部」、「百貨店―食料品部」、「百貨店―小間物洋品部」、「百貨店―家具部」、「百貨店―其ノ他」の合計である。
6. (参考) 店舗数の誤差率は、『東京市商業調査書』の店舗数÷『昭和5年国勢調査』の店舗数で計算した。

(資料) 内閣統計局編『昭和五年国勢調査報告』第4巻（府県編　東京府）の320～331頁、東京市役所編『東京市商業調査書』の統計表の2～5頁より谷沢が作成。

表5-6 5大消費分類別の本業副業者比率(1930年)

	『昭和5年国勢調査』の有業者数(人) ①	『東京市商業調査書』の総従業者数(人) ②	副業者数(人) 実数(=②－①) ③	副業者数(人) 構成比(%)	本業副業者比率(%) ③÷①
生鮮食料品	43,622	58,854	15,232	19.6	34.9
保存食料品	39,381	44,341	4,960	6.4	12.6
住料品	41,936	70,490	28,554	36.7	68.1
衣料品	51,148	60,798	9,650	12.4	18.9
その他	69,115	88,462	19,347	24.9	28.0
合　計	245,202	322,945	77,743	100.0	31.7

(注) 1. 5大消費分類の対象産業は、谷沢『近代日常生活の再発見』の233頁の表3-6を参照。
　　 2. 合計は、表5の総計(百貨店を除く)の数値である。
(資料) 谷沢が作成。詳細は表5-5を参照。

する薪炭の配達が副業者に支えられていた。

　同じような販売を強いられても、酒類では商品の重量・長期保存性、資金繰りの余裕などから本業者が担当しており、本業副業者比率は低くなっている。ちなみに最後の資金繰りの点を、1935年に東京商工会議所が実施した『小売業経営調査』を利用して筆者が計測した運転資金回転期間で確認しておこう。運転資金回転期間とは、必要な運転資金額を1ヵ月当たり売上高の倍率で示した指標である。全業種平均2.2ヵ月であるなか、酒類商は0.1ヵ月にすぎず、主要業種のなかでもっとも少なくなっている。この背景には、酒類商では酒問屋による手厚い資金支援がおこなわれていたことが無視できない[38]。一方、生鮮食料品で本業副業者比率が高い背景には、菓子・麺麴類・豆腐の販売などの生ものは時間との闘いのなかで販売を強いられたため、副業者数を多く雇用せざるをえなかった。いずれも"猫の手"に相当する雇用形態が、商品特性、需給の集中、事業形態などに合わせて弾力的に活用された。1930年の東京市内では、消費生活の多様化・進化のなかでも、旧来の広範な副業労働市場が残存していたといえよう。

　ただしこの副業労働市場という用語は、もっと慎重に使用すべきものである。なぜなら本当に本業労働市場と別に、対応する副業市場で需給調整がおこなわれていたのか、同一事業所では労働強度に合わせて本業・副業者を採用するかもしれないが、同一人物では本業・副業の区分けをしていなかったのではないか、などの疑問が生ずるからである。それを調査側の事情に従って、"中核的な職業を本業、補助的な職業を副業"とみなすといった大まかな分け方をしたにすぎない

から、副業そのものが存在しないことも想定される。それでも同一人物に収入の多寡は存在するから、とりあえずこのような実態として識別できる労働現象に、空想上の労働市場が存在するとみなして議論することも、まんざら無意味なことではなかろう。現状では、この程度の慎重さを持ってこの現象に接することとしたい。かつて筆者は、戦前期の低所得階層にはそれに対応した労働市場が存在するという意味で、低所得労働市場という概念を提起したが、これを聞いたある研究者がその議論はわかりづらいと批判してきたことがある[39]。筆者は、いまもこの低所得労働市場は存在していると確信しているが、副業労働市場も同様のものと考えるべきだろう。

話をもとに戻そう。このほか『商業調査書』にもとづき、商店の従業員種別の内訳を表5-7でみておこう。この表5-7(A)によると、1930年当時の東京市内の商店では従業員総数のうち、店員・家族従業員がそれぞれ4割弱を占めてほぼ同数であった。もっとも店舗数で大半を占める個人小売商に限ると、表5-7(B)のように家族従業員が67%を占めており、家族経営の色彩が強くなっている。またここでの家族従業員とは、店主(=世帯主)を含んでいるため、1店当たり1.6人の家族従業員のうち非世帯主の人数は、わずかに0.6人という計算となる。もちろんこの0.6人は、妻が該当する場合が多いかもしれない。これらの家族従業員のうち、副業として関与している人数がどのぐらいあるかは、新たな資料で検討する必要があるが、とにかく妻が副業の供給者である割合が高いことを指摘しておきたい。

ただし以上の議論は、あくまで労働者数としての本業・副業者数を把握することを意図したものであり、それがそのまま商業サービス業Bの産業所得(=付加価値)を増やすとはかぎらない場合がある。なぜなら当時の所得税法上の規程によって、個人小売商では妻や子供のような家族従業者の給与が、世帯主所得と合算させられて課税所得とみなされていたからである。このような課税方法を採用した背景には、もし家族従業員に給与を支給したとしてもそれを所得税として課税するときには再び世帯主所得に合算することとなるからである。その代わり営業収益税の課税利益としてみると、明らかに法人所得より不利な扱いを受けることとなる。この点は戦前からすでに繰り返し指摘されてきた税法上の問題点であった[40]。

この点については、『国民所得』でも「個人業主1人当り年所得」にかんする

表5-7　東京市における商店の従業員構成（1930年）

(A) 法人個人計の商店（卸・小売・卸小売計）の場合

	性別	実数(人)	構成比(%)	1店舗当り人数(人／店)
事務員	総数	29,907	8.8	0.4
	男	27,232	8.0	0.3
	女	2,665	0.8	0.0
店員	総数	128,744	37.9	1.6
	男	118,219	34.8	1.5
	女	10,525	3.1	0.1
家族従業員	総数	125,940	37.1	1.6
	男	82,509	24.3	1.0
	女	43,431	12.8	0.5
その他	総数	54,995	16.2	0.7
	男	44,465	13.1	0.6
	女	10,530	3.1	0.1
総数	総数	339,576	100.0	4.2
	男	272,425	80.2	3.4
	女	67,151	19.8	0.8

(注) 1. 店舗数は80,313ヵ所である。
　　 2. その他とは、給仕、小使、配達夫、掃除夫、賄方等である。
(資料)『東京市商業調査書』の866頁（ただし店舗数は850頁）より谷沢が作成。

(B) 個人小売商の場合

	性別	実数(人)	構成比(%)	1店舗当り人数(人／店)
事務員	総数	727	0.5	0.0
	男	626	0.5	0.0
	女	101	0.1	0.0
店員	総数	38,730	28.2	0.7
	男	36,378	26.5	0.6
	女	2,352	1.7	0.0
家族従業員	総数	91,837	66.8	1.6
	男	56,269	40.9	1.0
	女	35,568	25.9	0.6
その他	総数	6,231	4.5	0.1
	男	4,993	3.6	0.1
	女	1,238	0.9	0.0
総数	総数	137,525	100.0	2.4
	男	98,266	71.5	1.7
	女	39,259	28.5	0.7

(注) 1. 店舗数は57,520ヵ所である。
　　 2. その他とは、給仕、小使、配達夫、掃除夫、賄方等である。
(資料)『東京市商業調査書』の870頁（ただし店舗数は858頁）より谷沢が作成。

解説部分の冒頭で、「個人業主1人当り年所得は、業主および家族従業者の賃金相当分と利潤相当分をあわせた混合所得である。」[41]と指摘していることから確認できる。ちなみにこの混合所得とは、ＳＮＡ統計上でもしばしば「営業余剰・混合所得」として一括りで使用される概念であるが、『国民所得』の執筆された1974年当時としてはかなり早い段階での使用例といえよう[42]。筆者は個人的に、ＳＮＡ統計におけるこのような利益の把握方法は、かならずしも実態を正確に反映したものではなく、暫定的な措置にすぎないと考えている。なぜならこの概念は、個人企業と法人企業の利益計測方法が異なるため、これらを使用して計測した生産関数を比較できないからである。

個人企業ではこのような所得構造を内在させているがゆえに、厳密に商業サービス業Bの所得を推計しようとするならば、副業者数を推計した後に同人数を家族従業員とそれ以外に分割する、もう一段の作業が必要になる。おそらく個人商店の場合には、家族が外部の職場で働いていても繁忙期には自宅商店の仕事を手伝うことも十分に考えられるから、このような事例での副業者数は無視できないし、そのような事例では無理に副業所得を追加する必要性はなくなる。このような推計上の問題点は、攝津（2009）では想定されていない。

3.2. 副業者数の推計方法

次に（B）の副業者数に関する推計方法は、前節のように副業者に関する各種属性（世帯内での地位、所属業種または所属組織の状況、世帯主の就業状態・所得階層）など、が明らかとなったうえで決めることができる話である。それゆえこれらは、現状では推計方法を確定することがなかなか困難であるが、ここではとりあえずＬＴＥＳの推計方法、攝津によるその批判、攝津独自の推計方法、筆者の推計方法の順に議論を展開していこう。

その前に副業者がいかなる産業に所属していたかだけでも、確認しておきたい。これについて表5-8では、内閣統計局が1920年国勢調査の抽出調査として公表した、所属産業別の副業者数を示している。この表によると、もっとも副業者数の多い産業は農業63％、次が工業21％であり、この2産業で全体の8割強を占めている。ただしこれらの産業は、いずれも生産物接近法によって最終生産物の金額をベースに生産面から付加価値が把握できるから、ＧＤＰ推計にとって推計漏れは少ない。しかし商業では、それが困難であるため所得接近法が採用されて

表 5-8 副業者の所属産業別内訳（1920 年）

	実数（人）	比率（％）	本業副業者比率（％）
農　業	6,411,000	63.3	45.4
水産業	240,000	2.4	40.2
鉱　業	29,000	0.3	5.8
工　業	2,163,000	21.3	41.0
商　業	760,000	7.5	23.1
交通業*	212,000	2.1	20.5
公務自由業*	68,000	0.7	5.9
其他の自由業*	248,000	2.4	50.5
家事使用人*	2,000	0.0	8.0
合　　計	10,133,000	100.0	37.4
商業以外の第3次産業（*の合計）	530,000	5.2	19.6

(注) 1. 原資料では、「其他の有業者」が「其他の自由業」と記述されていたが、誤植であったため修正した。
2. 商業の範囲は、物品販売業、媒介周旋業、金融・保険業、物品賃貸業・預業、旅宿・飲食店・浴場業等、其他の商業で構成されているため、『国勢調査』の商業サービス業Aに該当する。詳しくは、下記資料末尾の職業分類を参照。
3. 其他の自由業とは、日雇業などである。
4. 原資料では、本業副業者比率は「本業者百に付副業」と記載されている。

(資料) 内閣統計局編『抽出方法に依る第一回国勢調査結果の概観』の 72 頁より谷沢が作成。

おり、そのための有業者数や所得額の情報が入手困難であるほか、混合所得が発生しているという点で、推計漏れが大きくなっている(43)。同様の事例が発生するのは、そのほかに公務自由業、其他の自由業、家事使用人である。ＬＴＥＳや摂津推計では、多様な就業形態がとられやすいこれら第3次産業のうち、商業サービス業Ｂのみで副業者数を推計し、家事使用人等では副業者数が推計されていないため、過小推計の可能性が指摘されている(44)。たしかにこの表のデータから推計すると、商業以外の第3次産業の本業副業者比率は、其他の自由業に入る日雇業で高水準にあることが影響して 20％ になるため、やはり無視できない議論である。

　それを前提としたうえで、まず摂津がＬＴＥＳの方法に満足していなかったことから確認しておこう。その前に『国民所得』（ＬＴＥＳ1）で採用された推計方法を抽出しておくと、以下のとおりである（引用部分にある注書きは除外している）。

　「(前略) 商業サービス業Ｂに副業として働く人数は1920年国勢調査の抽出調査に表出されている。本業者数に対する（副業者数の）比率は1920年

24.0％、1930年10.8％である。その他年次については、本業者数に対する副業者数の比率を1885～1904年30％、1905～1920年24％、1930～1940年10.8％とし、1921～1929年は1920年と1930年の等差補間によって推計した。副業者の所得に関する資料は皆無であるため、1人当り労職賃金の2分の1とみなした。」[45]（カッコ内は筆者）。

　この推計方法は、本業副業者比率に関して次の3つの仮定を置いている。長期的には本業副業者比率が低下すること（つまり副業の本業化が生じること）、短期的には本業者数と副業者数が一定の比率で対応関係にあること（つまり景気変動に合わせて、本業と副業がほぼ同率で雇用調整されること）、ただし第1次大戦時にはこれらの仮定を越えた本業副業比率の変動があったこと。これら3つの仮定にもとづき副業者数を推計したという意味では、筆者がかつて多様な推計方法の一つとしてあげた、代理事例法の一種とみなすことができる（代理事例法については、第3章の3.1.を参照のこと）。それだけではなく、1920・30年の時点では幸いにも『国勢調査』から入手できた副業者数によって本業副業比率を実態に合わせているから、これらの仮定がまったく空想上の数字というわけではない。商業サービス業Bにおける副業者の雇用変動メカニズムが解明されていない現状では、このようなＬＴＥＳ１の推計方法には一定の妥当性が認められよう。ちなみに上記の引用文で指摘されている、「本業者数に対する（副業者数の）比率は1920年24.0％、1930年10.8％」という数字は、以下の資料より入手した実数である[46]。
　1920年：内閣統計局『抽出方法に依る第一回国勢調査の概観』1924年の72頁。
　1930年：内閣統計局『抽出調査に依る昭和五年国勢調査の概観』1932年の37頁。

　このためたんなる代理事例法よりも、もっと厳密な方法であるというべきかもしれない。ただしこれを認めたとしても、まだ問題点は残っている。すなわち各本業副業比率を設定する際の期間を、なぜ①1885～1904年、②1905～1920年、③1921～1929年、④1930～1940年までに設定したのかである。このうち③、④は、戦前期に副業が調査された国勢調査が1920年、1930年の2調査のみであったという点で、さほど疑問にはならないだろう。ただし①、②を分ける1904年

という期限については、検証しておく必要がある。この時点についての個別情報は、上記の関連部分から入手できないが、少なくとも第3次産業のうち公務・自由業・家事使用人等の解説部分で、「各項目ともに、1905～1940年は『長期経済統計の整備改善に関する研究』第Ⅲ巻により、1885～1904年は簡易延長により推計した。」(47)という記述が確認できる。この情報から推測すると、商業サービス業Bの場合にも簡易推計方式が適用されたと考えられるから、おそらく利用可能な統計類などの入手が困難であるがゆえに、推計上の便宜的区分として設定されたとみなすべきかもしれない。

このような事前情報にもとづき、図5-1（A）の実線の梅村＝高松推計Ⅰを使用した『国民所得』から入手できる商業サービス業Bの副業者数（ＬＴＥＳ1の副業者数）をみると、本業副業比率の同一期間ではスムーズな動きをしており、さほど違和感はないように思われる。ただし同比率の切換がおこった1904年から1905年の点線内では、副業者数の推計値が大幅に減少しており、明らかに段差が発生している。なお太い点線で示された、梅村＝高松推計Ⅱを使用した『労働力』から入手できる商業サービス業Bの副業者数（ＬＴＥＳ2の副業者数）をみても、同様の形状となっていることが確認できる。このＬＴＥＳ1の採用した副業者推計法に対して、攝津は以下のような問題点を指摘する。ここでも攝津（2016）から該当部分を引用しておこう。

　「副業者にかんするデータは非常に乏しいため、このような方法を採らざるをえなかったという事情は理解できるが、算出された副業者数の推計値は、副業者比率の切換によって大きく変動し、その系列がジグザグになってしまっている。おそらく、この変動を合理的に説明する術はないだろう。」(48)

この記述では、ＬＴＥＳ1で作成した副業推計者が大きく変動してジグザグになっている事実が問題であると指摘している。はたしてこの判断は正しいのだろうか。たしかに1904年と1905年の段差は目立つが、その他の部分はそれほど大きな違和感があるようには思われない。なぜなら副業者は、もともと就業形態等からみて縁辺労働力としての性格が濃いため景気変動に対応して大きく変化するものであり、まして高松の推計方法は本業者数をベースとしてそれに一定の比率を掛けるだけの操作にすぎないから、極端なデータ操作をおこなっているわけではないからだ。その際には、先述のとおり「戦前における商業サービス業Ｂ有業

者数は1940年に最大となるという前提のもとに推計」する順当な方法が採用されていたことも、大きな根拠となろう。

　つまりジグザグは、景気変動にともなって副業者で一時的な増加や減少などの雇用調整が実施されたことにより発生したと考えることは容易であり、むしろ筆者はジグザグでないことを想定するほうに疑問を持つ。攝津推計のように、第1次大戦前後に労働需要の盛り上がりと縮小がなかったこと、いわば景気に非感応的であることを想定することに違和感がある。それゆえ「おそらく、この変動を合理的に説明する術はない」とまで言い切ることは極論のように思われる。また高松らの作業上からみれば、本業副業者比率を決めただけで副業者数の推計を終了したのではなく、グラフ用紙上で副業者数の推移をプロットしてその動向を確認する作業をおこなったのではなかろうか。

　なお攝津が、副業者数の変動が本業副業者比率の切換で発生している、とみなしているのも気になる考えである。なぜなら1905〜1920年のように同じ比率を掛けている期間でも大きく変動しているから、変動そのものは景気の影響と素直に考えるべきであろう。先述のように本業者数に準拠した推計方法であるという点を重視すると、一概に「ジグザグに変動している」という事実を持ってＬＴＥＳ1の副業者数が実態を反映していないと批判することはできない。さらにジグザグの原因として、本業なき副業者が本業副業者比率の副業者中に含まれていることをあげる点も、むりやりに定義で実態から遠ざけており承服しがたい。それゆえ図5-1（A）の実線のうち、1920年と1930年の副業者数は実態そのものであり、それは変更することができない数字であるという認識に立つべきである。逆の言い方をすれば、我々の推計作業はこの2時点の数字を生かすような方法を考える必要があろう。このため本章では、梅村＝高松推計Ｉが極端に実態から乖離した推計とは言い難いというより、一縷の真実が含まれている、という立場をとることとしたい。

　とにかく攝津は、ジグザグに動く推計値に違和感があったため、それを解消するために新たに独自の仮説を設定した。また仮説提示の背景には、信頼できる本業・副業統計が入手できないという事情もあったはずだ。そしてこの仮説にもとづく関数を計測し、その計測式に指定された数値を外挿することにより、副業者数を推計している。同仮説について、以下に該当部分を引用しておこう。

　「本稿では、この副業者推計を少しでも改善すべく、戦前期日本における副

業者数の動向にかんして以下のような仮説をたて、再推計を試みることにした。商業サービス業Bにおける副業が、先述の通り農家の副業として始まったとすると、商業サービス業Bの本業者は、これら農家における副業者が本業者へと転化していくことで生み出されていたと考えられる。つまり、有業人口に占める農業人口の比率が高い段階では、商業サービス業Bを副業として営むものが相対的に多く、その後、農業人口比率の低下（＝非農化）にともない、商業サービス業B副業者の本業者化が進行していっことになる。」[49]

　この文章からわかるように、攝津は副業者が農業従事者のなかから発生するという前提にたっている。このような仮説を想定した背景には、「幕末期の日本においては、（主に農家の）総所得に占める副業所得（非農所得）の割合は大きく、戦前期の日本について国民所得推計に所得アプローチを採用する場合、この副業分を考慮しないとすれば、その値は実態よりもかなりの程度過小になることが予想される。」[50]と考えられたからである。もちろんこのような仮説は、近世における農村経済の活発な実証研究のなかから発生したものである。このような状況を想定することで、副業所得の推計が重要であるという主張が導かれるに至った。いま、この仮説を「農家発生源仮説」と呼んでおくが、たしかに長期的な動向としてはそれなりの説得力を持っているように思われる。とはいえ当仮説が万能ではないことは攝津も認識していたらしく、攝津は以下のような文章も引き続き追加している。

「むろん、非農化および商業サービス業B本業者の増加が、そのまま同産業における副業者の減少につながるかどうかは必ずしも自明ではなく、副業から本業への移行にかんする上述の図式は検証すべき仮説の一つでしかない。しかし、その検証のための史料は乏しいのが現状である。なぜなら、この仮説を検証するためには、農業や工業等、商業・サービス業以外を本業とする人々が、どの程度商業サービス業を副業としているのかを示すデータ、つまり本業・副業マトリクスが必要であり、戦前の日本にかんするこの種のデータは非常に少ないからである。」[51]

　この仮説は、あくまで農村部（あるいは農家世帯）を中心に考えており、本章で

検討してきた都市部の小売商などを想定していない。すなわち都市部では、表5－4で確認したように職工・俸給世帯でも副業が広範におこなわれているなど、都市居住者の多様な副業行動を考慮すべきだが、それをおこなっていない。また表5－7で推測したように、自ら小売商を営んでいる場合でも、その家族が同店の従業員であっても他店の従業員となる場合があるし、都市化とともに新たな副業機会が拡大する場合もあるからだ。これらの点で、当問題に関する仮説の構築としては不十分（または限定的）であるが、農家発生源仮説が一面の真理を示していることは否定できない。

なお都市部の小売商の関連では、同部門に過剰就業者を保蔵しているという事実にも目を向ける必要があろう。筆者はかつて『大阪市商業調査書』のデータを使用して1935年の大阪市内における過剰就業率（過剰就業者数÷従業員総数）を推計したことがある[52]。この推計によると、大阪市の商業内部には13〜26％（つまり20％前後）の過剰就業者を抱えていることがわかった。また全産業の有業者数に占める割合をみると、3〜6％を占めていたため、けっして無視できる大きさではないといえよう。現在、小池和男がこのような自営業に関わる過剰就業の問題点を指摘しているが、ほとんどの研究者が注目していないのは問題であるように思われる[53]。

上記の都市の商業内部で副業者を発生させるという仮説（都市発生源仮説）を厳

表5-9 世帯主収入欄（記入例）における本業副業別の職業一覧（1922年）

本　　業		副　　業	
1　俸　給	11　奨励金	1　著　述	15　差　配
2　給　料	12　宿直料	2　翻　訳	16　帳場手伝
3　特別勤務手当	13　加　俸	3　寄　稿	17　野菜作り
4　月手当	14　給　与	4　売　文	18　町会集金
5　会社雑給	15　出張旅費	5　雑誌編輯	19　名刺印刷
6　残業手当	16　賄料補助	6　養　鶏	20　金融仲介及紹介
7　皆勤手当	17　住宅料等総て本業及本業に依る日給月給等の収入	7　夜学教師	21　琵琶教授
8　夜勤手当		8　講　義	22　護謨靴製造
9　過勤手当		9　補習教師	23　莫大小織物
10　月収工賃		10　予習教師	24　図　案
		11　貸　間	25　小商店
		12　会社夜勤	26　行　商
		13　筆　耕	27　使丁等により得る収入
		14　代　書	

（注）1．番号は掲載順を示す。
　　　2．副業の27の使丁（してい）とは、雑用の使用人を指す。
（資料）東京府社会課編『中等階級調査（統計篇）』の2頁の「収入支出費目内容表」より谷沢が作成。

密に検証することはきわめて困難であるため、ここでは現状入手している資料を提示して、若干のコメントをしておく。この資料は先述の『中等階級調査』であるが、その調査票では構成員ごとに本業・副業別に職業名と収入額を記入させていたため、就業行動の実態を詳細に知ることができる形式となっていた[54]。残念ながら、この関連情報は同調査の統計表で公表されていないが、この統計表の最初の部分に「収入支出費目内容表」という記入要綱が掲示されている。そこには世帯主に限って、収入として想定される個別職業が例示されているため、調査結果ではないが調査事務局が把握していた当時の就業構造をおおよそ推測することができる。

この記入例を整理した表5-9によると、本業に特化した（つまり拘束時間の長い）世帯主でさえ様々な副業を持っていたことがわかる。すなわち本業17種に対して副業27種であるほか、本業は各種の給料項目にすぎないから実態の差はさらに大きい。副業では、著述、翻訳、寄稿、売文、筆耕、代書など、俸給者に特有の職業が目につく。これらの文筆関連の職業は、当表（参考）からわかるように俸給者世帯が多数含まれているためだろうが、少なくとも近世にはなかった新たなものであるほか、都市部ほど需要が高いものであろう。そのほかに小商店、行商、金融仲介、帳場手伝など、商業部門の多様な職業が含まれているが、これらは都市部で"小商い"が活発であったことと無縁ではない。

また貸間が含まれている点に注目しておきたい。これは、筆者による先行研究で明らかになったように、戦間期に地方から流入する人々に対して旺盛な住宅供給がおこなわれ、稼得収入の多角化が進められた事実とも符合するものである[55]。もちろんこれらの住宅供給では家賃未納などの各種の借家争議やその調停が発生するなどの管理費用も無視できなかったほか、このような副業は世帯主しか実施できなかったはずだ。それでも都市住民にとっては、この「多収入ポケット」を持つことで経済リスクの分散・低下を達成させることが可能であった。家計部門または小売商などの自営業部門では、このような住宅投資・副業行動が認識されていたことに注目しなければならない。

世帯主でさえ以上のような多様な職業に就いているから、非世帯主ではさらに広範な職業を副業としていたことが推測される。人口稠密な都市部であるがゆえに、これらの新たな収入・就業機会が発生していたと考えられるため、近代に入って都市化が本業副業者比率を増加させる可能性を高めていた。換言すると、都

市化による副業の本業化によって本業副業者比率が低下するという攝津の仮説とは反対に、都市化が新たな副業を発生させていたと指摘できよう。もっともこの効果は、先述のLTES推計が指摘していた、1920年と1930年の国勢調査による本業副業者比率の大幅な低下から明らかなように、長期的には副業の本業化の動きを抑えるほど強かったとはいえないだろう。

攝津は上記の仮説を検証すべく、農村地帯であった1879年の山梨県を対象とした『甲斐国現在人別調』(合計9郡)と1925年の静岡県を対象とした『大正十四年国勢調査並職業調査結果報告』(同13郡)の郡別データを使用して、以下の簡単な関数をOLSで計測する。

$$R_e = \alpha + \beta_1 R_p + \beta_2 P \tag{1}$$

ここでR_eは商業サービス業および交通通信業以外の産業に属する本業者のなかで、商業サービス業もしくは交通通信業を副業とするものの割合をロジスティック変換したもの、R_pは全有業者に占める農林水産業者の割合、Pは都市化の指標としての人口密度である。この計測式に、1885年から1940年までの全国の年次別データを外挿することによってR_eを求め、この数値と商業サービス業Bの本業者数を使用して商業サービス業Bの副業推計者数を算出している。

この推計方法は、本業副業比率というデータ操作をおこなう代わりにレグレッションを導入しているため、スマートな方法といえよう。計測結果は、表2(103頁)に示されているように、農林水産業比率の符合がプラス、人口密度のそれがマイナスとなって、上記の仮説を支持するという。ただし計測に使用したデータ数は全体でわずかに22(=9+13)であるから、きわめて制約の多いなかでよう

表5-10 1人当たり実質GDPの全国・静岡・山梨の比較

	1890年	1909年	1925年	1935年	1940年
<1934-36年価格:円>					
全 国	133	168	244	274	340
山 梨	112	126	199	172	226
静 岡	97	137	190	220	264
<対全国比:%>					
山 梨	84.2	75.0	81.6	62.8	66.5
静 岡	72.9	81.5	77.9	80.3	77.6

(資料) 一橋大学経済研究所HPの「戦前期日本県内総生産データベース」の「府県別人口一人あたり粗付加価値額(円)」より入手。

やく計測できた関数にすぎない。なによりも1914年から1920年までの第1次大戦にともなう急激な景気上昇・下降局面のデータが使用されず、その時期がまったく考慮されていない点は大きな問題である。このほか1人当たり府県別ＧＤＰ水準を表5－10で確認すると、1879年の山梨と1925年の静岡は、農村地帯であるがゆえに全国平均より2割前後低かった点も付記しておこう。この事実は、上記の都市部における副業事例を想定していないとともに、推計された全国値が地方圏の経済状況に引き寄せられた可能性を示唆させる。

　以上の方法で求めた攝津推計の副業者数は、図5－1（A）の細い点線で示されているが、その形状は想定していたとおり、驚くほど右肩下がりのスムーズな動きとなっている。この形状は、先述のとおり副業者数が景気変動に対応して変動することをまったく想定していないことを示唆しており、見過ごせないことである。おそらくそのようになった要因は、いずれの説明変数も短期的な変動の少ないストックデータであることが考えられる。そしてこれらのストックデータは、いわば副業者数に関する構造要因に関わるものばかりであり、景気変動を代理したデータが含まれていないほか、特に人口密度はおそらく年次別データを線形補完していたことが想定される。これらを利用した推計値がほとんど右肩下がりになることは容易に推測できよう。もし実際の副業者数に、このような景気非感応的な性格があれば特段問題視する必要はないが、それはありえないだろう。なぜなら同一の本業副業者比率であった1885〜1904年、1905〜1921年でさえ、それぞれ本業者数に大きな変動があったという事実は、そもそも商業サービス業Ｂが景気感応的な産業特性を持っていることを示しているからである。

　さらに大きな問題点は、1920年・1930年において国勢調査に基づく本業副業者比率から求めたＬＴＥＳ1推計値と攝津推計値が一致していないことである。特に1920年は、既存資料に準拠した本業副業者比率（24％）から求めたＬＴＥＳ1と攝津推計値の間で大きな乖離が生じている。攝津は、この件を本業なき副業者を除外していたため、という定義問題で処理していたが、これらの定義と関連させる必要性はない。それゆえ、もし上記の点が明らかになったときは、計測式に固執するのなら1920・30年のデータを含めるほか、第1次大戦の影響を考慮して景気変動を代理する新たな説明変数を追加するなどの改良を加えて再計測することが、実証分析としての標準的な方法であろう。もちろん副業者の定義が異なる等の問題は、そのデータを修正して計測前に解消しておけばよいだけのこ

とだ。攝津（2009）で採用された推計作業の手順が、一般的なものと異なっている点が気になるところである。

　攝津推計の主要ポイントは、長期的な構造変化として副業者数が逓減していく要因として、（a）非農業の拡大にともなって、副業者の出身母体である農家数自体が減少していくこと、（b）都市化にともなって副業者が本業者に転化していく、という2つを想定している。このうち（a）の要因は、LTES推計で考慮した商業サービス業Bの本業者数に、すでに部分的に反映していると想定することができ、（b）の要因はLTESの引用文から明らかなように、本業副業者比率を徐々に低下させていたから、これもLTESのなかでは織り込み済みであった。つまりLTESでは相応の影響をすでに想定していたから、そこに新たな関数を持ち出す必要性は低かったといえる。LTESの対象期間以前を計測するというなら話は別だが、LTESの対象期間では新たな危険を冒してまで副業者数を推計し直す必要性は、さほど高くなかったのではないかと思われる。

　それでは攝津推計は、まったく意味のないものであろうか。筆者は、そうとは言えないと考えている。なぜなら攝津の構築した農家発生源仮説は、農業が圧倒的なウェイトを占めていた戦前期には、たしかに長期的（また構造的）に副業者数が逓減していくことを説明できる利点を備えているからである。しかし残念ながら、その手法を年次別の副業推計値に適用することは、景気変動要因が加味されていないため難しい。いま、年次別の副業者数を一種の景気変動データと同種とみなせば、そこでは次のような要因に分解することが可能であろう。

　　景気変動データの変動＝長期トレンド要因＋短期循環要因　　　　　　　　　(2)

　この式の長期トレンド要因とは、産業構造面にもとづき発生し景気変動には影響されない部分である。他方、短期循環要因は、厳密に言うと在庫変動のような短期的な景気変動のみではなく、設備投資によるやや長期の変動も含まれているが、以下では議論を単純化するために短期循環要因と呼んでおく。とにかくこの要因は、短期的な変動を繰り返す部分であるため、それを数十年分合計すると一定水準に近付くはずである。ちなみに当式のような考え方を適用できる経済データとして、失業率があげられる。失業率にはUV分析という分析手法が考案されており、同手法によって現実の失業率＝均衡失業率＋需要不足失業率に分解することができる[56]。このうち均衡失業率は労働市場の構造的特徴にもとづく長期

的要因で発生する部分、需要不足失業率は労働需要の不足（つまり景気変動）という短期的要因で発生する部分という考え方が採られている。まさに上記のような考え方は、すでに実証分析の分野ではしばしば使われるオーソドックスな二分法である。

　以上の関係式にもとづき、いまＬＴＥＳ推計は比較的に実態を反映したデータ、攝津推計はトレンド部分のデータである、と考える。この考えが許されるなら、ＬＴＥＳ推計から攝津推計を控除した部分が短期循環要因に該当するとみなすことができる。もし、この短期循環要因が実際の景気循環の動きと連動していれば、以上の考え方が正しかったことを証明できるはずである。このような考え方を検証するために、短期循環要因を抽出した人数を図5-1（B）の実線と太い点線で示し、その動向を細い点線で示された藤野正三郎による累積ＤＩ（ただし一部を筆者が修正）と比較してみよう。

　この図をみると、短期循環数のうち1885～1904年、1905～1940年の各期間内は景気変動と連動しているため順当な動きを示しているが、やはり1904～1905年の点線内で大きな段差が発生しており、気になるところである。そして主要な山（P）の位置を両者で比較すると、累積ＤＩでは1896年と1918年、短期循環数では1902年、1921年となり、短期循環数が日清戦争直後では6年、第1次大戦直後では3年だけ、景気循環からズレている。このズレは、あくまで商業サービス業Bが景気変動の波からラグを持って発生した、とみなすこともできる。ちなみに現行のＤＩでは、商業サービス業Bと関連する家計消費支出や第3次産業活動指数、有業者数と関連する完全失業率、常用雇用指数が、いずれも遅行系列に含まれている[57]。これから判断すると、副業者の短期循環数は景気に対して遅行性があるかもしれないため、1920年近傍のピークと1930年のボトムなどは景気変動とかなり連動しているが、図5-1（A）で問題点とみなした1905年部分が一致していないように思われる。とりあえず攝津による「この変動を合理的に説明する術はない」という主張は否定することができよう。

　余談ながら、景気循環には約20年を1周期として建設投資によって発生するクズネッツの波（中期循環）が知られているが、図らずもここでも同じ周期の波が発生しているように思われる。次に1904・05年の大きな段差は、もちろん本業副業者比率が30％から24％へと大幅に変更されたことで発生したものである。そのように考えると、やはり1904・05年の段差をいかに修正するかの問題に帰

着する。なお以上の議論は、あくまで梅村＝高松推計Ⅰにもとづき実施したものだが、梅村＝高松推計Ⅱでも同様の形状となっていることは同図から確認できる。

　ここらで筆者による副業者数の推計方法を示しておこう。この考え方は、あくまで暫定的な方法にすぎないことを初めにお断りしておく。ここではＬＴＥＳ推計の本業者数×本業副業者比率は、いまでも有効な考え方であることを前提とするが、1904・1905年の大きな段差をいかに修正するかという問題点が残る。このため一般論として考えられるのは、(a) 1885〜1904年の本業副業者比率を30％に固定している状況を修正すること、(b) 同じく1905〜1920年の同比率を24％に固定している状況を修正すること、の二つの課題を解決していくことである。とにかくこの段差は、接する二つの期間の修正（具体的には同比率の年次別変更）で解決する以外に方法がない。

　まず (a) は、そもそも簡易推計の期間であるという点で、ＬＴＥＳ担当者もなす術がなかったはずだ。ただし当期間の年次別副業者数の合計を計算すると、ＬＴＥＳ1推計が13,978人、攝津推計が13,862人であるため、誤差率（ＬＴＥＳ推計÷攝津推計）は0.9％にすぎない。これほど僅差であるなら、下手に手を加えないほうがよいと思われるため、(a) の課題はそのままとした。手を加えないとはいっても、一定の本業副業比率のもとで本業者数の変動に応じて副業者数も変動しているから、副業者数が変化しないわけではない。すなわち本業副業者比率を1904年＝30％に固定したまま、(b) の同比率を30％から徐々に24％へと減らしていく操作を採用した。つまり今回は、第１次大戦の影響が現れてきた1914〜1920年の期間は24％に固定し、それ以前の1905〜1913年までを等差補間によって推計することとした。これなら経済の実態を考慮しつつ、必ず当該期間の人数がスムーズに変動するようになるから、大きな段差は解消することができる。これらの修正（以下、谷沢修正と呼ぶ）は、ＬＴＥＳのきわめて部分的な改良にすぎないが、それが適切であったことは後に説明されることとなろう。

　以上の考え方にもとづきＬＴＥＳ1推計を部分的に修正した系列（修正ＬＴＥＳ1）の副業者数が図5-2（A）の実線で、ＬＴＥＳ2推計を部分的に修正した系列（修正ＬＴＥＳ2）の副業者数が図5-2（A）の太い点線で、景気変動の状況が細い点線で、それぞれ示されている。この図をみると、1904年から1905年にかけて両数値が違和感なく変動して、だいぶジグザグ感が薄れて印象が変わっている。また図5-2（B）のように、修正ＬＴＥＳ1と修正ＬＴＥＳ2の各短期循環

図5-2 谷沢修正による商業サービス業Bの副業者数の推移

(A) 修正LTES1、修正LTES2、攝津推計の副業者数の推移

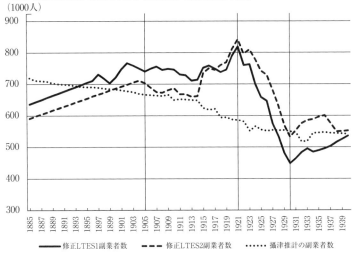

(注) 修正という接頭語のついたデータ系列は、筆者が本業副業者比率を一部修正した場合の系列を示す。その作成方法は、本文を参照のこと。
(資料) 詳しくは、末尾の付表5-2を参照。

(B) 景気変動と副業者の短期循環数の推移

(注) 副業者の短期循環数は、各副業者数－攝津推計の副業者数で計算した。
(資料) 詳しくは末尾の付表5-2を参照。

数に景気変動の影響が確認でき、"説明のつく動き"となっている。あくまでこれらの修正は、ＬＴＥＳと攝津の考え方を折衷したものにすぎず、けっして最善の方法ではないが、景気変動にともなう副業者数の増減メカニズムが解明されていない現状では、一定の理解が得られるはずだ。そのほか両推計値の1904年以前の動きは、1905年以降と比べて景気変動とやや連動性が薄れているが、まったく異質の動きともいえない点を指摘しておく。また両修正値のどちらが実態に近いか、現状では判断がつきづらいが、形状の滑らかさという点では図らずも梅村＝高松推計Ⅰのほうが近いように思われる。いずれにしてもこれらの点は、さらなる研究が必要となろう。

なお繰り返しになるが、攝津推計の中核に位置する（1）式は、あくまで長期的・構造的変化を想定した関数であるため、それを今回のような年次別データの推計に適用することはかならずしも適切でない。このような事例として、高島（2017）の第6章で、非1次産業の実質生産量（＝ＧＤＰ）を推計する際に適用していた関数式が考えられる。実は筆者は、同部分の文章を読んだ際に今回のような事態を想定していたが、第2章ではここまで踏み込んで記述しなかった。その背景には、代替案を提示できなかったことがあげられる。たしかにデータがない場合には、無理やりにでもデータを作り上げなければならない事情は十分に承知しているが、だからといって構造変化要因と短期変動要因を混同することは慎むべきであろう。この点をあえて付記しておきたい。

最後に、商業サービス業Ｂに関する副業者数の推計でもっとも中核的な指標となる本業副業者比率について、ＬＴＥＳ1、谷沢修正、攝津推計の数値を比較してみたい。それを示したのが図5-3である。この図は本来、攝津（2009）で当然掲載すべき図であったが、残念ながら載っていない。はじめに全体の動向を比較すると、攝津とＬＴＥＳ1がそもそもさほど大きくなかったほか、特に1900年代初頭と1930年代初頭の水準が一致するなど、長期的にみても驚くほど類似した形状であることが確認できる。また攝津が問題視していた「ジグザグ」の形状が、さほど大きな問題ではなかったと言うこともできるかもしれない。それを修正した谷沢推計と攝津推計は、推計値の乖離がかなり目立たなくなったことがわかる。そこで以下では、個別期間ごとに三者の水準を検討していこう。

まず1885～1904年は、攝津推計が低下傾向にあるのに対してＬＴＥＳ1と谷沢修正は30％で一定であり、1885年時点では攝津推計が他者よりも6％高くな

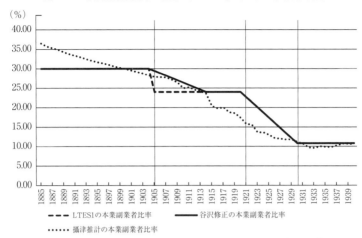

図5-3 本業副業者比率の推移（LTES1、谷沢修正、攝津推計）

(注) 1. 1885～1904年、1914～1940年では、LTES1と谷沢修正の本業副業者比率は同一水準である。
2. 攝津推計は、攝津による副業者数の推計値を梅村＝高松推計Ⅱの商業サービス業B本業者数で割った数値である。

(資料) 詳しくは末尾の付表5-2を参照。

っている。同年に3人に1人の割合で副業を持っていたとするのは、最高値を更新する作業であるため慎重におこなうべきである。高松がLTES1で30%に固定した背景には、もしかしたら当期間は産業革命期にあたり、従来の歴史学で言うところの"産業資本確立過程"に該当するため、全国的にみると依然として近世の経済構造を色濃く残しており、景気変動にともなう激しい本業副業者比率の変動は発生していないとみなしたからかもしれない。この問題を解決するには、近世末期の信頼できる就業データを入手して、その水準との関連で決めるべきである。

1905～1913年は、LTES1が1905年に24%にいっきに低下してその水準が続くのに対して、谷沢修正では1914年を24%とみなして、それ以前は1904年からの等差補間としている。また攝津推計は、ほぼ谷沢修正に近似した水準で低下傾向となっている。この三者の動向から判断すると、谷沢修正と攝津推計はほぼ無難な水準であるのに対して、LTES1は異常な動きになっている。筆者が暫定的におこなった1905～1913年までの等差補間による部分的な修正は、結果として適切な措置であったことが確認できる。次に1914～1920年は、LTES1と谷沢修正が引き続き24%の水準で一定であるのに対して、攝津推計は1920年

の17％に向けてほぼ等差補間で低下傾向にある。1920年の24％という水準は、もともと『1920年国勢調査』から入手した数値であるから、攝津推計はそれよりも7％も過小推計であったことがわかる。

さらに1921〜29年では、ＬＴＥＳ１と谷沢修正が1920年、1930年を実態水準に合わせて決め、それ以外は等差補間で低下傾向にさせている。一方、攝津推計では、ほぼ1930年時点が他者と同水準であるが、1920年時点が既述のとおり他者よりも大幅に過小推計であったため、その２時点間を等差補間として低下傾向としていても、全般的に過小傾向が続いている。前期と今期のこの２期間の過小性が、攝津推計できわだっていることがわかる。1931年以降については、ほぼ三者とも近似した数値となっているので、特段コメントを必要としないだろう。

以上の特徴を要約すると、①1905年時点で谷沢修正と攝津推計がほぼ一致しているのに対して、ＬＴＥＳ１は段差を設けた影響で過小であること、②1920年時点でＬＴＥＳ１と谷沢修正がほぼ実態に合わせているのに、攝津推計はそれよりも非常に過小であること、③1930年代については、三者（さらに国勢調査の実態を加えると四者）がほぼ一致すること、となる。このうち①と③で三者の水準が一致していることから、トレンドとして三者はきわめて類似しているが、②の事実は第１次大戦期の景気拡大によって、そのトレンドから大幅にシフトする可能性をいかに評価するかを意味する。そして三者のなかで、谷沢修正が期間を通じてもっとも妥当な推計である反面、攝津推計は1910年代後半から1920年代にかけて過小推計の可能性がある。また本業副業者比率を先決して、それに本業者数を掛けて副業者数を決定するＬＴＥＳの推計方法が、未だ有効な方法であることを再確認した点も重要である。あわせて攝津（2009）で指摘していた「ジグザグに変動した」ことから発生した不満も、本業副業者比率を比較することでだいぶ和らいだはずである。

かかる考え方を導入すると、商業サービス業Ｂ所得の改訂にはいかなる影響を与えるのだろうか。この点は、攝津（2009）で公表されている副業者分の改訂所得が、大幅な乖離を示した1920年でも186百万円（再推計系列）にすぎず、同年の商業サービス業Ａの改訂所得4,287百万円の3％にすぎないから、筆者の改訂で副業者数の増加分が３割程度であったとしても１％強が追加されるにすぎない。それゆえＧＤＰ全体への影響は、当然ながら1％未満の微小なものとなる。

とはいえこのような推計方法の影響はけっして小さくはない。なぜなら攝津

(2009) の推計方法にもとづいて推計された、1874、1890、1909、1925、1935、1940 年の府県別ＧＤＰは、（詳細な推計方法が明記されていないため確定的なことはいえないが、おそらく）そのベースにある商業サービス業Ｂの副業者数の推計に、もう一工夫を追加する必要があると思われるからである。さらにこれをおこなわないと、今後実施することになる年次別の府県別ＧＤＰ推計は、当然ながらかなり困難をともなうだろう。すなわち年次別推計では、早晩、攝津の計測式に代わる新たな推計方法を確立せざるをえないからである。ここらが現状での副業者推計の見直しに関する追加情報である。このほか戦前期ＧＤＰの推計における基本的な考え方という点では、やはり無視できない重要性を持っている点を追加しておきたい。

第 4 節　終わりに

　本章では、従来より『長期経済統計』のＧＤＰ推計のうち第 3 次産業の推計精度が特に低いと指摘されていた問題を、2009 年に発表された攝津斉彦の論文［攝津 (2009)］で提示された方法に従って検証した。この方法は、高島の超長期ＧＤＰ推計でも部分的に使用されているため無視できない話である。攝津論文では、梅村又次と高松信清が改訂した最新の産業別・従業地位別有業者（すなわち本業者）数に加えて、関連資料を再度見直して得た単位当たり所得を使用することで、業種別の所得を改訂した。

　さらに攝津は、第 3 次産業のうち最大のシェアを有する商業サービス業Ｂ（いわば町場の商店）に絞って、副業者数とその所得も見直した。これをおこなった理由は、ＬＴＥＳでは本業者数に対する副業者数の比率（本業副業者比率）を段階的に引き下げて副業者数を推計したため、その動向が「ジグザグ」になり説明不能と考えたことによる。このため地方圏で農家によって副業労働が供給されたことに注目した、「農家発生源仮説」を新たに提示した。この仮説にもとづき、全有業者に占める農林水産業者の割合や人口密度で構成された回帰式を計測して副業者数を推計した結果、19 世紀後半から 1930 年代末にかけて、商店の副業者数がほぼ低下傾向を辿ったと結論付けた。この副業者数に 1 人当たり所得を掛けて副業者所得を計算したほか、先述の従業地位別本業者数から計算した産業別所得を追加することで、第 3 次産業所得を再推計した。これらの作業によって戦間期には、ＬＴＥＳより総国民純生産（ＮＤＰ）を－3～7％ 程度（つまり 5％ 前後）変

動させたが、その変化要因の大半は有業者数の増加であったことが明らかとなった。

　もっとも攝津は、上記の仮説を導くにあたって本業・副業別有業者の実態やメカニズムを検討していないため、仮説の信頼性はかならずしも高くない。この背景には、近世以来の農村部で多様な副業形態が確認できた点に関する実証研究が積み重ねられた一方、都市圏の副業に関する研究が手薄であったことがあげられる。そこで本章では、入手可能な資料でこれらの数値を検討した。まず労働供給側として1920年初頭に東京府内で実施された家計調査を集計すると、おもに低中所得階層の妻で副業形態の就業が積極的におこなわれていたほか、1930年時点では労働需要側の商店（ただし物品販売業に限定）で、本業者数に対する副業者数の比率（本業副業者比率）が1/3に達するなど、東京市内に副業者向けの労働市場が広く形成されていたことが確認できた。また攝津の推計した副業者数は、あくまで長期的・構造的な数値にすぎず、年次別の景気変動を考慮した数値とは言い難いほか、1920年の本業副業者比率の水準が実態よりかなり低かった。他方、ＬＴＥＳで示された副業者数の形状は、一部不自然な部分はあるが、全体として景気変動に対応しているとみなすことができるため、説明不能として退けることは適切とはいえない。

　それゆえ本章では、1904・05年で発生した本業副業者比率の急激な段差を段階的に修正して再推計する、ＬＴＥＳの改良に留めた新方法を提案した。当方法によって求めた副業者数は、目立った「ジグザグ」部分が解消されたほか、その推計値から長期的・構造的要因である攝津推計値を引くと、景気変動に対応した短期的循環要因が抽出できるなど、攝津が指摘した説明不能な動きはなくなった。これらの検証作業から判断すると、現状では景気変動にともなう副業者数の変動メカニズムが解明されていないため、副業者数の推計にＬＴＥＳで使用された本業副業者比率を引き続き使用することが有効な方法であると考えられる。なお商業サービス業Ｂの副業者所得は、ＧＤＰ全体に占める割合が1％以下にすぎないため、以上の内容はきわめて軽微な議論にすぎない。とはいえ同所得は、戦前期のＧＤＰ推計にあたってそのベースとしての労働市場をいかに把握するかという基本的な問題の重要性を提起した点で、無視できないことを指摘しておきたい。

　最後に、攝津（2009）による改訂の中身は、基本的に産業別の有業者数と所得の改訂、特に有業者数の改訂の影響を大きく反映させたことで、従来の推計方法

を踏襲した無難なものである。ただし同論文では、改訂値が名目値で推計されたにとどまり、今日に至るまで実質値まで進められていないため、速やかに実質値を公表することが求められる。さらにＧＤＰの全面改訂（産業別実質値の逐年データ推計）のためには、おそらく非３次産業でも所得額の見直しが必要になると推測されるため、ＧＤＰ改訂には今後も多様な作業を継続していかなければならないだろう[58]。

補　論　1920年の商業サービス業Ｂにおける本業副業者比率の考え方

本章では、1920年の商業サービス業Ｂにおける本業副業者比率を、高松の主張どおり24.0％とみなしたが、その理由は以下のとおりである。

付表5-1　個人小売商における従業地位別の就業状態

（単位：人）

	本業・副業あり	本業のみ	副業のみ
個人業主	A	B	―
家族従業者（妻ほか）	C	D	E
雇用者（非家族）	F	G	―

（注）1. 本業とは自店舗に就業、副業とは他店舗に就業を示す。
　　　2. 妻ほかとは、妻以外に子供や祖父母を想定しているが通常は妻と考えて差し支えない。
（資料）谷沢が作成。

まず就業先別にみて商業サービス業Ｂの大半を占める個人小売商の場合を想定すると、その就業分類は付表5-1のように分類できる。この表で、本業とは自店舗への就業、副業とは他店舗（ただし商業部門のみ）を示している。もし『国勢調査』が各人の職業を本業・副業者に適切に分類していれば、本業副業者比率は $\frac{(A+C+E+F)}{(A+B+C+D+F+G)}$ となるはずである。ちなみに新梅村推計によると、『国勢調査』ベースで推計された全国商業の従業地位別の有業者数（『労働力』の258頁の第20表）のうち、個人業主1に対して家族従業者数は1920年代に0.6となり、この比率は1930年の東京市内を対象とした『商業調査書』から得られた実態ベースの1店当たり人数0.6人（表5-7を参照）に一致する。この事実は、『国

付表 5-2 商業サービス業Ｂの本業・副業者数と本業副業者比率の推移

	本業者数 (1000人)					副業者数 (1000人)		本業副業者比率 (%)			副業者の短期循環数 (1000人)		(参考) 景気変動	
	LTES 1	LTES 2	修正 LTES 1	修正 LTES 2	攝津 推計	LTES 1	谷沢修正	攝津推計	修正 LTES 1	修正 LTES 2	累積 DI (原データ)	累積 DI (谷沢修正)		
	①	②	③	④	⑤	⑥	⑦	⑧	⑨	⑩	⑪	⑫		
1885	2.121	1.971	636	591	719			36.48	-83	-128	74.6	74.6
1886	2.144	1.992	643	598	711			35.72	-68	-113	91.3	91.3
1887	2.165	2.013	650	604	710			35.26	-60	-106	130.2	130.2
1888	2.189	2.034	657	610	709			34.84	-52	-99	145.9	143.6
1889	2.212	2.055	664	617	703			34.21	-39	-86	132.8	129.2
1890	2.233	2.076	670	623	700			33.73	-30	-77	117.0	112.0
1891	2.256	2.097	677	629	699			33.34	-22	-70	123.9	122.0
1892	2.279	2.118	684	635	697			32.93	-14	-62	148.1	147.6
1893	2.300	2.139	690	642	695			32.47	-5	-53	159.9	160.9
1894	2.323	2.160	697	648	692	30.00	30.00	32.03	5	-44	180.5	177.6
1895	2.347	2.181	704	654	691			31.67	13	-37	195.2	200.9
1896	2.368	2.202	710	661	691			31.37	20	-30	215.8	224.2
1897	2.435	2.223	731	667	689			30.99	42	-22	207.0	214.2
1898	2.393	2.244	718	673	686			30.58	32	-13	174.6	177.5
1899	2.343	2.265	703	680	684			30.22	18	-4	165.8	140.8
1900	2.404	2.286	721	686	683			29.89	38	3	174.6	150.8
1901	2.491	2.307	747	692	681			29.50	67	11	136.4	114.1
1902	2.555	2.328	767	698	678			29.11	89	20	139.3	110.8
1903	2.530	2.349	759	705	675			28.73	84	30	162.8	130.8
1904	2.499	2.370	750	711	669			28.24	80	42	171.6	147.5
1905	2.517	2.391	740	703	666		29.40	27.87	74	37	198.1	184.2
1906	2.600	2.392	749	689	665		28.80	27.82	83	24	201.0	187.5
1907	2.680	2.393	756	675	664		28.20	27.73	92	11	209.8	197.5
1908	2.700	2.439	745	673	663		27.60	27.16	83	10	171.6	154.2
1909	2.771	2.523	748	681	666		27.00	26.42	82	15	180.4	174.5
1910	2.826	2.602	746	687	650		26.40	24.97	96	37	212.8	194.2
1911	2.832	2.590	731	668	652		25.80	25.19	78	16	230.4	214.2
1912	2.889	2.652	728	668	651	24.00	25.20	24.58	77	17	239.2	230.9
1913	2.891	2.683	711	660	650		24.60	24.21	62	10	218.6	214.2
1914	2.975	2.758	714	662	648			23.51	66	14	192.1	184.2
1915	3.132	3.063	752	735	624			20.38	127	111	224.5	214.2
1916	3.160	3.126	758	750	619			19.79	140	131	274.5	264.2
1917	3.120	3.103	749	745	621		24.00	20.03	127	124	309.8	297.5
1918	3.075	3.165	738	760	594			18.77	144	166	309.8	300.8
1919	3.106	3.204	745	769	594			18.55	151	175	280.4	274.1
1920	3.289	3.380	789	811	588			17.39	202	223	253.9	250.8
1921	3.612	3.712	819	842	586	22.68	22.68	15.79	233	256	227.4	220.8
1922	3.559	3.726	760	796	581	21.36	21.36	15.59	179	215	230.3	224.1
1923	3.804	4.043	762	810	551	20.04	20.04	18.63	211	259	218.5	217.4
1924	3.740	4.155	700	778	566	18.72	18.72	13.62	134	212	242.0	237.4
1925	3.785	4.267	659	742	555	17.40	17.40	13.01	103	187	239.1	234.1
1926	4.022	4.535	647	729	551	16.08	16.08	12.15	96	178	242.0	237.4
1927	3.889	4.620	574	682	554	14.76	14.76	11.99	20	128	239.1	227.4
1928	3.971	4.697	534	631	553	13.44	13.44	11.77	-19	78	247.9	244.1
1929	3.968	4.693	481	569	553	12.12	12.12	11.79	-73	16	233.2	234.1
1930	4.154	4.930	449	532	549			11.15	-101	-17	189.1	190.8
1931	4.299	5.117	464	553	547			10.68	-82	6	197.9	194.1
1932	4.478	5.326	484	575	517			9.72	-34	58	236.1	230.8
1933	4.586	5.413	495	585	519			9.59	-24	66	286.1	280.8
1934	4.489	5.444	485	588	544			10.00	-60	44	289.0	284.1
1935	4.533	5.520	490	596	546	10.80	10.80	9.88	-56	50	292.8	300.8
1936	4.590	5.569	496	601	547			9.83	-52	54	324.3	330.8
1937	4.661	5.321	503	575	544			10.23	-41	31	362.5	374.1
1938	4.774	5.082	516	549	544			10.70	-28	5	365.4	370.8
1939	4.865	5.096	525	550	543			10.65	-17	7	380.1	380.8
1940	4.956	5.110	535	552	540			10.58	-5	12		

（各データの計算法と資料出所）
①は大川他編『国民所得』の131頁の表8-3、②は梅村他編『労働力』の257頁の第20表、③は①×⑦の本業副業者比率（谷沢修正）、④は②×⑦の本業副業者比率（谷沢修正）、⑤は攝津「第三次産業所得の再推計」の104頁の図2より計測。このため実際の数値と一致する保証はない。⑥は大川他編『国民所得』の142頁の本文「2 副業者」より入手、⑦は本文を参照、⑧は⑤÷②、⑨は③-⑤、⑩は④-⑤、⑪は藤野『国際通貨体制の動態と日本経済』の323～325頁の付表(1)(2)。⑫は⑪の指標のうち、実質ＧＮＰ成長率と名目ＧＮＰ成長率を除外して谷沢が再計算したもの。

勢調査』の商業部門では妻を中心とした家族従業者が、一般的な事例で多発していた「本業なき副業者数」(付表5-1のE)ではなく、明らかに「本業者」(同表のC、D)として集計されていたことを意味する。

この推測を前提とすると、高松が『抽出方法に依る第一回国勢調査結果の概観』から入手した、1920年の商業サービス業Bの本業副業者比率24.0%という数字は、実態をほぼ正確に反映した数字であったとみなすことができる。反対に、攝津推計の1920年の数値17.4%(付表5-2を参照)は低すぎたといえよう。

註
(1) 府県別GDPの代表的な推計値として以下があげられる。国民経済研究協会編『昭和30年度東北地方総合開発調査のうち戦後における縣別所得の推計並びに国民経済計算』同会、1955年;同会編『昭和30年度東北地方総合開発調査のうち戦後における縣別所得の推計並びに国民経済計算:推計方法』同会、1955年;同会編『昭和30年度東北地方総合開発調査のうち戦前における縣別所得の推計並びに国民経済計算』同会、1956年;松本貴典編『生産と流通の近代像　100年前の日本』日本評論社、2004年。
(2) 詳しくは、攝津斉彦「第三次産業所得の再推計―『長期経済統計』改訂の試み―」一橋大学経済研究所編『経済研究』第60巻第2号、2009年4月を参照。なおこの研究は、科学研究費助成事業「戦前期第三次産業所得の再推計―『長期経済統計』改訂の試み」(課題番号:25780222)として実施されたものであるが、そこでは研究協力者として高島正憲(当時の肩書は、一橋大学経済研究所研究員)も参加していた。詳しくは、科学研究費助成事業、研究成果報告書(https://kaken.nii.ac.jp/ja/file/KAKENHI-PROJECT-25780222/25780222seika.pdf)を参照のこと。
(3) 代表的な主張として、尾高煌之助「LTESとは?」アジア長期経済統計データベースプロジェクト編『ニュースレター』No.1、1996年の末尾「LTESの欠陥」を参照のこと。
(4) 厳密に言うと商業サービス業Bの産業範囲は、年次によってその範囲を若干変えているが、基本的には国勢調査の産業分類の物品販売業、媒介周旋業、金融保険業、物品賃貸業・預り業、娯楽興行、接客業(飲食店など)、理髪用容、浴場業である。このため大半は通常の"商店"であるといって差し支えない。詳しくは、大川一司他編『長期経済統計1　国民所得』東洋経済新報社、1974年の130頁を参照のこと。
(5) 梅村又次ほか編『長期経済統計2　労働力』東洋経済新報社、1988年では、各種の有業者数が掲載されているが、大川他編『国民所得』の産業分類と同じ名称が使われていないため、我々が注目している商業サービス業Aの内訳が正確に入手できるかどうかは不明である。ちなみに大川他編『国民所得』の商業サービス業Bの改訂系列は、おそらく『労働力』では第3部資料の第20表「商業の従業地位別有業者数　1885～1940年」として掲載されているが、そこでは「商業」と名称変更した理由が注書きなども含めて記述されていない。その他の産業については、第8表「男女・産業別内地人有業者数(年央現在)1906～1920年」と第9表「男女・産業別全有業者数(10月1日現在)」で公表されているが、1905年以前は見当たらない。また1906年以降についても、内地人と全人口、年央と10月1日で概念が一致していないなど、多くの問題を抱えており、両書のあいだの作成上の継続性が保たれていない。
(6) このような批判をした書評として、安場保吉「大川一司・篠原三代平・梅村又次編『長期経済統計』全14巻について(戦前期日本経済の諸側面<特集>)」『経済研究』第40巻第4号、1989年の337～338頁があげられる。また佐藤和夫「『長期経済統計』の評価と吟味」『経済

研究』第 30 巻第 1 号、1979 年の 10〜19 頁も参照のこと。
(7) 旧梅村推計の推計方法については、梅村又次「第 2 章　戦前の産業別有業者の推計」統計研究会長期経済統計研究委員会編『長期経済統計整備改善に関する研究[Ⅲ]』経済企画庁経済研究所、1969 年の 124 頁を参照。
(8) 戦前期の公的統計における就業状態に関する研究として、谷沢「東京圏における低所得労働市場の静かな変容」の 2.1.「失業統計における就業分類」が詳しい。
(9) 梅村又次「有業者数の新推計：1871―1920 年」『経済研究』第 19 巻第 4 号、岩波書店、1968 年 10 月の 322 頁。なおこの論文の考え方にもとづき、梅村又次「産業別雇用の変動：1880―1940 年」『経済研究』第 24 巻第 2 号、1973 年が作成されている。
(10) 詳しくは、梅村「第 2 章　戦前の産業別有業者の推計」の 124 頁を参照のこと。
(11) 梅村「第 2 章　戦前の産業別有業者の推計」の 124 頁。なおこの方法は、基本的に梅村＝高松推計Ⅱでも踏襲された。
(12) 高松信清「商業・サービス業の従業上の地位別有業者数」大川一司・南亮進編『近代日本の経済発展―「長期経済統計」による分析』東洋経済新報社、1975 年の 545 頁を参照。なお同書の 613〜614 頁に掲載されている付表 16「商業・サービス業の従業上の地位別有業者数：1885〜1940 年」は、発表時期から考えて『国民所得』に掲載されている商業サービス業Bの数字に一致するはずだが一致していない。このため改訂数字と考えられるが、同論文の基本的な推計方法は『国民所得』で使用された方法とみなして差し支えないだろう。
(13) 攝津「第三次産業所得の再推計」の 99 頁。
(14) 梅村他編『労働力』の第 10 章のⅦ「商業」を参照のこと。
(15) 攝津「第三次産業所得の再推計」の 110 頁の注 4)。
(16) 1940 年国勢調査の概要については、相原茂・鮫島龍行編『統計日本経済―経済発展を通してみた日本統計史―』（経済学全集 28）筑摩書房、1971 年の 254〜255 頁を参照。
(17) 藤野正三郎による累積ディフュージョン・インデックスの概要は、藤野正三郎『国際通貨体制の動態と日本経済』勁草書房、1990 年の第 9 章「世界経済への同調と長期波動」を参照のこと。なおのＤＩは、1869〜1939 年まで 1 年ごとに作成しているが、同期間を通じて継続して指標がとれないため、1869〜1892 年と 1888〜1939 年までの 2 期間に分けて採用した指標の入れ替えをおこなっている。そして両期間の重なった 1888〜1892 年の 5 年間で接続する作業をおこなっているため、利用にあたっては注意してほしい。また 1930 年代のＤＩを 17 の指標から合成したが、そのなかには大川他編『国民所得』より入手した名目ＧＮＰと実質ＧＮＰの各変化率が含まれているため、厳密にみるとこの 2 指標がＤＩの動向に影響を与えている可能性がある。そこで両指標を除外した 15 指標で再度ＤＩを作成したもの（新ＤＩ）を図 5-1（B）の細い点線で使用した。この新ＤＩでも、藤野の原ＤＩと同様の動きをしており、1930 年代後半には上昇局面であったことが確認できる。現行のＤＩ（29 系列）と比べてだいぶ採用指標が少ないほか、その関係で先行・遅行・一致という 3 分類が採用されていない欠点があるが、それでも景気変動を示す動きが確認できたほか、藤野の原データと同様に景気上昇局面であったことが確認できた。
(18) 藤野による原ＤＩの動向は、谷沢弘毅『近現代日本の経済発展』上巻、八千代出版、2014 年の 314 頁の図 7-7 を参照。またそのデータは付表 5-2 の⑪を参照。
(19) 戦時中の中小商工業者の企業整備については、谷沢弘毅『近現代日本の経済発展』下巻、八千代出版、2014 年の 183 頁を参照。
(20) 攝津「第三次産業所得の再推計」の 109 頁。
(21) 両方の引用文とも、袁堂軍・攝津斉彦・ジャン・パスカル・バッシーノ・深尾京司『戦前期日本の県内総生産と産業構造』(Hi-Stat Discussion Paper　第 71 号)、2009 年 3 月の本文の 31 頁。
(22) 詳しくは、谷沢弘毅「第 6 章　東京圏における低所得労働市場の静かな変容」同『近代日本の所得分布と家族経済―高格差社会の個人計量経済史学』日本図書センター、2004 年（特に第 2 節「失業率の推計」部分）、谷沢弘毅「第 2 章　初期家計調査の記帳バイアスと性別役割分業仮説の再考―対象世帯と研究者がもつジェンダーバイアス」同『近代日常生活の

再発見—家族経済とジェンダー・家業・地域社会の関係』学術出版会、2009 年を参照のこと。
(23) 攝津「第三次産業所得の再推計」の 103 頁。
(24) 攝津「第三次産業所得の再推計」の 102〜103 頁。
(25) 攝津「第三次産業所得の再推計」の 104 頁。
(26) 職業調査としての副業統計等については、伊藤繁「明治・大正期の兼業・副業統計」梅村他編『労働力』の第 12 章が詳しい。
(27) 詳しくは、谷沢「初期家計調査の記帳バイアス」を参照のこと。
(28) 正確に言うと、世帯主収入 95.68 円のうち本業収入が 93.87 円である。詳しくは、世帯主収入・世帯人員とも東京府内務部社会課編『東京市及近接町村　中等階級生計費調査統計篇』同府社会課、1925 年の 54 頁を参照。
(29) 実は、この表が掲載されていた論文を収録した専門書は、攝津によって書評が書かれていたが、そこでは「今後、都市における副業の実態をより深く検討する必要があろう」と指摘している。詳しくは、攝津斉彦「書評：谷沢弘毅著『近代日常生活の再発見—家族経済とジェンダー・家業・地域社会の関係—』」『社会経済史学』第 76 巻第 1 号、2010 年 5 月の 126 頁（右側）を参照。
(30) 以下の内容は、佐藤正広『国勢調査と日本近代』岩波書店、2002 年の 243〜245 頁。
(31) 佐藤『国勢調査と日本近代』の 245 頁。
(32) 攝津「第三次産業所得の再推計」の 104 頁。
(33) 詳しくは、東京市役所編『東京市商業調査書　昭和八年』同市、1933 年の緒言の 8 頁にある「調査用紙記入心得　一般的記入心得」の 2「調査の範囲」を参照のこと。
(34)「東京市商業調査用紙」は、『東京市商業調査書』の緒言の 22・23 頁の間に挿入されており、「調査用紙記入心得——一般的記入心得」は同書の緒言の 9 頁に掲載されている。
(35)『国勢調査（東京府編）』では、本章で利用する産業小分類及び職業小分類別の有業人口が第 19 表のほかに、産業分類別人口が第 17・18 表で公表されている。一見すると、有業人口と産業別人口は異なる概念のように思われるが、全く同一の概念である点に留意してほしい。そもそも大正 9 年の『国勢調査報告　全国の部』第二巻では、有業者（＝有業人口）を「肉体的たると精神的たるとを問はす、或業務に従事する者」（Ⅳ頁）としている。一方、産業別人口については、内閣統計局編『調査資料第 5 編　産業別人口の比較』東京統計協会、1936 年では、「国民の経済活動を其の属する経営体に関係せしめて（中略）、国勢調査申告書「所属の産業」欄の記載に依り全人口を何れかの項目に配属せしむ。」（88 頁）としている。このため有業人口と産業別人口は一致した概念と考えられる。
(36) 1930 年国勢調査の正確な就業分類については、谷沢『近代日本の所得分布と家族経済』の 368〜369 頁が詳しい。ただし厳密にみると、当調査では無業者が実質的に非労働力人口である一方、有業者のなかに一部失業者が含まれているなど、1920 年国勢調査とは基本的に就業分類が異なっている点に注意が必要である。
(37) このほかに両統計を比較する際には、物品販売業の産業定義について調整する注意がある。なぜなら『国勢調査』では、産業中分類の 25「物品販売業」に産業小分類の 173「穀類粉類販売」から 211「貿易業」までが含まれているが、『商業調査書』の統計表では「百貨店」（『国勢調査』の産業小分類では 209「百貨店—其の他」）までしか掲載されていないからである。このため『商業調査書』では、210「各種物品販売」と 211「貿易業」が除外されていると思われる。もしこれらを除外したのならその理由が知りたいが、『商業調査書』では除外したか否かさえ確認できない。もしかしたらこれら 2 産業が、他の分類のなかに含められた可能性も否定できない。いずれにしても本章では、『国勢調査』で 210「各種物品販売」と 211「貿易業」を除外して比較している。
(38) このような小売商の業種別資金繰り状況については、谷沢弘毅「小売商は事業資金をいかに調達したのか？—戦前東京の問屋金融を中心として—」神奈川大学経済学会編『商経論叢』第 52 巻第 4 号、2017 年 6 月の 83 頁にある表 4 - 19 が詳しい。また酒類商に対する酒問屋の資金支援については、同論文の 85 頁を参照。

(39) この議論は、具体的には谷沢「東京圏における低所得労働市場の静かな変容」の411〜419頁にある「東京圏低所得労働市場モデル」を参照してほしい。
(40) 代表的な意見として、神戸正雄「中小商工業者税負担の問題」京都帝国大学経済学会編『経済論叢』第41巻第5号、1935年11月の9〜10頁があげられる。このほか谷沢弘毅「小売業経営調査」のデータベース作成上の留意点」『商経論叢』第52巻第1・2合併号、2017年1月の23〜30頁では、1936年1月に東京商工会議所が小売商を対象に実施した『小売業経営調査』の個票データでもこの家族従業員の給与について論じているので参照のこと。そもそも個人小売商を取り巻く昭和初期の税制では、同一所得に対して営業収益税と第三種所得税が課税される二重課税問題など、多くの問題が指摘されていたため留意が必要である。これらの税制については、谷沢弘毅「個人小売商世帯において業計複合体の実態をいかに把握すべきか?」神奈川大学経済学会編『商経論叢』第51巻第3号、2016年2月が詳しい。
(41) 大川他編『国民所得』の141頁。
(42) 混合所得に関する政府の解説書として、例えば内閣府経済社会総合研究所編『ＳＮＡ推計手法解説書（平成19年改訂版）』2007年の97頁を参照。
(43) ちなみにこのような産業に採用した所得推計法については、大川他編『国民所得』のなかで農林業は111頁、鉱工業は115頁、建設業は118頁、運輸・通信・公益事業は120頁、第3次産業は125頁に記述されている。
(44) この点は、袁ほか「戦前期日本の県内総生産と産業構造」の30頁の注17）で指摘されているが、其他の有業者で本業副業者比率が高水準であることまでは記述していない。
(45) 大川編『国民所得』の142頁。
(46) 大川編『国民所得』の142頁の脚注21)。ただし両資料の正式名称はこの注書きと一部異なっており、次のとおりである。『抽出方法に依る第一回国勢調査結果の概観』：『抽出調査に依る昭和五年国勢調査結果の概観』（傍点部分が追加された正式名称である）。また本業副業者比率の資料出所が不明である点も指摘しておきたい。すなわち前者の本業副業者比率は、表5-8で示したように指定頁（72頁）に商業の「本業者百に付副業」として「23.1％」となっており、24.0％とは一致していない。また後者でも、指定頁（37頁）には「有業者」と「無業者」しか掲載されていないが、前頁（36頁）には商業の「副業アル者」282,000人が掲載されている。また32頁には、商業の「有業者」4,959,140人が掲載されているため、これら両数値から本業副業者比率を計算すると、5.7％にすぎず、ＬＴＥＳ１の数値と一致していない。以上よりＬＴＥＳ１の数値がどのようなデータを使用して計算されたのか現状では解明できないが、とりあえず本章ではこれらの数値を信用して、以下の議論でも使用していくことにする。
(47) 大川編『国民所得』の125頁。
(48) 攝津「第三次産業所得の再推計」の102頁。
(49) 攝津「第三次産業所得の再推計」の102頁。
(50) 攝津「第三次産業所得の再推計」の101頁。
(51) 攝津「第三次産業所得の再推計」の102頁。
(52) 詳しくは、谷沢『近代日常生活の再発見』の266〜274頁の「4.1. 商業の産業特性と過剰就業」を参照のこと。
(53) 小池和男の自営業の過剰就業に関する問題提起は、小池和男「一労働経済研究者の発想と方法（1）」『経営志林』第55巻第2号、2018年7月の90〜91頁が詳しい。
(54) 『中等階級調査』の調査票の現物は、谷沢『近代日常生活の再発見』の134〜136頁の図2−1（『中等階級調査』の調査票）を参照のこと。
(55) 詳しくは、谷沢弘毅「個人小売商世帯において多収入ポケットはいかなる事情で成立したのか?─満薗勇論文を手掛かりとして（2）─」神奈川大学経済学会編『商経論叢』第51巻第3号、2016年2月の（5）「地代及家賃の稼得環境」を参照のこと。
(56) ＵＶ分析については、とりあえず谷沢弘毅『コア・テキスト　経済統計』新世社、2006年の149〜151頁を参照。
(57) 現行のＤＩでは、これら4つの指標のほかに遅行系列として、実質法人企業設備投資（全

産業)、法人税収入、きまって支給する給与 (製造業、名目)、消費者物価指数 (生鮮食品を除く総合)、最終需要財在庫指数が含まれている。

(58) ちなみに攝津斉彦・Jean-Pascal Bassino・深尾京司「明治期経済成長の再検討—産業構造、労働生産性と地域間格差—」『経済研究』第67巻第3号、2016年の209頁にある表A－7によると、製造業の業種別実質ＧＤＰをＬＴＥＳと改訂数字で比較した場合に、改訂数値のほうが2〜5割も上回っていたことが示されている。これはかなり重大な推計結果ではあるが、ＬＴＥＳを完全に改訂するためには生産面のＧＤＰを支出面のＧＤＥと一致させる作業が必要となるため、製造業の改訂値をそのまま利用できるかはまだ確定していないほか、改定作業の目途が付くまでには今後も多くの時間を要するだろう。

終　章
超長期ＧＤＰ改善への新たな船出
　──羅針盤と海図による航路の再確認

第1節　一段落した推計作業

　本書では、ようやく動き出したわが国の超長期ＧＤＰ推計に関して、現状での疑問点・問題点とその改善方向について具体的に検討してきた。超長期ＧＤＰは、関連資料の少ない時代を対象としているために独自の推計方法を採用することが多いが、そのハンディを考慮しても現状では多数の改善点を抱えている。また推計データの使用にあたっても、様々な問題点を内在していた。これらは、いわばユーザーサイドからの使い勝手に関する問題でもある。それにもかかわらずＧＤＰ推計値は、歴史研究（特に経済史研究）にとって不可欠のデータとして公共財的性質を有しているために、今後ともその改良に向けた努力を継続していく必要がある。またしばしば指摘したように、データ推計にあたって担当者が社会的責任を負っていることも強調しておきたい。

　ただしこのような問題点の改善は、あくまで長期的な研究計画のなかで適切に位置づけて実施しなければならない。なぜなら改善や改良は頻繁におこなうことができないほか、その影響も大きいからである。それゆえ研究の区切りにあわせて、これらの作業を実施する必要がある。この点を現状で判断すると、攝津による「長期経済統計」における第3次産業分の所得再推計が2009年4月に終了した後に、深尾京司・攝津らによる *Regional Inequality and Industrial Structure in Japan:1874-2008* という英語の専門書を2015年3月に出版している。さらにこれらのデータを使用して、高島『経済成長の日本史』（以下、高島（2017）と略記）も出版されているから、（分析作業は今後も続くだろうが）現時点では推計作業が一段落しており、まさにこの種の提言をおこなうには最適な時期といえる。とはいえ筆者が入手した情報によると、アジアＬＴＥＳ関連の刊行物シリーズの一環と

してわが国の超長期ＧＤＰ推計値を再度公表する出版計画もあるようだが、その作業を加味しても上記のような主要な研究成果が出揃っている事実は重視すべきだろう。それゆえ「今回の主張が時宜にかなっているとは言い難い」といった批判は受けることはないと思われる。

そこで締めくくりとなる本章では、今後実施すべき超長期ＧＤＰの改訂作業と新たなデータ系列の推計作業における留意点を、素人の視点から3つ提示しておきたい。なおこの留意点は、推計作業になんらかの関係で関与する集団が現状では一橋学派のみであるため、同学派に対する要望という形をとることにも繋がろう。

第2節　専門的なデータ推計

第一に指摘すべきは、超長期推計であるがゆえに発生するデータ推計問題に、いま以上に慎重になることである。いわば専門性を確保したデータ推計である。この事例として、第1章の石高概念、第2章で指摘した購買力平価問題、第4章で検討した価格固定問題などがあげられる。まず石高概念については、かつて中村哲が近世の農業生産量を推計したときに採用していた概念と大きく異なった解釈をおこなっている。石高の概念が対象産業の捉え方、屋敷地の扱い方で、中村哲に代表される通説と大きく異なっていた。また徳川期の石高調査で表高と内高が混在したまま石高補正率を固定しているほか、過去12世紀に渡って付加価値率を固定したままで石高から付加価値を推計するなど、作業上で各種の問題点が発生している。これらの点は、もう一度石高に関わる各種資料や近世史研究を検討したうえで、ＳＮＡ統計に適合するように石高概念を再定義すべきであるほか、高島の開発した石高法は様々な問題点を含んでいることを意味している。

購買力平価問題は、現状では「第一人者のマディソンが実施したものであるから、その方法を踏襲すればよい」、「世界中の研究者がこの方法を継続して使用しているのだから、あえて危険を冒してまで新たな方法を開発する必要はない」といった考えが浸透しているように思われる。もちろんこれらの考え方は、同じ研究分野の研究者に限定した思いにすぎず、それを広く他分野の研究者にも期待することはできないだろう。つまりマディソンの考案した推計方法（1990年国際ドル表示）は、あくまで同業者にだけ通用する方法であり、それが正しいと評価されることはないと考えるべきである。そして何よりもマディソンの方法が問題な

のは、10世紀以上にわたって、米国を中心とした世界経済の体系を適用することは、米国建国以前にも米国流の経済体系を想定するという意味で滑稽でさえあるように思われる。

同様の事例として、特定時点の実質値でデータ接続することで価格構造の変化が取り入れられない問題（＝価格固定問題）がある。この問題は、第3章の第2節の2.1.で述べたように、石高法を各産業にすべて適用することや非1次産業所得の推計にあたって明治期の実質ＧＤＰを使用することによって発生している。このうち石高法による実質化は、たしかに通貨単位の変換やダブルデフレーション方式による各種データの収集と比べて、驚くほど簡便な手法であるが、その代わり大きな代償を払うことに注意しなければならない。現行のＳＮＡ統計の作成上の立場からすると、このような価格構造（つまり物価構造）の固定は無視できない問題として注目されている。すなわち近年のＳＮＡ統計では、実質化の手法として連鎖基準方式が採用されるなど価格構造の変化にかなり神経質になっているが、残念ながら歴史統計の作成上ではこの問題が認識されていない。仮に推計値が尤もらしい水準になったとしても、その基本的な性質はまったく異なったものとなる危険性をはらんでいる。

このほか第2章の第2節の2.2.で指摘した、実質所得の議論で自家消費分を考慮（つまり賃金所得等に上乗せ）することも、同じくＳＮＡ統計の概念を歴史統計に適用する事例である。詳細は不明ながらも、おそらく高島（2017）の第2章（中世の食料需要量の推計）で使用した賃金データには、自家消費分が含まれていたとは考えづらい。もし収入に自家消費分を考慮するなら、支出面でも同額を追加する必要がある。さらに消費支出をみるなら、購買分、自家消費分のほかに囲米（囲籾）や義倉・社倉分なども考慮すべき対象となろう。最後の囲米などは、過年度の取り崩しとみることもできるが、実際にそれの消費がおこなわれている点を考慮すると、通年でみて領主や地域住民による一種の贈与分とみなすことができる。救済制度の整備されていなかった前近代社会では、おそらく贈与分の存在が近代社会よりも大きかったかもしれない。高島（2017）では生産面が大半のために、この側面の解説はまったくなされていない。

現行統計は、基本的に近代社会のなかでの把握方法をとっているが、それを歴史統計に変える場合には、歴史現象の発生形態にあわせて一部修正する部分が出て来ることに留意する必要がある。以上の問題を解決するためには、国連統計委

員会によるＳＮＡ統計の概要を常に把握するように心掛けるべきだ。ちなみに尾高煌之助は、アジアＬＴＥＳプロジェクトにあたって、筆者と同様に1968年のＳＮＡ基準を採用すべきと主張したが、石渡茂は1953年のＳＮＡ基準で十分であると指摘している[1]。たしかに概念の明確性さえ備えていれば、石渡のような主張も同意できるだろう。とはいえ現行の2003ＳＮＡでは、かつてのＧＮＰがＧＮＩ、国内総支出が国内総生産（支出側）と呼び替えているなど、基本的な概念の名称が変更されている場合があるため、一概に関係ないと割り切ることはできない。

余談になるが、筆者は1990年代半ば頃に一橋大学の経済学研究科で実施された溝口敏行名誉教授の「経済統計」関連の授業を聴講させていただいたことがある。そのときに、先生が「かつて在籍されていた倉林義正先生のようなＳＮＡ統計の専門家がいないと、経済統計の議論にとってはなにかと困ることが多い」といった発言をしていたことを思い出した。このような発言の趣旨が、筆者も本書を執筆することで切実に感じるようになった。

なお、高島は、「仮定された成長率によって過去へ遡及した」マディソンの推計方法に関する批判については、素直に「検証可能性としては不十分といわざるをえない」と認めつつも、「数量化による比較は、地域が異なる国と国との間のマクロの経済成長のレベルと推移の違いを明らかにし、そこに歴史的な発展経路の違いをもとめることができる」[2]としている。つまりＧＤＰを歴史統計へ適用する際の多様な問題については、まったく検討がおこなわれていない。かつて大川一司は、ＬＴＥＳ『国民所得』で「このシリーズにおいてこの書［『国民所得』のこと］は全巻の総括という任務を負わされている。少なくとも広義における国民所得勘定に関連した諸推計に関するかぎり（人口・労働力等は別）そうである。この視点からいわゆる包括性（comprehensiveness）、斉合性（consistency）そして非重複性（または純額性）（netness）の3つの基本的性質の充足がそれに要求される。」（鍵カッコ内は筆者の補足）[3]と主張した。この原則を主張した大川が生きていれば、現状での一橋学派のマディソン礼賛をいかに論評するだろうか。

以上の3原則は、いずれも超長期ＧＤＰ推計と直接・間接に関わる一橋学派の研究状況に対する要望点にもなるはずだ。筆者のような単独で行動する研究者にとってはこれらの変更が容易であるが、一橋学派といった研究者集団では関係者間の調整などいろいろな問題が発生するかもしれない。また既存論文の修正に関

連する内容であり、新たな推計値や論文の作成に直接結びつく話ではない。このためけっして前向きの話ではなく不愉快な感じを持つであろうが、それをあえて承知のうえで言えば、このような原則を意識するか否かが、データの信頼性に大きく影響するように思われる。

　なお、その他の留意点として、一橋学派の論文では記述の掘り下げに関する共通認識が確定していない点も感じられる。つまり推計方法に関する記述がほとんどないままデータのみ提示される場合が多々あり、「信頼に足る数字であるからそのまま利用して差し支えない」と言っているように見受けられる。このような情報提供に対して読者は、その使用に慎重にならざるをえないはずだ。例えば、攝津他論文「明治期経済成長の再検討」では、図1、図3、図4で人口1人当たりＧＤＰとその産業別内訳が1990年国際ドル表示で推計されているが、その具体的な推計方法は極めて不完全な形で記述されているにすぎない[(4)]。また高島（2017）でも、第7章で石表示の総生産量から1990年国際ドル表示のＧＤＰへとまったく説明がないまま、国際比較の表（表7-4）が掲載されている。これでは、事情のわからない読者は使用をためらうだろう。

　おそらくこのような問題は、記述スタンスに関する個人的な考え方によるのではなく、「この程度のことまで説明しだしたら際限がない」、「字数制限があるなかではここまで書き込む必要はないだろう」といった、当学派内に共通したおおよその認識が成立しているため発生したと考えるべきかもしれない。しかし推計値の提供を目的としたＬＴＥＳの各巻を見れば、かつての研究者は自己の責任において実に丁寧な記述をおこなっていたことが確認できるはずである。この関連では、高島（2017）の第2章で、中世の農業生産量を農産物需要関数から推計するにあたって、その関数のパラメーターを決定する理由が「日本の場合はえられる情報がかぎられるが、ヨーロッパの事例から考えて、自己価格・収入・交差価格の弾力性を−0.5、0.5、0と仮定する」[(5)]と流して記述されるなど、かならずしも根拠が明示されない点は気になるところである。なぜその水準に決めたのかが、推計値の水準を決定する唯一の理由になるからである。

　丁寧という話の関連では、高島（2017）の第6章で使用した明治期の県別データが、一橋大学経済研究所ＨＰ上の「データベース」（ＤＢ）上で、「戦前期日本県内総生産データベース」として公開されていることを、第3章の第3節で指摘した。ただしこのＤＢは、あくまで過去に作成された古いバージョンであり、高

島（2017）やその前の攝津らによる論文「明治期経済成長の再検討」で使用したものではない。そのような古いＤＢをあえて掲載していることに、いかなる意味があるのだろうか。このような態度は、ＤＢの公開にとりあえず協力している形だけであり、"丁寧"とは程遠いといわざるをえない。

　第２章の冒頭で、高島の所属していた一橋大学経済研究所には「歴史統計に関する伝統と実績が備わっている」と書いたが、現在の研究内容からは残念ながら確認しづらい。すなわちＬＴＥＳの記述の行間からは、非常に慎重な各種検証作業をおこなっていたことを知ることができる。しかし第１章の書評の後半に記した疑問点のうち、２番目の件（近世第１次産業生産量の推計にあたって1874年の石高補正率を他の年次にも一律適用した点）は、ＬＴＥＳの執筆者とはだいぶ異なるからだ。換言すると、近年活発となっている近世以前の超長期ＧＤＰ推計では、作業内容からみるかぎり伝統と実績にもとづいた慎重さ・周到さとは乖離しているように感じた。おそらく長期推計のノウハウが組織上で蓄積・継承されているわけではなく、たまたま興味を持った研究者がＬＴＥＳの場合と類似の作業を個人的におこなっており、その際に必要となるノウハウも同人が新たに試行錯誤しながら、個別に開発しているにすぎないと思われるからである。

　とはいえこの主張は、かならずしも正しくはない場合もある。なぜなら攝津「第三次産業所得の再推計」では、いまから40年以上前に梅村又次と高松信清によって作成された第３次産業の本業・副業有業者数に関する資料類が保存されており、それにもとづき同産業の所得（正確には付加価値額）を再推計できたからである[6]。具体的には、ＬＴＥＳの場合には一連の推計データ以外にも、そのベース（つまり製造業に例えれば原材料や仕掛品）に相当するデータ（以下、プロセス・データ等と呼ぶ）が同研究所内に保存されており、それを利用して攝津のような後続世代の研究者がＬＴＥＳの再推計を試みることが可能となった。言い換えると、プロセス・データ等の保管が組織内のノウハウの継承に寄与したことを意味している。それゆえ筆者が第３章の第３節で主張した、「データの追加公表」を今以上に積極的におこなっていくことが必要なのかもしれない。これも結局のところ、ノウハウの継承に通じる組織戦略の一つであろう。

　以上のように現状は、ノウハウの継承にあたって今一度、羅針盤や海図による航路の再確認を必要としている時期にきているのかもしれない。

第3節　研究作業の工程管理

　第二は、ユーザーの視点も考慮した研究作業全体の工程管理の必要性である。今回取り上げた超長期ＧＤＰ推計は、一橋学派に属する複数の研究者が各自の作業を実施して、並行してそれらの情報を活用することによって高島（2017）の形で超長期ＧＤＰ推計が結実したものである。現状ではそれがかならずしも効率的に機能していないため、今後は各作業の工程管理で綿密な連絡をとりつつ論文や関連データの公表などを進めることが求められる。かつてのＬＴＥＳでは、その作業母体となっていた国民所得推計研究会の会長であった大川一司が、いわば鬼軍曹としてこのスケジュール管理をおこなったといわれる。このため一部には、自分の興味とは関係なく同研究を強いられたと述懐した研究者もいた[7]。現在ではここまで強制できる時代ではないことはわかるが、とにかくある程度の研究スケジュールの調整は求められるだろう。残念ながら現行の超長期ＧＤＰ推計に関わる一橋学派では、このような体制が形成されないまま散発的に分析作業が進められているように思われる。

　この件は、具体例を示さないと理解してもらえないかもしれない。そこで研究体制に関する象徴的な事例として、ＬＴＥＳの改訂作業をあげておこう（改訂の具体的内容とその問題点については、第5章を参照）。この事例は、高島（2017）の第6・7章で展開された非1次産業のＧＤＰ推計にあたって、その基礎データとして使用された明治期の県別データの作成とも密接に影響している。そのような重要な作業内容ゆえに、無視することができないものである。すでにＬＴＥＳの書評などでも指摘されているように、ＬＴＥＳ第1巻『国民所得』の弱点として第3次産業所得（＝ＧＤＰ）の推計精度が低いことが知られている。この背景には、所得の推計値が有業者数に所得（＝賃金水準）を掛けることによって導いているが、このうち有業者数が後に公表されたＬＴＥＳ第2巻『労働力』の数値（最新データ）の初期データであるため、両巻で数字の整合性がとれていなかった。それゆえ経済研究所内に保管されている最新データにもとづき、第3次産業ＧＤＰを改訂する必要があった。

　この作業は攝津斉彦がおこない、その一応の作業結果は2009年4月に発行された一橋大学経済研究所編『経済研究』に、「第三次産業所得の再推計─『長期経済統計』改訂の試み」と題して掲載された[8]。しかし当論文でも「［推計された

二つの系列、すなわち「逆算系列」と「再推計系列」の］どちらの推計値がより実態を反映しているのかについては、今後、これらの推計値を用いた分析がなされていくなかで明らかになることであり、現時点では明確な答えを出すことは難しい。［中略］今後、分析と推計の両面からさらなる検討を加えていくことにしたい。」（鍵カッコ内は筆者）[9]としめくくられた。つまり今後とも多くの検証作業が必要であり、今回の論文で作業が完結したわけではないことが示される。そのため同論文では、商業サービス業Ａ（ほぼ第３次産業に該当する産業範囲）について、1885〜1940年まで逐年で逆算系列と再推計系列の二つの推計方法にもとづく改訂作業がおこなわれたが、そこでは名目純国内生産が公表されたにすぎなかった。第３次産業所得の"粗悪説"を知らされただけでは、この情報に翻弄される読者は口惜しさを感じるだろう。

　このような状況であるなら、攝津はその後の研究活動でＬＴＥＳの完全な改訂値を作成していったのかと思いきや、それは中断されてしまった。全面改訂は論文発表後10年目を迎えた現在でもおこなわれていない。その代わり、同人は上記の改訂作業と同時期に実施していた戦前期日本（ただしわずか６年分）の県内総生産の推計作業とその推計値にもとづく実証分析に注力し、その結果は次の３つの著作物で公表された。袁堂軍・攝津斉彦・ジャン・パスカル・バッシーノ・深尾京司「戦前期日本の県内総生産と産業構造」2009年３月、Hi-Stat Discussion Paper 071；Kyoji Fukao, Jean-Pascal Bassino, Tatsuji Makino, Ralph Paprzycki, Tokihiko Settsu, Masanori Takashima, Joji Tokui（2015）*Regional Inequality and Industrial Structure in Japan: 1874-2008* Tokyo, Maruzen Publishing Co., Ltd；攝津斉彦・Jean-Pascal Bassino・深尾京司「明治期経済成長の再検討─産業構造、労働生産性と地域間格差」『経済研究』第67巻第３号、2016年。これらの関係を内容面からみると、第１の論文を書き直したものが第２の著書であり、さらに第２の著書のデータを改訂して第３の論文を書いている。

　これら著作物の作成過程から推測すると、①攝津は第３次産業ＧＤＰの改訂作業をおこなっていた時期に、同様の改訂方法を用いつつ県別ＧＤＰを推計していた、②少なくとも現在（2018年12月時点）でも、第３次産業部分に限っても『国民所得』の全面改訂値（実質値での逐年データ）は公表されていない、ことが確認できる[10]。ちなみに高島（2017）では、上記の第３論文の明治期における県別ＧＤＰ推計値を、近世以前の非１次産業のＧＤＰ推計に使用していた。以上のような研究スケジュールは、第三者である筆者からみるときわめて違和感を持たざ

をえないものである。その背景には、中途半端な推計値を公表してその後に公表した確報値との間で混乱が生じることを回避したいといった、攝津の慎重な研究姿勢があったのかもしれない。あるいは、県別ＧＤＰの推計作業をおこなう際に、第３次産業の推計値を新しい推計方法で実施しているため、「とりあえずその新方法の概略だけでも、事前に公表しておいたほうがよいだろう」といった暫定的な判断があったのかもしれない。

　これらの考えを認めたとしても、上記の各論文で採用されている県別推計値が、攝津の考えたどちらの系列の推計方法を使用しているのか、別の表現で言えばこれらの県別推計値を合計した全国のＧＤＰが、どちらの系列の推計値と一致しているのか、または第三の系列の推計値であるのか、といった疑問が浮かんでくる。いずれの論文でも、これらの疑問に答える記述は確認できない[11]。しかもその内部情報が今回の高島（2017）に提供されたという事実は、身内のみで情報を共有しつつ研究内容を意識的に不透明化していることにも繋がり、外部に対する情報提供の抑制がおこなわれたように感じられる。これらは今回の一連の論文類を読むことによって知りえた事実であり、我々部外者は一橋学派の研究成果をただ傍観するのみである。

　とにかく攝津は、ＧＤＰ全面改訂の推計結果を公表しないまま、県別推計という全国推計の次の段階にあたる新たな研究テーマに移行した。このことは、一橋学派として「『国民所得』は不完全な推計値ではあるが、そのまま使ってもよい」と方向転換したことを意味していると受け取られよう。それなら攝津に代わって読者自らが、この推計作業を実施することができるかというと、当然ながらそれは不可能である。なぜなら攝津の論文では、上記の引用文中に出てくる「逆算系列」と「再推計系列」についての定義が茫漠としか説明されていないほか、再推計のベースとして使用された本業・副業別有業者数である「梅村＝高松推計Ⅰ」と「梅村＝高松推計Ⅱ」に関して、その集計方法と変更内容もほとんど記述されていない[12]。その反面、梅村、高松らの推計作業の経緯（あくまで内容の変更経緯ではない）が同論文の前段で詳細に記述されているのは、読者にとっては隔靴掻痒の感を強く抱かせよう。読者はこの論文だけでは身動きが取れない状況にあり、残された選択肢は不正確なデータと知りつつ『国民所得』を使い続けるだけである。

　第１章の第１節で、高島（2017）の各推計値が「多くの研究者の待ち望んでい

たデータであるがゆえに、重要な学術上のインフラとして定着していくだろう」と指摘したが、もしこのような性格を重視するのなら、高島の研究のみならず攝津らの周辺研究も含めて、一橋学派全体としての研究上の工程管理が求められるはずである。あわせてＬＴＥＳのデータはそのまま使い続けることはできないのか、あるいは現状でも攝津「第三次産業所得の再推計」の名目値を加工することで実質ＧＤＰを導くことができると解釈すべきなのだろうか。これらの疑問も付帯的に現れていることを認識してほしい。外部からみると実に中途半端な状況のまま、新たな研究成果が陸続と出ていることに戸惑いさえ覚えるものである。そこには、ユーザーのことを考える姿勢が表れていないほか、かならずしも統一的な推計作業の計画が立てられているとも思えない。

　この背景には、現在の一橋学派がかならずしもＬＴＥＳの場合のような明確な目標のもとで、長期データを推計していなかったことをあげるべきかもしれない。これは、あくまで門外漢である筆者が入手可能な情報から組み立てた推測にすぎないが、例えば経済成長の計量分析では深尾京司、経済成長の長期分析では斎藤修といった、複数の中核的な研究者のもとで科学研究費補助金にもとづく彼らの研究目的（正確には分析結果の抽出）に合わせて、柔軟に研究チームが組織されていたことが考えられる。すなわち攝津は、最終目的を深尾のもとで *Regional Inequality and Industrial Structure in Japan* を出版することと位置付け、『国民所得』の全面改訂ではなかった。一方、高島は、斎藤のもとで超長期ＧＤＰ推計を担当し、その成果として高島（2017）を完成させた。見ようによっては効率的に研究成果を完成させられる組織形態であるといえるかもしれない。

　ただしこの組織形態は、残念ながら推計データの公表を主要目的としてはいなかった[13]。すなわち攝津から高島へと県別データが提供されているから、筆者が本書で繰り返し使用してきた一橋学派という集団はたしかに存在しているが、ＬＴＥＳの研究集団のようにロックフェラー財団の６年間にわたる資金支援のもとで本格的な長期統計を作成することを目的とした組織とは性格が異なっていた[14]。これでは、攝津が『国民所得』の全面改訂に手を付け、高島が超長期ＧＤＰ推計をおこなっても、それらが集団上の共通目的にはならず、研究者全員に「重要な学術上のインフラ」といった自覚も生じないはずだ。その延長線上では、もともと大川のような鬼軍曹を必要としていなかったと考えることもできる。

表終-1 『長期経済統計』全14巻の執筆者一覧（氏名は左から五十音順）

	巻別のタイトル	ページ数	販売開始時期	1 赤坂敬子 ○	2 新居玄武	3 石弘光	4 石渡茂 ○	5 伊藤繁	6 伊東政吉 ○	7 梅村又次 ◎	8 江口英一	9 江見康一 ○	10 大川一司 ◎	11 小野旭	12 熊谷実	13 塩野谷祐一	14 篠原三代平 ◎	15 高松信清 ○	16 野田孜 ○	17 速水佑次郎 ○	18 藤野正三郎 ○	19 藤野志朗	20 南亮進 ○	21 山澤逸平	22 山田三郎 ○	23 山本有造 ○	合計人数
1	国民所得	288	1974年9月	●									●													●	3
2	労働力	342	1988年10月		●													●					●		● ●		7
3	資本ストック	296	1966年8月					●										●									4
4	資本形成	384	1971年3月			●																					1
5	貯蓄と通貨	352	1988年10月									● ●															3
6	個人消費支出	284	1967年7月				●																				1
7	財政支出	316	1966年9月								●					● ●											2
8	物価	290	1967年9月						●						●		●			●							7
9	農林業	282	1965年12月							●							●						●		●		5
10	鉱工業	306	1972年3月											●													1
11	繊維工業	350	1979年8月					●															●				3
12	鉄道と電力	278	1965年12月																		●						1
13	地域経済統計	410	1983年11月										●				●		●				●				3
14	貿易と国際収支	292	1979年2月							●														●		●	2
	全14巻の総頁数・延人数	4,470	—	1	1	1	1	2	1	3	1	3	3	1	2	2	3	4	1	1	1	1	3	1	4	2	43

（注）1. 名前上の○印は研究開始時に参加していた執筆者、そのうち◎印は全14巻の代表編集者、無印は後から参加した執筆者を示す。
2. ページ数は、オンデマンド出版形態による場合を含めてあり、本文のほかは目次等を含めた総ページ数である。
3. LTESプロジェクトは、1958年より開始されたといわれている（この点は、本書の第2章の第5節を参照のこと）。

（資料）大川一司ほか編『国民所得』東洋経済新報社、1974年の末尾頁より谷沢が作成。

終 章 超長期GDP改善への新たな船出

第4節　多角的な分析体制

　第三は、第二の点とも密接に関連するが、個別目的に対応した各種資料の多角的な検討体制が必要となることである。例えば中世農業関連のデータ推計でも、高島（2017）の第2章で扱った中世の荘園資料の解析などで、十分に検討されていない資料類があると推測される。これらのデータはたしかに不完全なものではあるが、その傾向値には相応の情報量が含まれていると推測されるため、これらの地道な情報取集が要求されよう。第2章で、代表事例法、または代理事例法などと呼んだ第三の資料を利用した資料解析方法を積極的に活用することが求められる。これを上記の作業スケジュールとの関連で位置づけるなら、このような推計作業には相応の研究者数が投入され、彼らが相応の分業体制を受け入れないかぎり、相応の成果は得づらいように思う。余談になるが、筆者もかなり以前に超長期GDP推計をおこなうことを考えたことがあったが、これを断念した理由はまさにこのような共同作業・分業体制の必要性とその作業量の多さにあった。

　この件に関して、再びLTESを引き合いに出しておきたい。このような議論の立て方について、反対意見も出てくるはずだ。なぜなら前節の末尾で指摘したように、「そもそも超長期GDP推計を集団の目的としていないのだから、LTESを引き合いに出す意味がない」という意見が考えられるからだ。また「当時の研究拠点であった一橋大学経済研究所には、戦後の『国民所得白書』などを作成していた経済企画庁などとの密接な関係が研究者間で構築されているなど、組織全体として支援する体制が出来上がっていたが、現在は日本経済史の専任研究者はきわめて少数であるなど、研究指導体制もほとんど確立できなくなった。」、それゆえ「かつてと異なり、現在では少数の研究者が細々と推計作業に関与しているにすぎないため、多角的な分業体制を構築することは不可能である。」といった、実務面からの意見も考えられよう。

　たしかに人数の点をみても、今回の超長期GDP推計では外人研究者を含めても、わずかに5・6人程度でおこなっているにすぎない。それゆえこれらの主張を否定するものではないが、たとえそれが真実であったとしても研究内容の充実を目指す基準として、LTESの事例が不適切であるとはいえないだろう。このような考えにもとづきLTESの場合を検討すると、表終-1のようになる。この表でわかるように、全14巻を延べ43人（実数23人）で分担執筆していたため、

1人当たり約2冊、多い人では3冊程度になった。1冊当たりでみると、3人で作成していたことがわかる。これらの最終的な成果物は、ページ数では1冊当たり約340頁に及び、日本語で執筆した後に英語版の執筆もおこなっていたため、膨大な作業を強いられた。つまりこれらの情報で重要なことは、たんに個人の研究としてではなく、相当数の研究者がネットワークを形成して多様なデータを作成していたことに注目しなければならない。

このため執筆開始時には18人でスタートしたが、その後に5人の執筆者を追加したことを考慮すると、プロジェクトの遂行に様々な困難が発生していたと推測される。それにもかかわらず篠原三代平は、編集代表者の要職を引き受けつつ『個人消費支出』(1967年7月に完成)、『鉱工業』(同、1972年3月)をそれぞれ一人で完成させるなど、中心的な役割を担っていたことが注目される。同プロジェクトは、1958年にスタートしているから、篠原は『個人消費支出』を9年間で、『鉱工業』を14年間で、それぞれ完成させており、特に『個人消費支出』の研究速度がきわめて速かったことがわかる。その反面では慎重に行動するとなれば、もっとも多方面の情報を必要とする『国民所得』が最後に完成するはずだが、実際には1974年9月に出版されるなど、ある程度の見切り発車（あるいは分散型の推計作業）がおこなわれていた。このような妥協は、大規模プロジェクトの限界であったのかもしれない。

なおLTESの当時は、作業環境が現在と大きく異なっていたことも指摘しなければならない[15]。すなわち計算機器をみると、開始当時は主に算盤を使用して手書きの集計表に記入していたが、その後は手動計算機（タイガー）や電動計算機・電子計算機などが使用されるようになった。このうち電動・電子計算機をみても、初期にはモンロー、フリーデン、バックスなどが使用されたが、のちにはテープ入力式（バローズなど）や電子式卓上（ソバックスなど）に変更されるなど、まさに事務機器の技術革新の波に乗っていた。また資料検索・同収集・データ入力・推計・計算などのために、研究所内に共同作業室を設置して職員を配置していたが、その後は統計係、助手・事務職員や臨時職員までも投入するなど、全所的な体制でLTESプロジェクトが遂行されたという。このため『長期経済統計』14巻に投入された時間・マンパワーは、大きく割り引いて評価する必要がある点は留意しなければならない。

一方、高島（2017）の終章では、「将来的な研究の見通し」として、次のよう

な課題が掲げられている。この件は、すでに本書の第2章の第2節、2.2. で言及しているが、ここでは同書で掲げた小見出しのみを示しておく。1）古代の実効支配地域、2）中世の農業生産量、3）人口・都市人口、4）飢饉・疫病、5）物価・賃金・所得、6）海外との関係・貿易、7）徳川時代の商業・流通、8）非農業部門（第二次部門・第三次部門）の推計、9）地域別の分析[16]。これらの課題は当然、超長期GDP推計の関連作業として位置づけられる内容であるが、本書で指摘した問題点から判断すると、まずこれらの作業をおこなうべきであったように思われる。これをおこなわずに、とりあえず簡便法として高島が個人的におこなった推計であるため、もう一度全体を見直すというのもわからないわけではない。ただしそうなると、いままでの推計値はいかに評価すべきだろうか。その質問に対して、「古代・中世のGDPを推計できただけでも評価されるべきだ」という回答も考えられるが、そのような評価はあくまで当事者の自己弁護にすぎない。今回の推計値を「とりあえず推計したにすぎない」と言われると、利用する側からみてやや安易な作業と受け取られても仕方がない。推計にあたって最低限の信頼性は確保すべきだろう。

　さらにLTESの基礎作業では、初期段階から実に周到なデータチェックが繰り返しおこなわれていたことをここで指摘しておきたい。すなわち大川一司は、1963年時点で、GNP推計に関する作業報告書のなかで、以下のような文章を記述している。

　「具体的な面について、こゝでとくに述べておきたいことは、支出面推計結果とわれわれの推計結果との間の「統計的不突合（discrepancies）」に関してゞある。われわれは当初において研究計画を限定し、推計を生産面にかぎった。しかしことの性質上、支出面とのチェックが当然に要求された。既存推計（主として一ッ橋大学の公表・未公表の支出関連系列）をそのために、吟味し、われわれの責任において暫定的に総支出系列を作成した。これは再祖の仕事であるからトータル以外はこの報告書に含めていない。当該個所で述べているように統計的不突合の程度は1930年代の数年を別とすれば、当年価格系列についてほゞ満足すべきオーダーの値と認められる。そして1930年代について不突合が生産面過少の傾向に出ている原因のかなりの部分は、生産面の過少推計よりも支出面の過大推計にあるのではないか、とわれわれは考えている。」[17]

この文章は若干、わかりづらいため補足説明をしておくと、最初に出てくる「支出面推計結果とわれわれの推計結果」とはＧＮＰの大川らが推計した生産面の推計値と一橋大学（おそらく山田雄三らか？）が推計した支出面の推計値という意味である。さらに大川らは独自に支出面の推計をおこない、それらが一致しているかどうかを比較・検討したという意味である。いわば三面等価の原則を利用した推計作業の検証である。材料として使用できる数値が近世以前より遥かに多いという事実を割り引いて考えても、きわめて慎重なデータチェックをおこなっていたことがわかる。

　もちろん第５章で指摘したように、産業別有業者数の旧推計値を使用してＧＮＰを推計していたこともあるため、厳密にこれが守られたわけではないが、この旧推計値は担当の梅村又次が精力的に改訂を実施した結果であるため、割り引いて考える必要があろう。これと比べると、高島推計が暫定的であったことを感じるのは難しくないはずだ。ＬＴＥＳのように、あらゆる可能性をチェックしたうえで、ようやく推計値を公表するのではなく、とりあえず身近なデータで他者よりも早く推計値を作成・公表し、その改訂は後に回しておく、という方法が採用されていたように思われる。つまりＬＴＥＳと高島推計では、"推計"に関する基本的な考え方（＝設計思想）が大きく異なっていたというべきかもしれない。この代表例として、第２章で指摘した1600年時点のＧＤＰ推計値をあげておきたい。

　そのうえで、上記の課題に関する説明を何回読み直しても、膨大な作業量がともなうことを否定することはできない。これらの課題がどのような研究スタイル（研究の人数・期間）で実施されるのかは不明であるが、もし筆者が一人で実施していくと仮定すれば、おそらく10年以上は要すると推測される大事業である。もちろん一橋学派の共通目標として、これらの研究課題をとりあえず提示した可能性も考えられる。そして高島自身が、少なくとも本書で指摘した内容を慎重に検討するならば、いままでどおり個人的に実施していくことは限界があるように思われる。その際には、集団で研究を実施していくこととなり、ＬＴＥＳ時に蓄積された各種情報が大いに役立つはずである。また集団で実施するための仕掛けづくりとして、推計精度の低かった中近世経済を対象とした専門組織（例えば"中近世経済史研究センター"）を設立し、関連情報を積極的に収集する体制作りが必要かもしれない。とにかくどのような研究スタイルをイメージしているのか、

高島（2017）からは窺えないが、いま以上に効率の良い研究体制が求められよう。

　歴史統計の作成で使用する情報は、近代的な統計表式が形成される以前の、散発的かつ不確定要素を含む情報であるため、このまま近代統計表式に接続することはできないことがほとんどである。このため当時の事情に詳しい研究者が厳密な概念調整をおこなう作業が必要であり、それを短期間に実施することが困難であることを認識する必要がある。このような非効率な作業を高島一人でおこなっていくのかどうかは、もう一度検討すべき内容のように思われる。余計なお節介かもしれないが、第2節、第3節とも密接に関係する話であるため、慎重に検討すべきであろう。

＊

　超長期ＧＤＰのようなデータ作成は、公共性が高いがゆえに実証分析のためにおこなわれる通常のデータベース作成とはまったく次元の違う作業が必要であり、神に代わって特定集団が歴史を作り上げる神聖な作業である。信頼性が低いがゆえに再推計が必要となり、結果として使用期間の短い推計データを公表するよりも、十分な慎重さを持ちつつ使用期間の長い、いわば安定的なデータを推計することを希望したい。つまり超長期ＧＤＰ推計についてみると、拙速よりもある程度の巧遅を求めるべきである。これは、推計者自身に限ったことではなく、ユーザーにとっても自らの論考の信頼性を増すことに繋がる。歴史統計全般に言えることではあるが、常に足元を見直す慎重な推計作業が求められよう。

註
(1) 尾高の主張は、尾高煌之助「汎アジア圏長期経済統計データベース作成の方法」1994年の3頁、石渡の主張は石渡茂「ＬＴＥＳのための国民経済計算」1996年から入手した。
(2) 以上の各引用は、いずれも高島『経済成長の日本史』の13～14頁による。
(3) 大川一司ほか編『長期経済統計1　国民所得』東洋経済新報社、1974年の2頁。
(4) 攝津「第三次産業所得の再推計」のうち、図1は195頁、図3・図4は同200頁を参照のこと。また「極めて不完全な形で記述されている」とは、同論文の209～210頁の「補論3. Maddison (2001) における1940年と1955年の実質ＧＤＰ接続方法の再検討」という項目で、1940～1990年までのデータ接続方法が一部解説されているからである。
(5) 高島『経済成長の日本史』の95頁。
(6) 詳しくは、攝津「第三次産業所得の再推計」の99頁を参照のこと。
(7) この逸話は、かつて『週刊エコノミスト』毎日新聞社が1970年代末に連載していた巻頭グラビア「エコノミストの肖像」で取り上げられた速水佑次郎（元東京都立大学助教授）のときに記述されていた解説文であったと記憶している。同人がおこなったＬＴＥＳの農林業の推計作業は、『長期経済統計9　推計と分析　農林業』東洋経済新報社、1965年として立派

(8) この攝津論文には多くの疑問点が存在しているため、筆者は谷沢弘毅「『長期経済統計』における第3次産業所得の再推計問題─攝津推計に関する論点整理─」『商経論叢』第54巻第1・2合併号で詳しく検討している。関心のある読者は当論文を参照されたい。
(9) 攝津「第三次産業所得の再推計」の109頁。
(10) ①の県別ＧＤＰに関して、一橋学派では"gross prefectural product"（ＧＰＰ）という名称で呼んでいる場合がある。例えば、Fukao et al. (2015) *Regional Inequality and Industrial Structure in Japan* の37頁を参照。しかし別の場合、例えば攝津斉彦・Jean-Pascal Bassino・深尾京司「明治期経済成長の再検討─産業構造、労働生産性と地域間格差─」『経済研究』第67巻第3号、2016年では、「産業別・都道府県別ＧＤＰ」（193頁）といった名称を使用するなど、かならずしも統一されていない。この点に関して筆者はかつて、県別ＧＤＰを経済企画庁の関連資料で使われていた"gross regional product"（ＧＲＰ）を使用した経験がある。このように県別ＧＤＰの英語名称は現在でも確定していないため、本書ではとりあえずＧＤＰ概念の県バージョンという意味を強調するために"県別ＧＤＰ"という名称を使用する。さらに②の『国民所得』の全面改訂値が公表されていない点は、武蔵大学における攝津の「教員プロフィール」の情報にもとづき判断したものである。
(11) ちなみに袁・攝津ほか「戦前期日本の県内総生産と産業構造」では、商業サービス業Ｂの第2節「推計の基本方針」の部分で、「第三次産業については、日本全体の合計値が攝津（2009）による再推計値と整合的になるよう推計した。」（ページ数は表示なし）という文章が確認できるが、この「再推計値」がどの系列であるかは記述されていない。
(12) このうち「逆算系列」と「再推計系列」の定義らしき文章のある初出箇所は、次の部分である。「次に、『国民所得』所収の所得系列（ＬＴＥＳ系列）、逆算所得による系列（逆算系列）および再推計所得による系列（再推計系列）の三つの系列を部門別に比較してみよう。」（105頁の右側。傍点は筆者、以下同様）にすぎないため、この部分だけでは内容は判然としない。

そこでキーワードとなる「逆算所得」に関連したもっとも詳しいと思しき内容をそれ以前の部分から探すと、「これに加えて、同書に記載されている推計方法を追試して算出したベンチマーク年所得は、必ずしも推計編の数値および総所得を有業人口で割り戻して求めた逆算値と一致しない。」（100頁の左側）となるが、どこのデータをいかに加工したのかは不明である。同様に「再推計所得」に関わる重要な箇所には「これ（＝逆算値）とは別に推計編の解説にもとづいて所得系列を再推計し、これらの系列を用いて二つの商業サービス業Ｂ所得を算出することにした。」（101頁の右側）と記述しているため、おそらくＬＴＥＳと同じ方法で計算した所得なのかもしれない。ただしそれ以上の情報はないから、コメントの仕様がない。

このほか前頁の100頁にある表1「ベンチマーク年単位あたり所得の比較」には、その表頭の右端に「逆算」と「再推計」という用語が確認できる。この「逆算」と「再推計」の数値が、「逆算系列」と「再推計系列」の謎を解明する重要な概念になるだろう。そこで同表に関連した文章から判断すると、この各数値と『国民所得』のなかにある各所得指数によって年別の「単位あたり所得」を推計する。さらにこの「単位あたり所得」に本業・副業別人数を掛けて総所得（＝総付加価値）を推計する。この各総所得のことを、最終的に「逆算系列」、「再推計系列」とみなしているのではなかろうか。もしそのように考えれば、表1で「逆算」「再推計」として「系列」という用語を除外して表記した理由が理解できるほか、上記の「ＬＴＥＳ系列」と対比した概念となり、いままでの説明がすべて整合的になる。たしかに文章にするのは煩わしいことではあるが、攝津「第三次産業所得の再推計」のような書き方をするため、検証を不可能にするため意識的に内容を薄めていると勘繰りたくなる。

次に、「梅村＝高松推計Ⅰ」、「梅村＝高松推計Ⅱ」の件では、商業サービス業Ｂに該当する有業者数の数値は、前者が『国民所得』に、後者が『労働力』にそれぞれ掲載されているが、その他の産業の有業者数は所在が不明である。正確に言うと、掲載されているのかもし

れないが、どの数値が「梅村＝高松推計Ⅰ」、「梅村＝高松推計Ⅱ」に相当するのかが明示されていないため、実質的に利用することができない。
(13)　ただし筆者が斎藤から受け取った手紙（2018年6月当時）によると、今までの一橋学派の実施した各種推計結果は今後、アジア長期経済統計シリーズの『日本』で公表する予定のようである。もしこの企画が実現するとしても、いままで高島・攝津などがおこなってきた膨大な各種推計値が洩れなく公表されることはないであろうし、ましていままでより詳細な推計方法が開示されるとも考えられない。いままでのディスカッション・ペーパーや専門書の情報量のほうが遥かに多いだろう。このような推測を前提として、筆者は「残念ながら推計データの公表を主目的としてはいない」という結論に至った。
(14)　LTESプロジェクトの研究目的・資金支援などについては、大川一司ほか『国民所得』東洋経済新報社、1974年のⅲ～ⅳ頁を参照のこと。
(15)　以下の記述は、尾高煌之助「LTESとは？」アジア長期経済統計データベースプロジェクト編『ニュースレター』No.1、1996年の「LTES前史」を参照した。
(16)　高島『経済成長の日本史』の288～296頁。
(17)　統計研究会長期経済統計研究委員会編『長期経済統計整備改善に関する研究[Ⅲ]』経済企画庁経済研究所、1969年の「序論」の2頁目。

後　記

　本書の元原稿は、もともと筆者が近年のグローバル経済史にやや違和感を持っていたなか、そのデータ推計方法や分析結果をとりあえず整理しておこうと考えて、所属する学部の紀要（『商経論叢』）に掲載した一連の論文にすぎない。しかし第3次産業所得の再推計問題を書き終えて、漸く仕事に区切をつけた直後に、学部内で偶然にも研究成果の出版助成に関する再募集がおこったことで、本書の出版に大きく踏み出すこととなった。すなわち神奈川大学経済貿易研究所では毎年、「研究叢書」という形で研究成果の出版助成を実施している。本年度もすでに昨年4月に助成研究が決定していたが、それが取りやめとなったため急遽、再募集を実施したものである。この募集に同僚の教員から強いお誘いを受けたこともあり、思い切って申請したら幸運にも採用された。原稿執筆中でも予想外に反響が大きかったものの、このような地味な研究成果をとにかく社会に発信できたことは、一介の研究者にとって望外の喜びである。

　超長期GDP推計という研究分野は、当初考えていたより遥かに手強いものであった。いざ研究を進めていくと、複雑な推計方法の解読に苦しめられたほか、人文学（特に近世史以前の歴史学）と社会科学の両方の資質を求められたことも、筆者にとって大きな障害となった。もともと人文学系の素養がないうえに、古文書を読む能力や気力などもないため、この研究テーマに継続して付き合うことは苦痛以外の何物でもない。それでもどうにかここまで続いたのは、緒言でも書いたように筆者が社会人スタート時の一時期、金融実務を経験したためではないかと思う。なぜなら超長期GDP推計で扱う数字の推計・集計作業は複雑であるが、それに類似した業務を勤務していた金融機関では、貸付審査書類の作成という形で身近に経験していたからである。すなわち日常業務のなかで、旧興銀流の収入・費用項目の積み上げ計算による設備投資の収支予想・資金収支予想といった実務書類を作成していたため、今回の検証作業にあたっても関連データの加工と積み上げ計算では関心を持続させることができた。

　もちろん関心を寄せることと当研究を遂行する能力の有無とは関係がないため、複雑に組み立てられた超長期GDPの全体像を解明することは困難を極めたが、難問を解決するたびに一種の達成感を味わうことができた。それとともに日常的

に利用している『長期経済統計』が、実に周到に構築された素晴らしい統計体系であること、それを所属部署の統一研究に作り上げた大川一司が、戦略性・緻密な概念構成・強い指導力を持っていたことを実感できたことも貴重な体験であった。大半の研究者にとって、統計集とは活用するものであり、検証したり改訂したりするものではないだろう。しかし高島正憲著『経済成長の日本史』という一冊の研究書と巡り合ったことで、筆者は結果的に検証する側に回ることとなった。本書の執筆で歴史の書き変えに関与するなど、神の領域に迷い込んでしまったというのが本心である。一度入り込むと、中途半端なままでそこから抜け出すことはできない心境となっていた。この分野の難しさは、先輩研究者からもしばしば聞かされていたため、まさか自分がそれに入り込むとは夢にも思わなかったが、いまは無事に生還できてほっとしている。

どうにか出版まで辿り着けた背景には、筆者が主催する私的研究会・小売商問題研究会に参加された、戸田壯一・比佐章一（いずれも神奈川大学経済学部）、高橋功（北海道二十一世紀総合研究所調査研究部）の各先生や、日常的にＳＮＡ統計に関連した疑問に答えてもらっている飯塚信夫（神奈川大学経済学部）先生から、多くのご指摘・ご意見を頂戴し、それにもとづき原稿を大幅に書き直すことができたことがあげられる。複雑な図の作成では、箕輪直樹氏（神奈川大学経済学部非常勤助手）に手伝ってもらったことが、思考の視覚化にとって大いに助けられた。もちろん『経営史学』掲載予定書評の修正後使用にあたっては、同誌編集委員会のご理解を得られたほか、研究助成金を付けていただいた経済貿易研究所と所長の五嶋陽子先生の決断も非常にありがたかった。また出版にあたっては、『商経論叢』掲載論文の印刷で常にご迷惑をおかけしている白桃書房の大矢栄一郎社長に編集面でお骨折りいただいたほか、カバーデザインについても筆者の我儘を許してもらったことが忘れられない。

これらのご支援・ご協力がなければ、本書を年度内に出版することはできなかっただろう。最後になったが、この場を借りてこれら関係各位に謝意を表したい。また読者に対しては、前近代の超長期ＧＤＰに関する推計方法などの議論が現状ではほとんど盛り上がっていないなか、本書を契機として少しでも関心を寄せていただければ、本書の役割は十分に達成されたと考えていることをあわせて付記しておきたい。

初出一覧

　本書は、既往論文をベースとしつつ大幅に加筆・修正したものである。章ごとに初出論文を示すと、以下のとおりである。その所収雑誌等の編集に携わった方々に、本書への掲載を快諾していただいたことに深謝いたします。

序　章：書き下し
第1章：第1節、第3節、補論は書き下し、第2節は「書評：高島正憲著『経済成長の日本史―古代から近世の超長期ＧＤＰ推計　730―1874』」『経営史学』第53巻第4号、2019年3月（刊行予定）。
第2章：「歴史統計の推計方法に関する一考察―1人当たり実質ＧＤＰの事例―」『商経論叢』第53巻第3号、2018年5月の第1～第3節
第3章：同上論文の第4節
第4章：「超長期ＧＤＰ推計におけるデータ接続問題―高島正憲著『経済成長の日本史』の推計方法に関して―」『商経論叢』第53巻第4号、2018年8月
第5章：「『長期経済統計』における第3次産業所得の再推計問題―攝津推計に関する論点整理―」『商経論叢』第54巻第1・2合併号、2018年12月
終　章：書き下し

索　引

1. 代表的な箇所を抽出しており、網羅したものではないため、利用にあたっては注意してほしい。
2. 当該の見出し語が用いられていない場合でも、内容に言及しているときは収録した。
3. 典拠を示すためにのみ引用した人名は、原則として除外した。
4. 本書で引用した公刊資料類は、『　』で囲んだ。
5. 送り項目は、⇒で示した。

あ　行

ＩＣＯＰ方式　　　　　　　　　67
ＩＣＰ方式　　　　　　　　　　67
青木虹二　　　　　　　　　　115
アジアＬＴＥＳ　　　　　　　225
アジアＬＴＥＳプロジェクト　　7
Ｒ．Ｃ．アレン　　　　16, 18, 38, 123
和泉清司　　　　　　　　　22, 49
一律適用方式　　　　　　39, 48, 51
「一貫型」の方法　　　　　　　150
ウェスタン・オフシューツ　　 61
内高　　　　　　　　　50, 79, 226
梅村＝高松推計Ⅰ　　　　175, 233
梅村＝高松推計Ⅱ　　　　175, 233
梅村又次　　　　　64, 175, 230, 239
永楽通宝　　　　　　　　　47, 141
ＳＮＡ統計　　7, 137, 143, 149, 198
ＬＴＥＳ1　　　　　　　　186, 212
ＬＴＥＳ2　　　　　　　　　　186
ＬＴＥＳプロジェクト　　　7, 164
円表示　　　　　　23, 122, 146, 161
縁辺労働力　　　　　　　　　201
大川一司　　　30, 64, 149, 153, 228, 231
『大阪市商業調査書』　　　　 204
表高　　　　　　　　22, 50, 79, 226

か　行

『甲斐国現在人別調』　　　　 185
価格構造　　　　　　　　　　227
価格固定問題　　　　　　142, 226
各種天災　　　　　　　　　　 98
囲米　　　　　　　　　　　　227
鹿児島藩　　　　　　　　　　 51
家事使用人　　　　　　　181, 199
貸間　　　　　　　　　　　　205
過剰就業率　　　　　　　　　204
仮説　　　　　　　　5, 16, 23, 202
家族従業員　　　　　　　　　196
貨幣制度の混乱　　　　 46, 79, 104

247

貨幣流通の発展	162	公表石高	50
為替レートによる方法	67	『小売業経営調査』	195
勘坂純市	52	小売評価法	113
官僚統制	76	港湾都市	101
基準改定	152	5ヵ年移動平均法	8
鬼頭宏	19, 100	国際ドル表示	125, 146, 161
逆算系列	181, 232	国際ポンド表示	125
旧梅村推計	175	『国勢調査（東京府編）』	192
行商	192	石高概念	23, 49, 226
区間推定	18, 37, 118	石高乖離問題	49, 51
S．クズネッツ	61	石高制	141
クズネッツの波	209	石高調査	38
グローバル経済史	1	石高法	44, 136, 140, 168, 226
グローバル・ヒストリー	1, 95	石高補正率	19, 39, 51, 79, 105
ゲアリー＝ケイミス	42, 57, 68	国内概念	152
経済企画庁	149	石表示	146, 151, 161
経済成長	1, 5, 66, 95, 102, 234	国民概念	152
検証可能性	9, 141, 164, 167	国民更生金庫	180
原単位推計法	112	『国民所得』（LTES）	
原データ	164		26, 173, 176, 233
ケンブリッジ人口史グループ	15	国民所得推計研究会	164, 231
元禄郷帳	50	『国民所得白書』	148
小商い	205	国民徴用令	180
『鉱工業』（LTES）	110	穀物賃金	47
耕作地率	145	個人小売商	196
『工場統計表』	113	『個人消費支出』（LTES）	110
高知藩	51	5大分類	193
耕地面積	18, 37, 48, 52	5％ルール	117
郷帳	22	コモディティ・フロー法	113
購買力平価	42	小物成	30
購買力平価問題	57, 121, 152, 226	混合所得	198

さ 行

再現性	9
再推計系列	181, 232
斎藤修	13, 15, 31, 57, 59, 64, 128, 234
斎藤誠治	19, 101
佐藤正広	190
サマーズ=ヘストン	69
産業別単位統一問題	137
三段ロケット方式	58, 63, 80, 93
三面等価の原則	239
散用状	37
自家消費	7, 45, 227
自家消費追加法	112
時代区分論	59
七分法	37
実質化	142
実質収入	119
実質所得法	63, 80
実質賃金	119
実質賃金データ	18, 22, 38, 47, 163
実収石高	18, 39
実態石高	18, 39
篠原三代平	8, 64, 110, 237
社会的分業	20, 162
『拾芥抄』	18, 37
19世紀分岐説	77
自由業	181
修正LTES1	210
修正LTES2	210
14世紀分岐説	69, 72, 80, 97
10%ルール	117
準SNA法	60, 63, 80
純国内生産	153
純国民生産	153
商業	101
商業サービス業A	175
商業サービス業B	175, 185
消費関数	45
小分岐	21, 95, 108
正保郷帳	50
食料バスケット	127
諸色高の米価安	142
所得接近法	198
所得要因	182
E.ジョーンズ	73, 79
新梅村推計	175
新旧度量衡	169
人口5000人以下の都市	41, 54, 56, 58
人口1人当たりGDP	229
人口密度	19, 40, 55, 98, 206
新田開発	50, 52, 97
推計データ	164
水産業	29
杉原薫	59
生活水準	63
生産石高	26
生産物接近法	198
生存水準	63
生存水準倍率法	122
生存倍率比較法	125, 130, 152
摂取栄養素量	127

接続係数	150	多収入ポケット	205
接続データ	158	縦のデータ接続	135, 144
接続問題	158	縦のデータ接続問題	137, 140
絶対的ＰＰＰ	125	ダブルデフレーション方式	142, 227
攝津推計	174, 212	短期循環要因	208
攝津斉彦	109, 115, 138, 173, 225, 230	地租改正事業	49
1990年国際ドル	23, 42, 121	「父の教え」	94
1990年国際ドル表示	229	中世暗黒史観	99
1990年国際ポンド表示	125	『中等階級調査』	188
戦力増強企業整備要綱	180	『長期経済統計』（ＬＴＥＳ）	8, 35, 164, 173, 236
総栄養摂取量	123	『長期経済統計の整備改善に関する研究』第Ⅲ巻	201
増加率法	62, 63, 80	長期トレンド要因	208
相対価格	142, 143	超長期ＧＤＰ	3
相対的ＰＰＰ	125	超長期ＧＤＰ推計	1, 107, 169, 184, 215, 228, 238, 240
贈与分	227	賃金データ	37, 104, 227
粗国内生産	153	津	41
粗国内総生産	155	通貨単位	141, 144
粗国民生産	153	通貨単位の変換	227
粗国民総生産	155	通貨変換問題	144, 146, 168
租税制度	98	通説	31

た 行

『大正十四年国勢調査並職業調査結果報告』	185	積み上げ計算方式	20, 102
第２次大戦時	155	『帝国死因統計』	178
『大日本地震史料：増訂』	115	データ接続問題	10, 135
代表事例法	114, 236	寺西重郎	165
『大分岐』	1, 77, 108	店員	196
代理事例法	114, 200, 236	田地面積	18, 37
高島正憲	3, 13, 234	天保郷帳	50
高松信清	149, 175, 230	店舗積み上げ法	112

『東京市商業調査書』	191
等差補間	113, 210, 213
統治機構	98
等率補間	114
徳川時代	31
都市化率	19, 40, 55, 98
都市発生源仮説	204
土地生産性	18, 37, 48, 52
度量衡変更問題	11, 120, 144, 168

な 行

内外成長乖離問題	129
中村哲	24, 39, 64
西川俊作	108
2003SNA	228
『日本漁業経済史』	30
『日本金融の数量分析』	165
『日本経済のダイナミズム』	110
二毛作の普及	97
貫高制	20, 141, 162
農家庭先価格	28
農家発生源仮説	203, 208
農業起源財	28
農業経常財投入額	28
農業生産需要量	103, 119
農業生産物消費量	38, 119
農業生産物生産量	38, 119
農業生産量	103, 119
農産物需要関数	18, 21, 37, 44, 45, 79, 229
『農商務省統計表』	113
農村工業	31, 54
農村中心的な成長	56
『農林業』(LTES)	26, 29
『農林省統計表』	29

は 行

ハイブリッド・アプローチ	17
羽原又吉	30
パネル・データ分析	41
速水融	43
非1次産業	5, 102, 168, 212, 231
非1次産業生産額	54
非1次産業生産量	22
比較経済発展論	15, 57
非熟練労働力	18
鐚銭	141
ビッグマック指数	126
一橋学派	4, 44, 117, 164, 165, 174, 226
一橋大学経済研究所	4, 148, 229
一橋大学経済研究所社会科学統計情報研究センター	165
1人当たり石高	107
1人当たりGDP	1, 60, 65, 74, 95, 99, 125, 139
非農業起源財	28
PPP調整率	124
『百姓一揆の年次的研究』	115
ファインプリント	141
W.W.ファリス	19, 100
フェルミ推定	116
深尾京司	121, 138, 225, 232, 234

索引 251

付加価値率	29, 143, 226
副業	185, 191
副業労働市場	195
複数データ比較法	113
複数方法比較法	113, 116
不三得七法	37
藤野正三郎	165, 209
不熟練労働力	122
『物価』（ＬＴＥＳ）	119
物品販売業	191
物品販売業主	192
付表	162, 168
ブラックボックス	159
プロセス・データ	164, 169, 230
プロト工業化	21, 31, 40, 56
ベンチマーク年	138
『俸給職工調査』	189
補正率漸増方式	48, 52
K. ポメランツ	1, 77, 79, 108
本業	185, 191
本業なき副業者	186
本業副業者比率	186, 200, 202, 207, 212, 215
本途物成	26
本表	161, 168

ま 行

マクロ寄生	100
マクロ推計方式	20, 102
松田芳郎	8
A. マディソン	1, 58, 63, 93, 96, 125, 151
マディソン・プロジェクト	95
P. マラニマ	15, 19, 39
ミクロ寄生	100
溝口敏行	4, 148, 155, 228
湊	41
宮本常一	94
宮本又郎	43
村請制度	21
『明治維新の基礎構造』	24
『明治以前日本土木史』	39
『明治七年府県物産表』	22, 39, 49
名目賃金データ	124
F. メンデルス	31
文字情報集計法	114

や 行

八尾信光	59
谷沢修正	210, 212
屋敷地	26, 226
宿	41
有業者要因	182
ＵＶ分析	208
容積	144
容積単位	24
容積データ	135
横のデータ接続	135
横のデータ接続問題	137, 139
ヨーロッパ中心史観	2

ら 行

D. ランデス	73
『律書残篇』	18
律令国家	20, 97, 100
律令体制	41
領国市場	20
領国支配	104
林業	29
林野副産物	29
累積ディフュージョン・インデックス（DI）	179, 209
歴史考古学	101
歴史地理学	101
歴史統計	9, 78, 113, 120, 135, 159, 240
歴史認識	32
連鎖基準方式	7, 143, 227
『労働力』（LTES）	175, 231
ロジット変換	41
露店	192

わ 行

『和名抄』	18, 37

[著者紹介]

谷沢 弘毅（やざわ ひろたけ）
　現　　職　神奈川大学経済学部・経済学研究科教授
　専門分野　日本経済史、個人計量経済史
　主要業績（単著）
　　『近代日本の所得分布と家族経済―高格差社会の個人計量経済史学（バイオグラメトリクス）―』日本図書センター、2004年
　　『近代日常生活の再発見―家族経済とジェンダー・家業・地域社会の関係―』学術出版会、2009年
　　『近現代日本の経済発展』上下巻　八千代出版、2014年
　　「小売商は事業資金をいかに調達したのか？―戦前東京の問屋金融を中心として―」『商経論叢』第52巻第4号、2017年

経済成長の誕生（けいざいせいちょう たんじょう）
　―超長期ＧＤＰ推計の改善方向―

神奈川大学経済貿易研究叢書 第32号

発行日──2019年3月26日　初版発行　＜検印省略＞
著　者──谷沢弘毅（やざわひろたけ）
発行者──大矢栄一郎
発行所──株式会社　白桃書房（はくとうしょぼう）
　〒101-0021　東京都千代田区外神田 5-1-15
　☎03-3836-4781　🖷03-3836-9370　振替00100-4-20192
　http://www.hakutou.co.jp/

印刷・製本──三和印刷

Ⓒ Hirotake Yazawa 2019 Printed in Japan
ISBN978-4-561-86051-8 C3333

本書のコピー、スキャン、デジタル化等の無断複製は著作権法上での例外を除き禁じられています。本書を代行業者等の第三者に依頼してスキャンやデジタル化することは、たとえ個人や家庭内の利用であっても著作権法上認められておりません。

JCOPY　〈(社)出版者著作権管理機構　委託出版物〉
本書の無断複写は著作権法上での例外を除き禁じられています。複写される場合は、そのつど事前に、(社)出版者著作権管理機構（電話 03-5244-5088、FAX 03-5244-5089、e-mail：info@jcopy.or.jp）の許諾を得てください。